꼭 가봐야 할
교과서 테마여행

꼭 가봐야 할 교과서 테마 여행

1판 1쇄 발행 2012년 4월 30일
1판 2쇄 발행 2013년 9월 10일

지은이 김수정
펴낸이 한승수
펴낸곳 문예춘추사
기획·편집 고은정·이다연
마케팅 이일권
디자인 김경년

등록번호 제300-1994-16
등록일자 1994. 1. 24

주소 서울시 마포구 연남동 565-15 지남빌딩 309호
전화 02)338-0084
팩스 02)338-0087
이메일 moonchusa@naver.com

ISBN 978-89-7604-084-8 13980

이 책의 무단전재와 무단복제를 금지하며,
책 내용의 전부 또는 일부를 이용하려면 반드시 문예춘추사의 동의를 받아야 합니다.

※ 잘못 만들어진 책은 구입한 곳에서 바꿔 드립니다.
※ 책값은 뒤표지에 있습니다.

초등 교사 엄마와 삼남매가 떠나는 생생 교과서 체험학습!

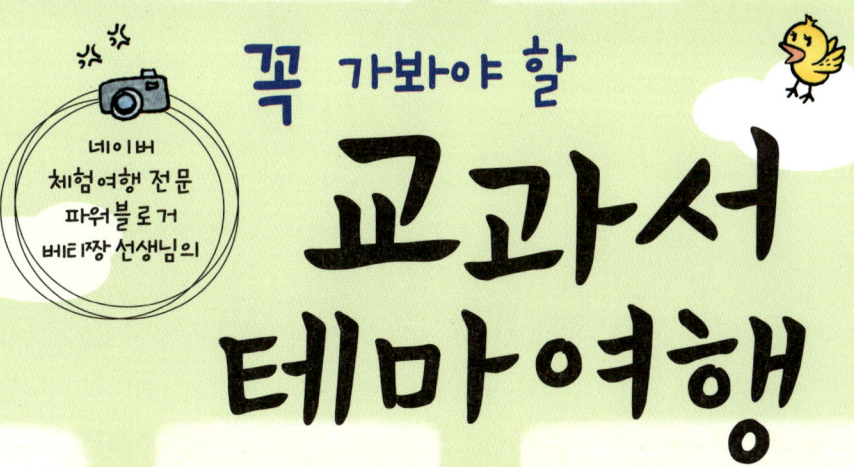

네이버 체험여행 전문 파워블로거 베티짱 선생님의

꼭 가봐야 할
교과서 테마여행

김수정 지음

문예춘추사

책을 펴내며

아이들과 교과서 여행을 함께 떠난 지 올해로 12년이 되었습니다. 아이들은 해마다 엄마, 아빠의 사랑 속에서 건강하고 씩씩한 모습으로 커가고 있습니다. 궁금한 것도, 알고 싶은 것도 많은 아이들의 넘치는 에너지를 충족시키기에 여행은 충분한 선물이 되어 왔습니다. 여행지에서 만난 풀, 바람, 새소리, 물소리, 한 줌의 햇살은 아이들의 삶과 함께하는 소중한 의미가 되어 주었습니다. 내 아이의 머릿속에 많은 지식을 채워 보겠다는 욕심으로 시작한 여행이 아니라 아이들과 함께하는 시간을 더 많이 갖고 싶다는 소박한 꿈으로 시작한 여행이기에 우리 가족의 여행은 늘 설레고 흥분되는 의식입니다. 준비하는 동안에도 이것저것 걱정도 하고 문제도 생깁니다. 막상 떠나고 나면 소소한 문제들에 부딪치면서 힘이 들기도 하지만 결국 가슴 벅찬 감동과 함께 막을 내리면서 놀라움을 선사하는 것이 여행입니다. 마치 작은 콘서트와 같습니다. 아이들도 여행을 통해 많은 것을 배워 나갑니다. 여행하는 동안 부딪히게 되는 문제를 해결하면서 뿌듯함도 느낍니다.

세상을 폭넓게 배우고 이해하게 되는 것, 가족 간의 사랑을 다시 한번 가슴 깊이 느끼게 되는 것이 바로 여행이 주는 가장 큰 선물 중 하나일 것입니다.

아이들과 여행을 다니며 아직까지 우리나라에 가족 여행 문화가 바람직하게 자리 잡고 있지 않은 것 같아 안타까울 때가 많았습니다. 첫째 원인 중의 하나는 너무나 바쁜 부모님의 삶 때문이겠지요. 일상이 바쁘면 아이들과 함께 할 수 있는 시간도 줄어

들고 여행은 먼 나라의 이야기가 될 수도 있습니다. 둘째 원인은 역시 너무나 바쁜 아이들 때문이지요. 학교수업이 끝나고 학원을 가고 숙제를 하다 보면 월요일에서 금요일까지 시간은 눈 깜짝할 사이에 지나가 버립니다. 토요일도 평일에 마치지 못한 공부를 보충하느라 시간을 보내는 아이들이 많습니다. 아이와 부모 모두 다 바쁜 지금 현실에서 아이들에게 정말 필요한 것은 무엇일까요?

　정말 아이들에게 필요한 것은 화려하고 값비싼 물건이나 음식이 아닌, 부모와 함께하는 시간이라고 생각합니다. 하루 종일 부모와 부대끼며 생활하던 과거와는 달리 아이들과 함께 시간을 보내는 것이 너무나 소중한 시대가 되었습니다. 부모와 함께하는 시간이 차곡차곡 쌓일수록 정서적으로 건강하고 튼튼한 아이들로 자랄 수 있고, 어려운 일도 극복해낼 수 있는 강한 힘이 생깁니다. 무엇보다 아이들의 정서가 건강해야 공부도 잘할 수 있게 됩니다. 그리고 건강한 정서를 가진 아이들이 미래의 주인공이 되어야 사회는 밝아집니다.

　책 속에 녹여낸 지식은 아이들에게 가르쳐 준 내용이라기보다는 아이들과 함께 찾아낸 보물 같은 사실들입니다. 아이와 함께 머리를 맞대고 책을 읽고 같이 찾아다니며 거둔 소중한 노하우들을 우리 부모님들과 함께 나누려고 합니다. 이 책을 좀 더 효과적으로 활용할 수 있는 방법을 알려 드리겠습니다.

01 최근 이슈가 되고 있는 여행 테마들을 한자리에 모았습니다.

궁궐여행, 마을여행, 박물관여행, 체험여행, 경기도의 주요 도시여행 등 테마별로 나누어 자세하게 정리하였습니다. 아이와 어른 모두 재미있게 읽을 수 있도록 노력했습니다. 이 책을 통해 여행하는 재미와 공부하는 재미를 동시에 느껴 보세요.

02 개정 교과서의 내용을 전격 반영했습니다.

개정된 교과서의 학습 목표를 완벽하게 분석하여 여행지와 연계성을 찾았습니다. 해당 학년의 학습 내용을 확인한 후 교과서와 이 책을 미리 읽어 보고 여행을 떠나면 더 생생한 체험이 되실 겁니다. 교과서 내용을 기본으로 심화학습 할 수 있는 내용까지 이 책에 풍부하게 실었습니다.

03 숙제에 도움이 될 수 있도록 교과서 연계학습을 만들었습니다.

선생님들께서 과제로 내주실 만한 학습 과제를 골라 숙제로 제출해도 좋을 만큼 자세한 설명을 곁들였습니다. 인터넷 검색이나 참고서에서 찾아볼 수 없는 상세하고 알기 쉬운 내용은 아이들이 공부하는데 큰 도움이 될 것입니다.

04 '못다 한 이야기'에는 여행지에 얽힌 재미있는 이야기를 실었습니다.

교과서 속에 들어 있는 정보는 아니지만 여행지 속에 숨겨진 재미있는 이야기를 실어 아이들에게 여행의 즐거움을 심어줄 수 있도록 배려했습니다. 여행지와 관련된 이야기를 마치 할아버지, 할머니가 옛날이야기를 해주듯 다정한 느낌으로 읽을 수 있도록 구성했습니다.

05 맛집과 숙박 정보를 실었습니다.

체험여행인 만큼 공부에도 만족할 수 있어야 하겠지만 여행지 정보에도 충실하고자 맛집과 숙박정보도 자세하게 실었습니다. 까다로운 입맛으로 까다롭게 고른 맛집, 가족과 함께 가도 무난한 맛집 정보를 모았습니다. 아이들과 여행 동선을 짤 때 큰 도움이 될 것입니다.

06 삼남매가 함께 쓴 체험학습보고서도 실었습니다.

체험학습을 다녀온 후 아이들과 보고서를 쓸 때 난감했던 경험들이 있을 것입니다. 직접 발로 뛰어 다녀온 생생한 느낌과 경험을 바탕으로 초등학생들이 작성한 체험학습보고서를 실었습니다. 또, 획일화된 보고서 양식보다는 다양한 형식을 실어서 실전에 응용하기 쉽도록 구성하였습니다. 이 책은 삼남매와 저의 공저인 셈입니다.

직접 삼남매와 교과서 여행을 다니면서 이 멋진 교과서 여행의 세계를 많은 분들과 공유하고 싶어 책을 펴내게 되었습니다. 아직도 부모가 아이에게 물질적으로 투자해 주는 것이 아이와 함께 따뜻한 시간을 보내는 것보다 중요하다고 생각하는 경향이 있는 것 같습니다.

　아이들은 부모의 사랑을 먹고 자랍니다. 밀도 있는 사랑 속에서 건강하게 커갈 수 있는 것입니다. 제 책이 아이들을 사랑하고 아껴주는 첫걸음이 되기를 간절히 바랍니다. 어떤 이의 말처럼 사랑은 서로에게 시간을 선물하는 것이고 여행은 아는 만큼 볼 수 있으니까요. 교과서 여행을 통해 더 많이 행복해질 수 있기를 바랍니다. 아울러 이 책에 표시된 교과서 여행 난이도는 가장 여행하기 좋은 연령대를 표시한 것이며 꼭 그 연령대만 여행해야 하는 것은 아니니 참고하셔서 행복한 추억 만드시길 바랍니다.

김수정

차례

프롤로그　책을 펴내며

부모님들이 자주 묻는 질문 모음　교과서 여행이 궁금해요!

PART 01　궁궐

왕들이 사랑한 궁궐, 세계문화유산이 된 창덕궁 1편　　018
왕들이 사랑한 궁궐, 세계문화유산이 된 창덕궁 2편　　032
조선의 왕실부터 대한제국의 황실까지 국립고궁박물관　　048

PART 02　마을

과거와 현대가 공존하는 그곳 북촌한옥마을　　064
체험 프로그램이 다양한 연천 푸르내마을　　074
아이와 함께 만드는 건강한 먹을거리 이천 임실치즈스쿨　　084

PART 03　박물관 & 체험전시관

국립중앙박물관 구석구석 구석기시대 탐방　　096
국립중앙박물관 구석구석 신석기시대 탐방　　106
국립중앙박물관 구석구석 청동기시대 탐방　　114
국립중앙박물관 구석구석 고조선 탐방　　122
국립중앙박물관 구석구석 부여 · 삼한 탐방　　132
옛날 사람들은 어떻게 살았을까 국립민속박물관　　138
당당하게 동양평화를 외치다 안중근 의사 기념관　　148
전 세계 직업테마파크 키자니아　　156
흥겨운 삼현육각 가락에 어깨춤이 저절로 국립국악박물관　　164
세종대왕 동상 지하에는 어떤 공간이 숨어있을까 세종이야기 충무공이야기　　172

PART 04 캠핑 & 트레킹

식물도 배우고 트레킹도 하고 과천서울대공원 산림욕장 트레킹 … 182
고구려의 기상이 살아온다 아차산 … 190
병자호란의 아픔을 간직한 남한산성 성곽 트레킹 … 200
세계문화유산 수원화성을 따라 걷는 성곽 트레킹 … 210
전원의 아름다움이 느껴지는 곳 노을 캠핑장 … 220
북악산 성곽 길을 따라 걷는 서울 역사 여행 … 226

PART 05 도시

근대화의 격동기에서 현대사까지 한눈에 보는 인천 여행 … 238
세계 속의 강화도 자랑스러운 강화도 여행 … 252
조선왕조의 숨결이 살아 숨 쉬는 여주 여행 1편 … 264
조선왕조의 숨결이 살아 숨 쉬는 여주 여행 2편 … 274
용인의 삼색 박물관 여행 … 282
세계문화유산 조선왕릉을 가다 구리 여행 - 동구릉 … 294
고구려의 옛 모습을 엿보다 구리 여행 - 고구려대장간마을 … 304

교과서 여행이
궁금해요!

부모님들이 자주 묻는 질문 모음

Q1 교과서 여행을 시작하려는데 어떻게 떠나야 할지 감이 안 와요. 어디부터 시작하는 것이 좋을까요?

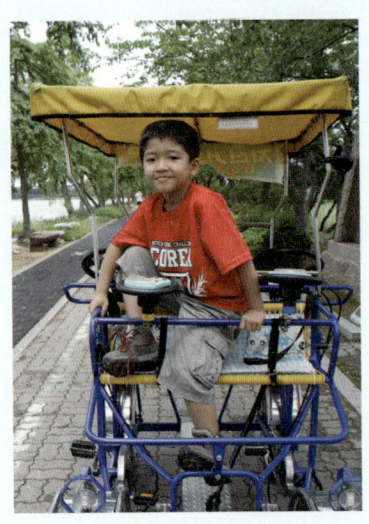

부모와 함께 시간을 보내는 것만으로도
1·2학년 어린이들에게는 최고의 교과서 여행

교과서 여행을 시작하신다고 하니 먼저 격려의 박수부터 보내드립니다. 아이와 함께 시간을 보내기가 참 힘든 요즘, 교과서 여행은 아이와 함께 질적으로 우수한 시간을 보낼 수 있는 좋은 기회가 되어 줄 것입니다. 여행을 처음 시작하시는 분들은 장소 선정에서 많은 고민을 하십니다. 도대체 어디를 가야 아이에게 도움이 될까 하고 말입니다. 그러나 교과서 여행도 여행인 만큼 아이와 함께 행복한 추억을 만들기 위해 떠난다는 생각으로 장소를 찾아보신다면 조급함 없이 편안하게 여행지를 고를 수 있을 거라는 생각이 듭니다. 교과서 여행지를 선정하기 힘들다면 아이의 학년을 고려하시면 좋습니다. 이 책에서는 학년별 교과서 여행지를 별도로 표시해 두었습니다. 초등학교 1·2학년의 저학년 아이들은 사실 부모님과 함께 신나는 여가생활을 즐기는 것 자체가 교과서 여행이 됩니다. 행복했던 추억은 아이의 표현력을 높여 주고 자신감을 키워줄 테니까요. 체계적인 학습이 뒷받침되면 좋은 시기는 그 이후이니 너무 큰 욕심은 부리지 않는 것이 좋습니다.

Q2 아이가 박물관을 싫어해요. 어떻게 하면 좋을까요?

흔히 박물관을 교과서 여행에서 가장 중요한 장소로 선정하시는 분들이 많은데 박물관은 여행지를 체계적으로 둘러본 후 맨 마지막으로 충분한 시간을 두고 방문하는 것이 좋습니다. 박물관은 그야말로 지식의 보고이며 종합선물세트와 같은 곳이니까요.

아이의 머릿속에 박물관이 한꺼번에 들어오기에는 어려움이 많습니다. 박물관을 재미있게 관람하기 위해서는 사전지식이 필요합니다. 그래야 유물 하나라도 의미를 느끼며 관람을 하게 되며 문화해설사의 설명도 재미있게 경청할 수 있습니다. 일단 방문했다가 아이가 싫어한다고 걱정하지 말고 사전에 학습을 충분히 하여 자신감을 얻은 후 방문하는 것도 좋습니다. 이 책을 미리 읽고 가는 것도 박물관과 사랑에 빠지는 계기가 되어줄 것입니다.

Q3 교과서 여행을 떠나기 전 어떤 준비를 하는 것이 좋을까요?

지나치게 많은 조사와 학습은 아이에게 큰 부담이 될 수 있습니다. 여행지와 관련된 책자를 도서관에서 대출하거나 구입해서 가족끼리 독서 시간을 가진 후 출발하면 아이의 내적 동기를 이끌어내는 데 효과적입니다. 아이가 책 읽기를 부담스러워하면 여행 장소의 리플렛이나 안내책자라도 꼭 함께 읽고 여행을 떠나 보세요. '아는 만큼 보인다'라는 말처럼 사전에 학습한 짧은 내용이 실제 여행지에서는 큰 감동으로 다가올 수 있습니다.

Q4 아이에게 설명해 줄 자신이 없어요. 어떻게 해야 할까요?

바쁜 일상에서 교과서 여행지에 대해 상세하게 공부한 뒤 아이에게 설명해 줄 수 있을 만큼 시간적인 여유가 있는 분들은 많지 않을 것입니다. 그래서 다른 업체에 아이를 맡기기도 하고 교과서 여행을 포기하기도 하지요. 그러나 저는 부모가 현재 알고 있는 지식의 양보다는 부모가 지식을 탐구하려는 태도가 더 중요하다고 생각합니다. 아이에게 불완전한 지식을 설명해주기 위해 애쓰기보다는 아이와 함께 궁금한 내용을 찾아보고 함께 공부하고자 노력하는 모습이 아이에게는 더 신선한 학습적 자극이 될 수 있습니다.

Q5 여행 경비 걱정에 교과서 여행은 꿈도 꾸지 못하겠어요.

우리나라 최고의 국립중앙박물관은 무료입니다.

전국 대부분의 박물관은 개인이나 민간 단체에서 운영하는 박물관을 제외하고는 무료이거나 비싸도 2,000원을 넘지 않습니다. 그러나 그 안에 담긴 내용은 무궁무진합니다. 이 책에 소개된 등산이나 트레킹코스도 입장료를 받지 않는 곳이 대부분입니다. 눈만 크게 뜬다면 우리 주변에서 당일로 여행 기분을 만끽하며 떠날 수 있는 수많은 곳들을 발견할 수 있지요. 여행을 통해 많은 것을 얻고자 하는 적극적인 마음만 있다면 누구나 교과서 여행을 떠날 수 있습니다.

Q6 아빠가 너무 바빠 함께 여행을 떠날 수 없어요. 아이들 데리고 혼자 떠나는 여행, 힘들지 않을까요?

사실 우리나라는 엄마 혼자 아이들을 데리고 여행을 떠나기에 그리 만만하지 않습니다. 안타깝게도 너무 바빠서 가족과 함께 시간을 보내지 못하는 아빠들이 많은 것도 현실입니다. 이럴 때 많은 엄마들이 아이들과 달랑 떠나는 여행을 생각하게 됩니다. 결론은 '할 수 있다!' 입니다. 저는 친분이 있는 어머님들과 아이들끼리 가끔 당일로 여행을 떠납니다. 아빠들이 너무 바빠 함께할 수 없는 환경을 가진 엄마들이 시간을 내어 아침 일찍 버스터미널로 집결해서 2~3시간 내외의 지역을 알차게 공부하고 돌아오는 것입니다. 엄마와 아이들끼리만 떠나는 여행이지만 여러 명이 함께하는 여행이기 때문에 여행하는 재미도 있고 아이들끼리 친해질 수 있는 기회도 되어 좋습니다. 무엇이든지 고민하지 말고 실천에 옮겨 보세요. 여행을 마치고 돌아오는 버스 안에서 엄마와 아이들은 한층 더 끈끈한 우정을 나눌 수 있을 거예요.

Q7 아이를 위한 여행은 부담스러워요. 여행지에서 부모도 휴식하고 싶어요.

아이와 부모 모두가 만족하는 여행이 아니라면 다음 여행은 꿈도 꿀 수 없을 것입니다. 여행지에서 아이들은 게임과 TV를 즐기도록 내버려 두고 부모들끼리 여흥을 즐기는 모습도 썩 보기 좋지 않지만 아이들 보느라 지쳐서 여행을 즐기지 못하는 모습도 안타까울 때가 많습니다. 부모와 아이 모두가 만족할 수 있는 일정으로 적절하게 구성해서 가족 모두가 행복할 수 있는 여행으로 만들어 보면 좋겠습니다.

온 가족이 즐기며 걸을 수 있는, 상쾌한 선자령 트레킹

예를 들어 등산을 너무 좋아해서 주말이면 동호회 사람들과 어울려 등산을 즐기는 아빠가 있다면 가족과 산행을 하되 아이들이 즐길 수 있는 산으로 골라 함께 등산하면서 차츰 수준을 높여 나가는 것도 좋은 여행이 될 것입니다. 또 낚시를 좋아하는 분이라면 혼자 가지 말고 가족들의 낚시장비를 하나씩 더 챙겨서 함께 바다여행을 떠나는 것부터 시작하는 것도 좋겠지요. 혹은 낮에는 아이들을 위해 교과서 여행을 즐기고 밤에는 아이들을 다 재운 뒤 캠핑장에서 부부끼리 오붓하게 영화를 감상한다든지 모닥불 앞에서 도란도란 이야기를 나누는 것으로 일상의 피로를 씻는 여행도 낭만적이겠지요.

Q8 여행을 다녀와서 체험학습보고서는 어떻게 작성하나요?

시중에 나와 있는 체험학습보고서 쓰기 책자들은 대부분 저학년 부모들을 타깃으로 하고 있어서 참 안타까운 마음이 듭니다. 저학년 아이들은 아직 사건의 시간적 순서에 따라 글을 쓰기에는 사고가 따라주지 못하는 경우가 많습니다. 1, 2, 3학년들에게는 보고서 형식을 강요하기보다는 체험일기 형식으로 일기장에 느낀 점을 기록하는 것으로도 충분합니다. 그 이상 쓸 수 있게 하려면 결국은 부모의 숙제가 될 수밖에 없습니다. 4학년 이상의 아이들에게는 일기, 보고서, 미니북, 신문, 인터뷰 등 다양한 형식으로 보고서를 작성하게 하면 여행 후 느낀 점을 정리하며 개인의 기록을 체계적으로 남기는 좋은 공부가 될 수 있습니다.

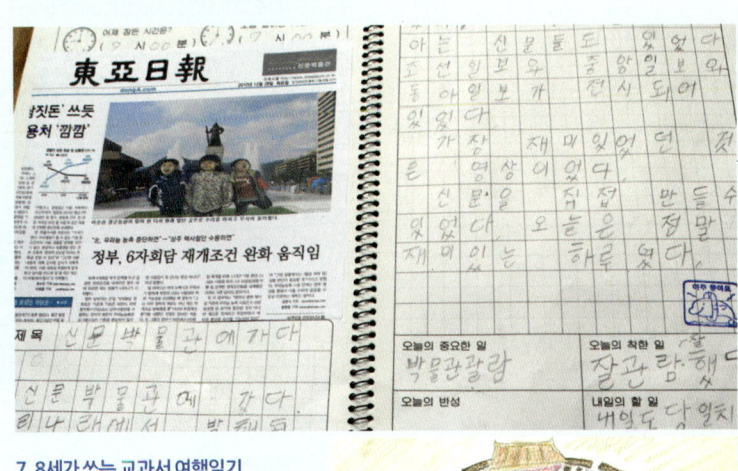

7, 8세가 쓰는 교과서 여행일기

**중학년부터는
다양한 체험학습보고서**

처음 떠나기가 어렵지 여행은 일단 떠나고 나면 참으로 많은 행복을 가져다줍니다. 태어나서 백일이 넘자마자 여행을 다니기 시작한 삼남매에게 저는 하고 싶은 이야기들이 무척 많습니다. TV를 보다가 함께 여행했던 장소가 나오면 너도나도 한마디씩 이야기를 거듭니다. 교과서를 읽다가 익숙한 지역이 나오면 그곳에서 겪었던 일들을 쏟아냅니다. 아직 아이들이 저학년이라 공부를 잘한다, 못한다 속단하기는 어렵지만 나름대로 수업시간에 발표도 열심히 하고 상식이 풍부하다는 이야기를 듣는 아이들입니다. 아는 것이 많으니 목소리에도 자신감이 넘칩니다. 폭넓은 세상을 품에 안으니 하고 싶은 것도 많고 해야 할 것도 많아집니다. 그래서 더 많이 더 멀리 뻗어나갈 준비를 일찍부터 스스로 하게 됩니다. 내 아이의 머릿속에 엄청난 지식을 주입시키겠다는 생각으로 여행을 시작하지 마시고 내 아이에게 가족의 사랑을 함께 나누겠다는 마음으로 시작해 보세요. 아이는 가족의 사랑을 품에 담뿍 안고 저절로 넓은 세상을 배워 나가고 있을 것입니다.

PART 01 궁궐

왕들이 사랑한 궁궐, 세계문화유산이 된 **창덕궁 1편**	018
왕들이 사랑한 궁궐, 세계문화유산이 된 **창덕궁 2편**	032
조선의 왕실부터 대한제국의 황실까지 **국립고궁박물관**	048

왕들이 사랑한 궁궐, 세계문화유산이 된
창덕궁 ① 편

관련 교과
4-1 국어 5. 알아보고 떠나요
- 서울의 궁궐에 가서 특징을 조사하고 다른 나라 친구에게 서울의 궁궐을 소개하는 편지를 써보자.

교과서 여행 난이도 - 초등학교 4학년 이상

관람 정보

🏠 서울특별시 종로구 율곡로 99번지 • ☎ 02-762-8261 • www.cdg.go.kr

대중교통 • 버스

7025	수색역 – 은평구청 – 홍제역 – 창덕궁 – 동대문 – 종로5가
109	도선사입구 – 덕성여대 – 길음역 – 시청앞 – 창덕궁 – 혜화역
151	도선사입구 – 덕성여대 – 화계사입구 – 창덕궁 – 신용산역 – 돈암동 사거리
162	정릉시장입구 – 창덕궁 – 시청앞 – 국회의사당 – 서울역 – 미아리고개
171	미아리고개 – 돈암동사거리 – 창덕궁 – 이대앞 – 월드컵경기장 – 서부면허시험장
172	인덕대학입구 – 돈암동사거리 – 창덕궁 – 아현역 – 이대역 – 월드컵경기장
272	면목역 – 청량리역 – 성대입구 – 창덕궁 – 연대앞 – 명지대사거리
601	방화역 – 도심공항터미널 – 마포구청역 – 연대앞 – 창덕궁 – 광화문

• 지하철 • 종로3가역 6번 출구에서 도보로 10분, 안국역 3번 출구에서 도보로 5분

관람 안내

언어	시간	횟수	관람 동선	소요시간	비고
한국어	09:30, 11:30, 13:30, 15:30	4회	돈화문 … 궐내각사 인정전 … 선정전 희정당 … 대조전 성정각 … 낙선재	60분	※ 일반 관람은 자유롭게 가능하며 안내된 시간은 무료 문화해설 시간입니다.
영어	10:30, 14:30	2회			
일어	12:30	1회			
중국어	16:00	1회			

관람 기간	매표 및 입장 시간	관람 시간
4월~9월	09:00~17:30	09:00~18:30
10월	09:00~17:00	09:00~18:00
11월, 3월	09:00~16:30	09:00~17:30
12월~2월	09:00~16:00	09:00~17:00

요금 안내

대인(19세 이상)	단체 할인(10명 이상)	무료
3,000원	20% 할인	만 18세 이하 청소년

왕들이 사랑한 궁궐, 세계문화유산이 된 창덕궁 1편

교과서 연계학습 📖 이렇게 공부해요

관련 교과 4-1 국어 5. 알아보고 떠나요 • 서울의 궁궐에 가서 특징을 조사하고 다른 나라 친구에게 서울의 궁궐을 소개하는 편지를 써보자.
학습 과제 • 다른 나라 친구에게 창덕궁을 소개하는 편지를 써보자.

교과서 여행 Tip 📖 여행 전 미리 학습 과제 내용을 숙지하고 가면 더욱 좋아요.

❶ 창덕궁에 대한 정보를 찾아본다.
  • 창덕궁 홈페이지 www.cdg.go.kr • 방문 전에 읽고 가면 좋은 책 『임금님의 집 창덕궁』(최재숙, 웅진주니어), 『쏨내관의 재미있는 궁궐기행1, 2』(송용진, 지식프레임), 『박영규 선생님의 우리 역사 깊이 읽기 – 조선사 이야기』(박영규, 주니어김영사), 『자연을 담은 궁궐 속으로 창덕궁』(허균, 주니어김영사).

❷ 학습 과제 수행을 위해 찾은 정보를 꼼꼼히 읽어보고, 다른 나라의 친구에게 어떤 내용을 소개하면 좋을지 생각해 본다.
  • 창덕궁의 역사 • 창덕궁의 주요 건축물 • 창덕궁 후원에 대한 이야기 등

❸ 다른 나라 친구가 이해하기 쉽도록 잘 정리하여 소개한다.
  • 실제로 편지 써보기

창덕궁은 우리가 길이 보존하고 지켜야 할 궁궐이자 전 세계인들이 사랑하는 세계문화유산입니다. 따라서 궁궐 구석구석을 잘 보존하여 후손에게 고스란히 물려주는 것 또한 우리의 의무입니다. 궁궐 안에서 음식을 먹고 버리거나 건축물 위에서 삼각대를 쿵쿵 찍으며 사진을 찍거나 아이들이 계단을 타고 놀게 하면 안 되겠죠? 아름다운 우리 문화재를 아끼고 사랑하는 마음까지 아이들에게 꼭 가르쳐주면 좋겠습니다.

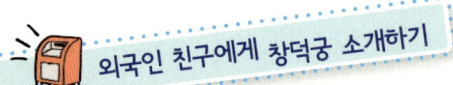
외국인 친구에게 창덕궁 소개하기

인도네시아에 있는 내 친구 와얀에게

안녕, 와얀. 몇 년 전 발리에 가서 너와 함께 우붓의 아름다운 논을 산책한 기억이 아직도 새롭구나. 오늘은 유난히 와얀, 네가 그리워. 너의 까만 얼굴과 웃을 때마다 반

짝이던 눈망울 그리고 하얀 치아가 생각이 나. 너는 우리나라에 대해 공부하고 있다고 했지? 그리고 또 얼마 후에는 한국으로 궁궐을 공부하러 올 거라고 했지? 네가 공부하는 데 조금이나마 도움이 될까 하고 편지를 쓴다. 발리에서 네게 못다 한 이야기들을 편지로 하나씩 풀어 보려고 해. 와얀, 그리움을 듬뿍 담아 네게 서울의 아름다운 궁궐 이야기를 들려줄게.

인도네시아도 과거에는 왕들이 나라를 다스렸겠지? 한국도 마찬가지란다. 불과 몇 백 년 전 한국은 조선이라는, 왕이 다스리던 나라였어. 왕들은 화려하고 멋진 궁궐에서 살았지. 조선의 왕들은 다른 어느 나라에서도 볼 수 없는 단아하고 기품이 넘치는 멋을 간직한 궁궐에서 살았단다. 귀를 쫑긋 세우고 잘 들어 봐. 아름다운 궁궐 속에 담긴 놀라운 이야기들을 들을 수 있을 테니까 말이야.

창덕궁의 역사

와얀, 조선은 1392년 7월 태조 이성계라는 분께서 왕위에 오르시면서 첫 문을 열게 되었단다. 그 후로 600여 년 동안 찬란한 역사를 꽃피우게 되지. 대한민국에서 가장 아름다운 궁궐로 평가받는 창덕궁은 태종 때(1405년) 만들어졌으니 조선의 건국 초기에 지어진 궁궐이라고 할 수 있어. 처음엔 최초로 세워진 경복궁의 이궁(離宮, '태자궁' 또는 '세자궁'을 달리 이르는 말)으로 세워졌는데 조선의 왕들은 창덕궁을 몹시 사랑해서 주로 창덕궁에서 거주하셨대.

조선 사람들은 평화를 사랑했지만 일본의 침략으로 '임진왜란'을 겪으면서 어려운 시절을 보내야 했단다. 인도네시아도 일본에게 나라를 빼앗긴 경험이 있으니 전쟁이 많은 사람들에게 큰 고통을 주는 것인지는 너도 잘 알 거야. 안타깝게도 임진왜란 때 궁궐의 거의 대부분이 불타 버리고 말았어. 창덕궁도 그때 불탔단다. 1610년 광해군이라는 왕이 창덕궁을 다시 세우게 했어. 그 후로 270년 동안 창덕궁은 조선 후기에 흥선대원군이라는 분이 경복궁을 재건하기까지 조선의 법궁(法宮, 임금이 사는 궁전)으로 명맥을 이어 오게 되었단다. 너도 알다시피 우리나라 선조들은 건축물을 지을 때 자연을 파괴하지 않고 자연과 조화를 이루어 짓는 것을 원칙으로 삼았어. 창덕궁을 지을 때도 역시 자연을 거스르지 않고 주변 지형과 조화를 이루도록 지었지. 아마 유네스코에서 창덕궁을 세계문화유산으로 지정한 데는 자연과 건축물의 조화에서 비롯되는 아름다움도 한몫한 것 같아. 조선 최초의 궁궐인 경복궁이 위엄과 당당함이 매력이었다면, 왕들이 사랑한 창덕궁은 왕족들이 살기 좋도록 창덕궁 동쪽을 창경궁과 연결해서 이동하기에도 좋고 아기자기하면서도 기품이 있는 정원 후원도 있어 자연을 느긋이 감상할 수 있는 매력이 넘치는 곳이지. 여기서 한 가지 궁금증이 들지 않니? '태종은 왜 위엄 있는 경복궁에서 살지 않고 새로 창덕궁을 만들었을까?' 하는 점 말이야. 그 이유를 이해하려면 '왕자의 난'이라는 조선의 역사에 대해 알아야 하기 때문에 따로 정리해 보았어. 이해하기 어렵더라도 꼼꼼하게 잘 읽어보길 바란다.

📖 교과서 깊이 알기

왕자의 난

조선을 세운 태조 이성계에게는 두 명의 정실부인이 있었습니다. 알기 쉽게 이성계의 가계도를 살펴보도록 합시다.

첫째 부인 신의왕후 한씨의 아들은 방우, 방과, 방의, 방간, 방원, 방연으로 모두 여섯 명이었습니다. 둘째 부인 신덕왕후 강씨의 아들은 방번과 방석이 있었습니다. 두 아들 중 조선을 세우는데 가장 큰 공을 세운 왕자는 신의왕후 한씨의 소생이며 무예와 학식이 출중했던 방원이었습니다. 따라서 공으로만 따진다면 당연히 방원이 세자가 되어야 했습니다. 그러나 태조는 둘째 부인이었던 강씨만을 총애했습니다. 강씨의 친정세력은 권문세가로 태조 이성계에게 막강

한 힘이 되어주었을 뿐만 아니라 강씨 자신이 신진사대부 출신의 개국공신과도 친밀한 관계를 유지하고 있었기 때문에 이성계에게 강씨는 지원군과도 같은 존재였던 것입니다. 태조는 강한 반발을 물리치고 강씨 소생의 여덟째 아들 방석을 세자로 책봉하게 됩니다. 1398년 8월 25일 태조의 세자 책봉에 반발한 한씨의 왕자들은 사병을 동원하여 정도전, 남은, 심효생 등 강씨를 지지하는 개국공신들을 불시에 습격하여 죽이고, 세자 방석과 동복형 방번 역시 죽입니다. 이 사건을 '제1차 왕자의 난'이라고 합니다. 이후 다시 한 번 동복형제들끼리의 다툼이 일어났고, 이를 '제2차 왕자의 난'이라고 합니다. 왕자의 난을 지켜본 태조 이성계는 낙담해서 왕위를 둘째 아들 방과(정종)에게 물려주고 상왕으로 물러나게 됩니다. 정종은 짧은 기간 재위하였다가 동생 방원에게 왕위를 물려주었으니 이분이 바로 태종입니다.

〈태조 이성계의 가계도〉

잘 읽어보았지? 조선의 세 번째 왕이 된 태종은 경복궁이 지형이 좋지 않다는 이유를 들어 창덕궁을 다시 지으라고 했지만, 실제로는 많은 개국공신들과 이복형제들이 처참하게 살해된 현장인 경복궁에서 기거하는 게 마음에 걸려 창덕궁을 짓게 한 거야. 아무튼 태종이 창덕궁을 건축하면서 조선은 법궁 경복궁과 이궁 창덕궁, 이렇게 양궐 궁궐체계를 갖게 되었어.

창덕궁의 주요 건축물

돈화문

자, 이제 창덕궁 안으로 한 발짝 들어가 볼까? 와야, 인도네시아의 궁궐에도 출입문이 있지? 창덕궁도 마찬가지란다. 창덕궁의 정문은 '돈화문(敦化門)'이라고 불러. 창덕궁은 유난히 화재가 잦았던 궁궐이지만, 창덕궁의 정문인 돈화문은 임진왜란 후 광해군이 새로 건축한 그 상태 그대로를 유지하고 있단다. 그래서 건축사에서도 매우 보존가치가 높은 문으로 손꼽히지. 경복궁의 정문인 광화문처럼 웅장하고 화려하지는 않지만 세련된 기품이 느껴지는 문이야. 외국에서 찾아온 관광객들은 돈화문에서부터 벌써 환호하기 시작하지. 아름다운 돈화문을 지나면 악한 기운이 범접하지 못하게 막는다는 금천교(錦川橋)가 나와. 조선의 궁궐에서는 사악한 무리들이 들어오지 못하게 막

창덕궁의 정문, 돈화문

아주는 다리가 있는데, 이 다리 난간에 영물로 추앙받는 동물이나 악귀를 쫓는 형상들을 새겨 넣기도 했지. 특히 창덕궁의 금천교는 15세기(1411년)에 세워진 다리로 600년의 역사를 간직한 우리의 소중한 문화유산이야. 작은 돌다리 하나가 600여 년을 버텨 왔다니 정말 놀랍지 않니? 금천교를 건너면 이제 '진선문(進善門)'이라는 문이 나와. 옛날에는 이 문에 신문고가 설치되어 있었대. 신문고는 태종 때 설치한 것으로 억울한 일을 겪은 백성이 신문고를 두드려 왕에게 하소연할 수 있도록 한 훌륭한 제도였단다. 하지만 백성들이 왕에게 직접 찾아가 고충을 호소하기란 여간 어려운 일이 아니었겠지? 신문고 제도는 한 때 유명무실해졌다가 영조 때에 와서 다시 부활하게 되었대.

인정전

와얀, 너 한국 드라마 좋아한다고 했지? 혹시 조선시대를 배경으로 한 드라마들도 본 적이 있니? 조선시대를 배경으로 한 드라마를 보면 왕의 즉위식 장면도 가끔 나올 거야. 인정전(仁政殿)이 바로 그런 즉위식을 치루던 곳이었어. 인정전의 뜻은 '어진 정치를 펴는 집'이라고 하는 구나. 왕이 즉위식을 치르고 신하들의 하례를 받는 장소를 정전(正殿)이라고 하는데 이곳에서 외국 사신들을 접견하기도 했단다. 인정전 앞뜰에는 인정전에서 처지지는 모든 행사를 주관하고 관리하는 관청들이 늘어서 있지. 이 관청들은 일제강점기에 모두 허물어졌다가 최근에야 복원되었어. 일제는 인정전에 너무 많은 아픔을 남겼단다. 자연미가 물씬 풍기는 인정전 바닥의 박석들을 다 걷어내고 일본식 정원을 만들었지. 한 나라의 왕이 정치를 하던 고귀한 궁궐을 자신들이 여흥을 즐기는 정원으로 만들어 버린 거야. 후에 인정전을 복원했지만 과거 인정전 바닥의 자연스러운 박석들은 다 사라지고 인공적인 돌들이 바닥을 장식하고 말았어. 서양식으로 개조한 내부에는 마

서양식으로 화려하게 꾸며진 인정전 내부

룻바닥, 커튼, 유리창 등이 있단다. 일본식 건축양식으로 개조한 마룻바닥은 개화기 이후 일본의 영향력을 짐작하게 하지. 인정전 동쪽에는 '궐내각사'라는 왕실 관청들이 위치해 있는데 그중 영의정, 좌의정, 우의정 삼정승의 회의장소로 사용되었던 빈청 건물을 눈여겨보길 바랄게. 조선시대에는 나라를 호령하던 삼정승의 빈청 건물이 일제강점기에는 순종황제의 차를 보관하는 창고로 사용되었단다. 빈청에 보관되어 있던 순종황제의 자동차는 국립고궁박물관으로 옮겨지고 지금은 카페로 이용되고 있어서 안타까운 마음에 다시 한번 눈길을 돌리게 되는 곳이야.

선정전

청기와가 얹어진 화려한 선정전 건물

와야, 왕이라고 해서 항상 근엄한 얼굴로 왕좌에 앉아 호령만 한 것은 아니었어. 조선시대 왕들은 누구보다 많은 교육을 받았고 백성을 사랑하는 마음도 지극했고 나라의 안녕과 번영을 위해 밤낮으로 신하들과 머리를 맞대고 고민하셨지. 왕의 집무실이 따로 있었을 정도야. 왕은 엄청나게 많은 일을 처리하느라 하루 24시간이 모자라는 바쁜 생활을 해야 했을 거야.

창덕궁에서 왕의 집무실로 사용되었던 건물은 바로 '선정전(宣政殿)'이야. 편전(便殿)이라고도 불렸어. 왕은 이곳에서 신하들과 국사를 논했지. 선정전은 조선의 궁궐 가운데 유일하게 청기와를 얹은 화려한 건물이야. 광해군은 청기와를 인정전에도 얹으려고 했는데 신하들이 사치스러운 생활을 금하는 유교적인 논리를 내세우며 반대하는 바람에 뜻을 이루지 못했다고 해.

희정당

이곳은 왕이 가장 많은 시간을 보낸 장소야. 원래는 왕의 침전(침실)이었는데 정사를 논하는 선정전이 너무 비좁아 다른 용도로 쓰게 하고 편전의 역할을 희정당(熙政堂)

이 대신하게 했다고 해. 희정당을 살펴보면 조금 이상한 점을 느낄 수 있을 거야. 단정하고 단아한 느낌이 드는 창덕궁의 다른 건물들과는 달리, 희정당은 매우 웅장해서 오밀조밀한 창덕궁을 꽉 채우고 있다는 느낌이 들지. 희정당 건물은 원래 경복궁에 있던 왕의 침전인 강녕전을 옮겨 온 거야. 일제강점기에 희정당에서 불이 났는데 일제는 다시 궁궐을 지으려면 돈이 많이 드니 경복궁 강녕전을 뜯어다가 지금의 희정당을 새로 짓게 만들었어. 그래서 희정당은 창덕궁 건물이면서도 창덕궁과는 어울리지 않는 웅장하고 꽉 찬 느낌이 나지. 조금 안타까운 마음이 들지만 이곳 희정당은 내부 장식이 눈여겨볼 만해.

서양식으로 개조한 내부는 카펫이나 샹들리에 같은 장식으로 꾸며져 있으니 나중에 이곳을 방문하면 놓치지 말고 구경해 보렴. 개화기의 궁궐 건축의 특징을 엿볼 수 있는 좋은 예니까 말이야.

왕이 가장 많은 시간을 보낸 희정당(왼쪽) 희정당 내부(오른쪽)

대조전

왕비의 침전인 대조전(大造殿)은 궁궐에서도 아주 깊숙한 곳에 자리 잡고 있어. 원래 왕비들은 궁궐에서도 아주 깊은 곳, 우리가 보통 구중궁궐이라고 하는 깊은 곳에서 살았단다. 왕비로 살아가는 게 화려하고 좋을 것 같지만 궁궐에 갇혀 한평생을 보내야 하니 여간 힘들지 않았을 거야. 창덕궁의 대조전 옆에 붙어있는 흥복헌은 우리나라 역사에서 가장 치욕적인 사건인 '한일합병조약'이 체결된 장소이기도 해서 더욱더 슬픈

왕비의 침실, 대조전

느낌이 드는 곳이지. 우리나라는 1910년(경술년)에 주권을 일본에 빼앗겼고, 조선의 마지막 황제인 순종황제는 경술국치의 뼈아픈 통한을 안고 대조전에서 생을 마감하셨어. 인도네시아도 일본에 나라를 빼앗겼다가 우리나라와 비슷한 시기에 해방되었지? 그러고 보니 와얀, 우리는 비슷한 아픔을 함께한 나라구나. 내 친구 와얀이 더욱더 친근하게 느껴지는걸.

와얀, 이 밖에도 세자의 일상을 엿볼 수 있는 동궁, 궁궐 내 관청이었던 궐내각사, 제례를 지내던 곳, 그리고 낙선재와 같은 건축물을 창덕궁에 가면 만날 수 있어. 낙선재에 얽힌 여러 이야기들은 다음에 자세히 정리해서 보내줄게. 자, 어떠니? 창덕궁을 둘러보고 나면 조선의 궁궐에 대해 자신 있게 이야기할 수 있을 것 같지 않니? 다음 편지는 네가 한국에 오기 일주일 전쯤에 받아 볼 수 있을 거야. 그때는 조선에서 가장 아름다운 정원이었던 창덕궁 후원에 대한 이야기를 들려줄게. 기대해도 좋아. 그럼 다시 만날 때까지 건강해야 해. 종종 소식 전해 줘.

서울에서 친구 금별이가

못다 한 이야기 하나!

낙선재를 지은 왕, 헌종과 그의 여인 경빈 김씨

낙선재(樂善齋)를 처음 만든 사람은 학문을 사랑한 조선 제24대왕 헌종이었습니다. 헌종은 김재청의 딸 경빈 김씨를 후궁으로 맞이하며 낙선재를 지었다고 합니다. 낙선재는 헌종의 서재와 사랑채였으며, 석복헌(錫福軒)은 경빈 김씨의 처소였고, 수강재(壽康齋)는 당시 대왕대비였던 순원왕후가 기거했습니다. 헌종의 첫 번째 왕비 효현왕후 김씨가 16세의 어린 나이로 세상을 뜨자 헌종은 두 번째 왕비를 본인이 직접 간택하는데, 이때 경빈 김씨는 최종 후보 3인에 오릅니다. 그러나 최종 간택권은 대왕대비에게 있었기 때문에 김씨는 왕비가 되지 못했습니다. 그 후에 두 번째 왕비로 간택되었던 명헌왕후 홍씨가 후사를 잇지 못하자 헌종은 그 핑계를 대면서 김씨를 후궁으로 맞이했습니다. 비록 후궁이었으나 경빈 김씨는 왕비 이상으로 왕의 총애를 받은 것으로 전해집니다. 낙선재와 이어진 건물인 '석복헌'의 이름도 세자를 얻기를 바란다는 뜻을 가지고 있습니다. 헌종은 경빈 김씨가 후사

헌종이 부인을 맞이하며 지은 낙선재

를 이어 주기를 간절하게 바랐지만 경빈 김씨는 후궁이 된 지 2년 만에 세도정치의 소용돌이에 휘말려 스물셋의 젊은 나이로 세상을 떠나고 말았습니다. 그녀의 죽음은 영민한 왕 헌종의 안타까움을 더했다고 전해집니다.

못다 한 이야기 둘!

비운의 황녀, 덕혜옹주

낙선재는 대한제국 황실의 마지막 보금자리였습니다. 대한제국의 마지막을 함께했던 황실 가족들이 얼마 전까지 사시다가 생을 마감한 곳으로도 유명합니다. 황실 가족 중에 한일합병조약 당시 옥쇄를 치마 속에 숨기고 끝까지 내주지 않았던 일화로 알려진 순정효황후가 있습니다. 순정효황후는 황후로서 자존심을 지키며 사시다가 1966년 낙선재에서 생을 마치셨습니다. 또, 영친왕의 부인인 이방자 여사도 있습니다. 일본인이었던 그녀는 1962년 한국 국적을 취득하고 1963년 다시 한국으로 돌아와 남편의 나라 한국을 위해 여생을 봉사하며 사시다가 역시 낙선재에서 타계하셨습니다. 1989년까지 낙선재에서 사시다가 돌아가신 비운의 황녀 덕혜옹주도 낙선재의 주인공이었습니다. 덕혜옹주에 대한 이야기는 책으로도 출간되어 많은 사람들의 심금을 울렸습니다. 덕혜옹주는 고종황제와 귀인 양씨 사이에서 태어났습니다. 고종의 딸들은 모두 일찍 사망했기에 덕혜옹주는 고종의 지극한

사랑을 받으며 자랐습니다. 고종은 덕혜옹주를 일본인과 결혼시키지 않으려 했으나 곧 승하하게 됩니다. 덕혜옹주의 삶은 고종의 승하 후 180도로 달라졌습니다. 강제로 일본으로 끌려가 일본인 학교에 다녔으며 어머니마저 사망하고 난 후에는 우울증과 정신분열증이 나타나기 시작했다고 합니다. 설상가상으로 일본인과 강제로 혼인한 덕혜옹주는 정신분열증이 악화되자 이혼당했으며 천신만고 끝에 1962년에야 조국의 품으로 돌아올 수 있었습니다. 그러나 돌아가시기 전까지 실어증과 지병으로 많은 고생을 하셨습니다. 황녀로 태어나 화려한 궁중생활을 하였으나 나라의 멸망을 지켜볼 수밖에 없었던 비운의 황녀 덕혜옹주의 이야기는 우리를 더욱 안타깝게 합니다.

머리에 쏙쏙 들어오는 체험학습보고서 만들기

동생에게 창덕궁을 소개하는 편지쓰기

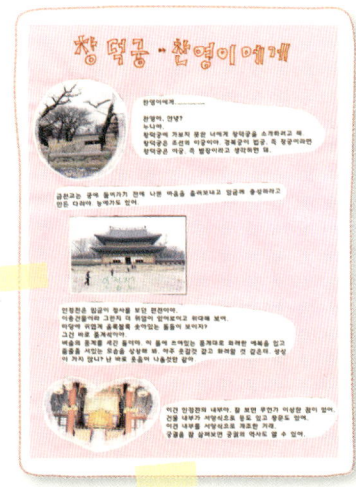

동생에게 주는
창덕궁 답사편지

편지형식의 글은 아이들이 허용적인 분위기 속에서 마음과 머릿속에 담아두었던 이야기들을 풀어낼 수 있도록 만들어줍니다. 여행지에서 찍어온 사진과 글을 적절히 섞어 편지글 형식으로 답사 보고서를 작성해봅시다. 여행지에서 얻어온 지식을 다시 한번 되새기는데 도움이 될 것입니다.

여기를 추천해요.

광장시장

🏠 서울특별시 종로구 예지동 6-1 • www.kwangjangmarket.co.kr

종로구 일대가 모두 창덕궁 옆 맛집이나 다름없습니다. 서울시에서도 종로구는 맛집이 많은 곳으로 유명합니다. 저렴하고 맛깔난 음식을 먹고 싶다면 독특한 음식들이 많은 광장시장을 추천합니다. 한번 맛보면 마약처럼 끊기 힘들다는 마약김밥, 알이 굵직하고 속이 꽉 찬 순대, 직접 녹두를 갈아 부쳐내는 빈대떡 등 누구나 즐길 수 있는 맛있는 먹을거리들이 가득합니다. 어디나 맛은 비슷하니 고소한 냄새 가득 풍기는 집으로 골라 턱 걸터앉으면 된답니다.

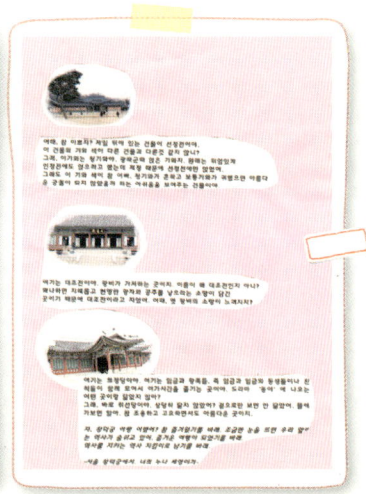

광장시장 빈대떡

왕들이 사랑한 궁궐, 세계문화유산이 된 창덕궁 1편

왕들이 사랑한 궁궐, 세계문화유산이 된
창덕궁 ②편

관련 교과
4-1 국어 5. 알아보고 떠나요
• 서울의 궁궐에 가서 특징을 조사하고 궁궐지도를 그려보자.

교과서 여행 난이도 - 초등학교 4학년 이상

후원특별관람 안내

언어	시간	횟수	관람 동선	소요시간	비고
한국어	10:00, 11:00, 12:00 13:00, 14:00, 15:00 15:30 4월 추가운영 16:00, 16:30	7회 4월 - 9회	함양문 → 연경당 → 의두합 → 부용지 → 애련지 → 관람지 → 옥류천 → 돈화문	100분	※ 후원특별관람은 안내원의 안내에 따라 관람하는 제한관람입니다.
영어	11:30, 14:30	2회			
중국어	12:30	1회			
일어	10:30, 13:30 4월 추가운영 16:15	2회 4월 - 3회			
	10:15	1회	함양문 → 연경당 → 불로문 → 존덕지 → 부용지 → 함양문	60분	※ 본 관람투어는 여행사를 위해 편성되었으며 단축운영됩니다.

요금 안내

소인(7~18세)	대인(19세 이상)	
2,500원	5,000원	* 경로 우대, 단체 할인은 없습니다.

※ 후원특별관람을 하시려면 일반관람권과 후원특별관람권을 모두 발권하셔야 합니다.
※ [창덕궁이야기] 모바일 애플리케이션은 아이폰 앱스토어와 안드로이드 마켓에서 다운로드 가능합니다.

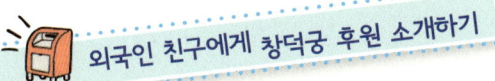 외국인 친구에게 창덕궁 후원 소개하기

인도네시아에 있는 내 친구 와얀에게

안녕, 와얀. 네 답장을 읽고 무척 기뻤어. 이제 곧 네가 한국 땅을 밟게 된다는 소식에 더더욱 기뻤지. 특히 네가 한국에 와서 제일 먼저 나와 함께 창덕궁을 방문하겠다는 말에 벌써부터 들떠 있단다. 오늘은 창덕궁의 정원인 후원 이야기를 들려줄까해. 아마 후원이라는 이름의 뜻이 궁금할지도 모르겠다. 보통 한국의 전통 정원은 건물 뒤편에 만든단다. 창덕궁 역시 궁궐 뒤편에 정원을 만들었는데 궁궐 뒤에 만들었다고 해서 '후원(後苑)'이라고 부르게 되었어. 발리의 정원도 참 아름답지. 네가 살고 있는 우붓은 특히나 자연의 모습을 그대로 간직한 논 주변에 집들을 지어 아침에 눈을 뜨면 싱그럽게 지저귀는 새소리와 논 풍광이 감동적이었던 기억이 나.

와얀, 한국의 정원도 그렇단다. 자연을 훼손하지 않으면서 자연과 조화를 이루는 아름다움을 추구하지. 아마 네가 와보면 깜짝 놀랄지도 모르겠어. '서울 도시 한복판에 어쩌면 이렇게 아름다운 자연 공간이 숨어 있을까' 하고 말이야. 조용히 후원을 거닐다 보면 먼 조선시대로 거슬러 올라가서 살고 있는 네 모습을 상상하게 될지도 몰라.

부용지와 주합루

후원특별관람으로 입장해서 제일 먼저 만나게 되는 곳이 바로 이곳이야. 사각형으로 생긴 연못을 부용지(芙蓉池)라고 불러. 부용지를 중심으로 여러 건물들이 세워져 있는데 이곳들은 주로 학문을 교육하고 휴식을 하던 공간이었어. 후원은 모든 곳이 다 아름답지만 맨 처음 눈에 들어오는 이곳부터 심상치 않음을 느끼게 될 거야. 자, 그럼 왕이 휴식하던 부용정(芙容亭)부터 돌아볼까? 부용정은 고요한 연못에 발을 담그고 사색하는 형상의 정자임을 한눈에 느낄 수 있어. 참 신비롭지 않니? 마치 생각에 잠긴 사람과 같은 모습을 한 건축물이라니 말이야.

부용정 맞은편에는 학문을 연마하던 주합루와 왕실 도서관으로 이용하던 규장각(奎章閣)이 자리 잡고 있어. 규장각이라는 이름은 낯설지 않을 거야. 정조가 너무나 사

부용지와 부용정

랑한 공간이지. 부용지 일대에는 영화당이라는 건물도 있는데 이곳은 영조가 특별히 아끼던 공간이라고 해. 현판도 친필로 하사하셨을 정도니까 얼마나 소중히 여긴 건물인지 알 수 있겠지? 영화당(暎花堂)은 화재 피해도 입지 않아서 1692년 숙종이 모습을 다듬어 다시 건축한 후에 지금까지 그 모습 그대로 보존되고 있는 건축물이야. 나무로 만든 건축물이 300년 이상을 견디다니 정말 놀랍지? 영조는 이곳에서 직접 입회하에 과거 시험을 치르게 하셨대. 아름다운 정원에서 시험을 친 유생들은 어떤 기분이었을까? 아마 억지로 짜내지 않아도 감성적인 시구절이 저절로 떠올랐을 거야. 자연을 사랑하는 와얀, 너는 내 말뜻을 이해하겠지?

영조가 친히 과거를 주관하던 영화당, 영화당의 현판은 영조의 친필이다.

애련지와 의두합

부용지와 주합루를 지나면 애련지와 의두합으로 가게 돼. 이곳으로 가려면 '불로문(不老門)'이라는 통으로 깎아 만든 돌문을 통과해야 해. 돌 하나가 통째로 이어진 이 문은 조선시대 왕들의 무병장수를 기원하던 문으로 애련지(愛蓮池) 서쪽 연경당으로 들어가던 통로였어. 문

무병장수의 꿈을 이루어 주는 불로문

에는 돌쩌귀 구멍이 아직도 남아 있지. 창덕궁 후원에 가면 돌쩌귀 구멍이 있나 한번 자세히 살펴보자. 원래는 이 구멍에 나무문이 달려 있었던 것 같아. 와얀, 우리도 불로문을 지나면서 할아버지, 할머니의 무병장수를 빌어 보자. 우리 할아버지, 할머니 오래오래 건강하고 행복하게 사시라고.

불로문을 지나면 드디어 애련지가 나와. 아름다운 애련지는 많은 사람들의 사랑을 받고 있는 연못이야. 특히 조선시대 숙종 임금이 애련지와 애련정을 사랑하셨다고 해. 숙종은 당신이 사랑한 연꽃에 '애련(愛蓮)'이라는 이름을 붙였고 그래서 이 연꽃이 있는

사시사철 아름다운 풍광을 선사해주는 애련지

연못 이름이 애련지가 된 거야. 애련지는 우리에게 사철 아름다운 풍광을 선사해 주지.

애련지 남쪽에는 1827년(순조 27년) 효명세자가 세운 '기오헌(寄傲軒)'이라는 현판이 붙은 의두합(倚斗閤)이 있어. 이곳은 단청도 없는 매우 소박한 서재야. 효명세자의 사람됨과 기품을 느낄 수 있는 공간이지. 효명세자는 이곳에서 독서를 즐기셨대. 평소 할아버지 정조대왕을 존경한 효명세자는 규장각과 가까운 위치에 기오헌을 짓고 정조대왕의 마음을 닮고자 부단히 노력하셨다고 해.

다음 글을 읽어 보면 효명세자에 대해 더 자세히 알 수 있을 거야.

 교과서 깊이 알기

학문과 춤을 사랑한 효명세자 (孝明世子, 1809~1830, 후에 문조익황제文祖翼皇帝로 추존)
경기도 구리시 동구릉에 가면 효명세자의 수릉을 만날 수 있습니다. 효명세자는 순조를 대신하여 4년 동안 대리청정을 하다가 돌아가셔서 왕위에는 오르지 못했지만 후에 문조익황제로 추존되었습니다.

효명세자가 대리청정을 하던 당시 조선은 왕권이 매우 약해져 외척 세력이 발호하던 위기의 시기였습니다. 조선에 유례없는 기근이 닥쳐 홍경래의 난 등이 발발하면서 민심이 흉흉해졌지요. 영조의 탕평책을 실시하며 정치를 안정시키고 왕권을 강화하고자 많은 노력을 기울였으나 만족할 만한 성과를 거두지 못했던 혼란한 시기에 효명세자는 대리청정으로 정치에 그 모습을 드러냈습니다.

　총명하고 학문에 조예가 깊으며 예술을 사랑한 효명세자는 이 어려운 상황을 춤으로 타개해 보려고 노력했습니다. 효명세자 시절에는 유독 궁중 연회를 많이 베풀었는데, 연회 무용의 상당 부분을 효명세자가 직접 안무도 하고 무용수들을 연습시키는 등 예술적 재능도 한껏 드러냈습니다. 많은 신하들은 왕세자가 대리청정을 하면서 향락을 일삼는다고 불만을 품기도 했지만, 효명세자가 워낙 진지한 자세로 연회를 주관했기에 드러내놓고 헐뜯을 수는 없었다고 합니다. 효명세자는 연회를 주관함으로써 신료들의 힘을 하나로 모으고 왕권을 강화하고자 했습니다.

　이렇게 헌신적인 노력을 기울였지만 대리청정 4년 만에 효명세자는 갑작스레 돌아가시고 맙니다. 독창적이고 예술적이었던 효명세자가 결국 자신의 뜻을 펼치지 못한 채 역사에서 사라진 것은 무척이나 아쉬운 일입니다.

연경당

이제 연경당(演慶堂)으로 이동해 볼게. 아마 네가 직접 이곳을 방문한다면 조금 의아한 느낌이 들지도 모르겠어. 궁궐이 마치 사대부의 집처럼 생겼거든. 이 연경당 역시 효명세자와 관련이 깊은 건축물이란다. 아버지 순조에게 존호(尊號)를 올리는 의례를 행하기 위해 세운 곳이지. 순조는 명민한 아들 효명세자 덕분에 대리청정을 맡기고 이곳에서 편안하게 휴식을 취할 수 있었다고 해. 효명세자의 지극한 효심을 느낄 수 있는 부분이지?

　지금 우리가 거니는 연경당은 고종 때 새롭게 지은 건물이야. 사대부의 집처럼 단청을 하지 않았고 사랑채와 안채도 연결되어 있지. 다만 사대부들이 가장 크게 지을 수 있었던 건물은 99칸이었던 데 반

연회장을 연상케 하는 연경당

해 이곳은 120칸으로 이루어져 있어. 이곳은 궁궐이니까!

청나라풍 벽돌을 사용하고 동판을 씌운 지붕에 도르레식 차양을 드리운 연경당의 서재 선향재(善香齋)는 꼭 눈여겨보아야 할 건물이야. 상당히 이국적인 느낌을 풍겨서 오히려 네 눈에는 익숙할지 모르겠어. 예술을 숭상하고 연회를 통해 왕권을 강화하고 싶어 했던 효명세자였던 만큼 연경당의 구조는 마치 연회장을 연상케 하는 구조로 되어 있단다. 원래 건물을 세울 당시에도 연회장 목적으로 만들었을지도 모른다는 추측도 나오고 있는 곳이지. 궁궐 안에 있는 사대부식 건물이라! 정말 놀랍지 않니?

존덕정 일원

존덕정(尊德亭)은 후원에 있는 건물 중에서 가장 늦게 갖추어진 곳으로 보이지만 세련미와 아름다움을 깊이 느낄 수 있는 공간이야. 특히 부채꼴 모양을 하고 있는 관람정(觀纜亭)은 아주 아름답지. 관람성은 우리나라에서 유일하게 부채꼴 모양을 한 정자란다. 한반도 모양으로 생긴 연못을 굽어보는 모양새가 마치 학이 날아가는 듯 사뿐하게 느껴져. 이 존덕정은 정조와 얽힌 사연들을 담고 있는 곳으로도 유명해. 와앗, 내가 세종대왕 다음으로 존경하고 좋아하는 분이 바로 정조란다. 숱한 정치적 역경을 딛고 왕위에 올라 조선 후기 문화와 정치 그리고 경제의 르네상스를 일구어 낸 훌륭한 임금이셨어. 조선 후기에는 신하들의 입김이 세져 왕권이 많이 약화되었지만 정조는 달랐어. 존덕정 안의 북쪽 지붕에 이를 증명해 주는 글귀가 선명하게 남아 있지.

"만천명월주인옹(萬川冥明月主人翁, 세상의 모든 시냇물을 품고 있는 밝은 달의 주인공)"은 무슨 뜻일까? '뭇 개울들이 달을 받아 빛나지만 달은 오직 하나다. 내가 바로 그 달이요, 너희들은 개울이니

관람정 전경

내 뜻대로 움직이는 것이 태극과 음양오행의 이치에 합당하다'라는 뜻이지. 곧 임금인 나에게 충성하라는 말이었어. 오늘날 사람들은 의아해할 수 있겠지만 왕권 강화가 바로 나라의 안정과 이어지던 조선시대에는 군주가 자신의 권위를 표현하는 것이 당연하다 할 수 있을 거야. 존덕정 내부의 천장 역시 왕의 강력한 권위를 상징하는 청룡과 황룡이 장식하고 있으니까 우리 다음에 꼭 확인해 보자.

왕의 권위를 상징하는 청룡과 황룡

옥류천 일원

자, 여기는 옥류천(玉流川)이야. 이곳에서는 눈을 감고 조용히 명상해 보는 시간을 가져 볼까? 인도네시아에도 계곡이 있지? 와얀, 인도네시아의 계곡이 매우 역동적이고 남성적인 느낌을 준다면 한국의 계곡은 단아하고 정갈한 느낌을 주는 곳이 많아. 옛 선비들은 이 계곡에서 시를 읊조리며 술을 마시면서 교류를 나누곤 했지. 창덕궁 후원에서도 가장 깊은 곳에 자리 잡은 옥류천은 바로 그 교류의 장소야. 왕과 신하 간의 교류와 정치적 밀담이 오갔던.

너는 동양 문화에 관심이 많으니까 왕희지라는 중국의 명필가에 대해서도 잘 알고 있을 거야. 좀 어려운 말인데 '유상곡수연(流觴曲水宴)'이라는 말 혹시 알고 있니? 왕희지는 굽이치는 물길을 만들어 술잔을 띄워 보내고 자기 앞에 온 술잔을 받아들고는 시를 지어 발표하는 유희를 즐겼대. 만약 다음 잔이 올 때까지 시를 짓지 못하면 벌주로 술 석 잔을 마셔야 했어. 이 놀이의 이름이 바로 유상곡수연인데 조선 사대부들에게 선풍적인 인기를 끌었대. 바로 이 놀이를 즐기던 장소가 옥류천

인조의 친필이 새겨져 있는 옥류천

왕들이 농사를 지었다는 청의정

이야. 풍류를 사랑하는 사대부들의 멋이 느껴지지?

또 옥류천에는 청의정(淸漪亭)이라는 볏짚으로 지붕을 덮은 이색적인 정자가 하나 있어. 모양이 워낙 독특해서 금방 눈에 띄지. 조선의 임금들은 이 정자 앞에 논을 만들어 손수 농사를 지으셨대. 농업을 근본으로 하는 나라이니만큼 백성들에게 농업의 중요성을 일깨워 주기 위함이었대. 볏짚 지붕의 청의정은 그 시절의 농본주의 정신을 짐작할 수 있지.

와얏, 이것으로 창덕궁 후원에 대한 소개를 마칠까 해. 지금 서울 하늘에는 눈발이 흩날리고 있어. 창덕궁은 사시사철 언제든지 아름답지만 지금처럼 하얀 눈이 쌓인 궁궐의 풍경은 또 어떨지 궁금해. 우리 다시 만날 때는 더 멋진 모습으로 함께하자. 눈 쌓인 창덕궁 후원을 걸으며 그동안 못다 한 이야기도 오래 나누자.

서울에서 친구 금별이가

못다 한 이야기

인조반정의 소용돌이에 희생된 유씨

지금은 사라지고 없는 창덕궁 후원 어수당(魚水堂)에 광해군의 부인 유씨에 대한 슬픈 이야기가 서려 있습니다. 광해군은 폭군으로 기록된 왕입니다. 그러나 제 생각은 조금 다르답니다. 광해군은 당시 사대부들과는 다르게 매우 실리적인 개혁정치를 펼친 군주였습니다. 다만 다른 주장을 펼치는 사람을 내 사람으로 만드는 정치적 수완이 부족한 왕이었던 것 같습니다. 대체로 사람들은 언젠가 나에게 닥칠 위험을 걱정해 내 편을 들어주지 않는 사람을 공격하게 마련이지요. 광해군 역시 그 소용돌이의 희생양이 된, 곡절 많은 왕이었습니다. 후궁의 소생으로 왕이 되었기에 자신은 꼭 적자에게 왕위를 물려주고 싶었던 선대왕 선조는 너무 어린 적자인 영창대군에게 왕위를 계승하지 못하고 결국 임진왜란 때 공을 세워 백성들의 지지를 받고 있던 광해군에게 왕위를 물려줍니다. 왕위 계승 과정 역시 파란만장

어수당이 있던 자리

했습니다. 왕으로 등극하고 나서도 서얼 출신의 왕이라는 이유로 명나라는 실사까지 나오면서 위협을 했고 조정에서는 어린 영창대군을 지지하는 세력들이 버젓이 실력을 행사하고 있었습니다. 광해군은 이들을 제거하는 과정에서 많은 무리수를 두었습니다. 백성들에게는 대동법(지방의 특산물로 바치던 공물을 쌀로 통일하여 바치게 한 세금 제도)을 실시하고 명나라와 후금 사이에서 능란한 중립외교 솜씨를 뽐내는 등 안정적인 정치를 펼쳐 많은 지지를 받았으나 반대 세력을 다스리지 못해 1623년 김류, 김자점, 이귀 같은 사대주의자들과 능양군에 의해 폐위되고 맙니다. 당시 광해군의 비 유씨는 반정의 낌새를 알아차리고 궁녀들과 함께 몰래 창덕궁 어수당에 숨어 있었습니다. 이틀이 지나도 아무 소식이 없자 유씨는 결국 반정이 성공했음을 알아차리고 궁녀 보향을 시켜 자신이 어수당에 숨어 있음을 알리게 합니다.

"이 일을 의거라고 하면서 어찌 전왕의 비를 굶겨 죽이려 하느냐?"며 인조반정이 종묘사직을 위한 것이 아니라 몇몇의 부귀영화를 위한 것임을 날카롭게 비판한 그녀는 성리학적 가치관이 뚜렷했던 광해군의 든든한 벗이자 버팀목이었습니다. 하지만 그녀는 바뀌지 않는 현실을 비판하다 화병을 얻어 유배 생활 1년 7개월 만에 생을 마감하고 말았습니다. 한 나라의 국모였으나 냉혹한 정치 현실에 휘말려 궁궐에서 쫓겨나 생을 마감한 유씨는 사라진 어수당 자리에서 자신의 파란만장한 삶을 후손들에게 들려주는 것만 같습니다.

주변 교과서 여행지 — 창경궁

🏠 서울특별시 종로구 창경궁로 185 • ☎ 02-762-4868 • cgg.cha.go.kr

대중교통 버스 • 파랑버스(간선) - 104, 106, 107, 108, 140, 143, 149, 150, 161, 162, 171, 172, 272, 301 • 초록버스(지선) - 1018 • 빨강버스(광역) - 9410
- 지하철 4호선 혜화역 4번 출구 300m 직진 – 횡단보도 건너 왼쪽 길로 직진 300m

요금 안내

대인(만 19세~64세)	단체 할인(10명 이상)	무료
1,000원	대인 800원	홈페이지 참조

창경궁의 이모저모

창경궁은 1483년(성종 14년)에 세조의 모친 정희왕후, 예종의 모친 안순왕후, 덕종의 모친 소혜왕후 세 분의 대비를 모시기 위해 창건한 궁입니다. 창덕궁의 보조 궁궐로 창건되어 왕족들의 거처 역할을 했지요. 비록 규모는 작지만 창경궁에서는 역사적 사건들이 꽤 많이 벌어졌습니다. 사도세자의 비극적인 죽음, 장희빈 사건, 소현세자의 죽음 등이 바로 이곳에서 일어난 일입니다.

일제강점기에 창경궁은 궁궐이 아닌 유원지로 전락하는 아픔을 겪기도 했습니다. 일제는 창경궁의 궐내각사를 헐어 버리고 그 자리에 동물원을 만들었습니다. 연못 북쪽에는 일본식 정원과 식물원을 꾸며 놓았습니다. 궁궐 창경궁은 하루아침에 유원지

창경궁(왼쪽)과 춘당지 일원(오른쪽)

창경원이 되는 수모를 겪었습니다. 게다가 일제는 1924년에 벚꽃 수천 그루를 궁궐 곳곳에 심어 야간에도 개장하는 만행을 저지르기도 하였습니다.

창경궁은 이러한 아픔을 딛고 과거의 모습으로 복원되어 현재에 이르고 있습니다. 창경궁에는 국보 제226호인 명정전을 포함하여 다수의 보물급 건축물들과 유물이 있습니다. 특히 명정전은 조선 왕궁의 법전 중에서 가장 오래된 전각으로 건축학적으로도 의미가 깊은 건축물입니다. 창경궁 바로 옆에는 국립서울과학관이 있어 창덕궁은 따로 관람하고 창경궁과 국립서울과학관을 묶어서 방문하는 것도 좋습니다. 작은 궁이지만 사시사철 변하는 풍광이 아름다워 지금도 많은 사람들의 발길이 끊이지 않고 있답니다.

사도세자의 죽음을 지켜본 문정전 앞뜰

창경궁 문정전에는 영조의 아들 사도세자에 얽힌 슬픈 일화가 전해져 오고 있습니다. 사도세자가 영조의 명을 받고 뒤주에 갇혀 숨을 거둔 곳이 바로 이곳이지요. 문정전을 잘 관람하려면 먼저 사도세자와 관련한 이야기를 알아봐야겠지요?

조선의 제21대왕 영조의 유일한 아들이었던 효장세자는 열 살 때(영조 나이 35세) 세상을 떠나고 말았습니다. 영조는 그 후 마흔두 살이 되어서야 겨우 아들을 얻었는데 그가 바로 사도세자입니다. 늦은 나이에 아들을 얻은 영조의 마음이 얼마나 기뻤을지 짐작이 가고도 남습니다. 영조는 아들이 태어난 그날, 아이에게 원자의 명호를 내리고 바로 이듬해 아들을 세자로 책봉했습니다. 사도세자는 영조의 기대만큼 영민했고 아버지의 희망이자 보물 같은 존재로 자라났습니다.

영조는 무수리 출신의 어머니 숙빈 최씨의 소생으로 출신에 대한 열등감이 많은 왕이었습니다. 또한 생명의 위협과 고난을 헤쳐 나가면서 왕위를 지켜낸 인물이었기 때문에 세자를 매우 엄격하게 교육했고 기대 수준도 매우 높았습니다. 사도세자가 공부하는 교과서조차 손수 제작했을 정도로 자식 교육에 대한 열의 또한 뜨거웠지요.

그러나 무엇이든 지나치면 화를 부르듯, 영조의 냉엄한 교육 방침은 사도세자에게

왕이 정사를 살피던 문정전

큰 상처를 입혔습니다. 영조는 사도세자를 불러 자주 꾸중하고, 작은 실수도 용납하지 않는 무서운 훈육을 했다고 전해집니다. 자신감 넘치고 영민했던 사도세자는 무서운 아버지 밑에서 점점 주눅이 들고 초라한 모습으로 변했습니다. 결국 영조는 사도세자에게 정신적 고통을 주었고 사도세자는 화병으로 앓아눕거나 잠 못 이루는 날들이 많아졌습니다.

사도세자를 죽음으로 몰고 간 결정적인 사건은, 나이 들어 병약해진 영조를 대신하여 사도세자가 대리청정을 하게 된 후에 일어납니다. 탕평을 주장하던 영조와는 달리 사도세자는 정치적으로 중립을 고수하지 않았습니다. 이에 정치적 위기감을 느낀 노론 세력은 영조에게 사도세자의 비행을 끊임없이 고자질했고 영조는 결국 아들이 왕통을 이어갈 적임자가 아니라는 판단을 내리게 됩니다. 영조가 내린 결론은 아들의 자결이었습니다. 사도세자는 결국 창경궁 문정전 앞뜰 뒤주에 갇혀 한 많은 생을 마감합니다. 사도세자의 슬픈 이야기는 그의 부인인 혜경궁 홍씨가 쓴 『한중록』에 자세히 쓰여 있습니다.

소현세자가 승하한 환경전

궁궐의 내밀한 곳에 위치했던 환경전은 내전 건물입니다. 창경궁의 환경전은 소현세자가 승하한 곳으로 유명한 곳입니다. 소현세자는 잘 알려진 바와 같이 인조의 아들로 병자호란 당시 청나라에 볼모로 잡혀갔던 비운의 세자입니다.

소현세자 이야기를 풀어내려면 저 멀리 광해군 시대까지 거슬러 올라가야 합니다. 소현세자의 아버지 인조가 광해군을 몰아내고 반정을 통해 왕위에 오른 인물이라는 것은 다들 너무나도 잘 알고 있을 것입니다. 청나라와 명나라 사이에 중립외교를 펼쳤던 광해군 시대에는 청나라로부터 위협이 없었으나 인조가 왕위에 오르면서 세상은 달라졌습니다. 인조의 뒷배경이 되어준 신하들은 바로 힘을 잃어가는 명나라와의 의리를 부르짖는 파였기 때문에 인조의 등극은 바로 청과의 갈등으로 이어질 수밖에 없었던 것이지요. 아니나 다를까 청나라의 태종이 직접 군대를 이끌고 침공해왔고, 인조는 남한산성에서 항거하다 결국 항복하고 말았습니다. 병자호란으로 인해 인조는 소중한 두 아들을 청나라

창경궁 환경전

에 인질로 보내게 되었는데 한 분은 소현세자이며 다른 한 분은 후에 효종으로 즉위하신 봉림대군입니다. 같은 청나라로 끌려간 두 사람이지만 너무나도 다른 생각을 갖게 된 두 사람이기도 했습니다. 봉림대군은 청나라에서 청에 대한 복수를 꿈꾸며 이를 갈았고, 소현세자는 반대로 청나라의 발전된 문물을 보며 새로운 서양학문에 눈을 뜨게 된 것이 그것입니다. 청에 대해 호의적인 생각을 갖고 청나라의 문물을 받아들이는데 적극적이었던 소현세자의 존재는 당시 조선에 큰 위협이 되었습니다. 결국 소현세자는 청나라에서 귀국한 지 두 달 만에 이곳 창경궁 환경전에서 의문의 죽음을 맞습니다. 죽음의 원인으로 독살을 꼽는 사람들이 많지만 아직까지 소현세자의 죽음은 의문으로 남아있는 상황입니다. 한가지 분명한 것은 소현세자가 살아서 왕권을 이었더라면 조선은 조금 더 다른 세상을 일찍 접하게 되었으리라는 것이겠지요.

 교과서 깊이 알기

여기서 잠깐! 내전이 뭐예요?

임금과 신하가 나랏일을 논의하며 여러 행사를 개최하는 공간을 '외전'이라고 한다면 왕실 가족의 사적인 공간은 '내전'이라고 부릅니다. 왕과 왕비의 침전, 후궁들이 머물렀던 후궁전, 세자가 머물렀던 동궁전, 왕실의 휴식공간인 후원을 모두 일컬어 '내전'이라고 칭한답니다.

> 머리에 쏙쏙 들어오는
> 체험학습보고서 만들기

한양의 궁궐지도 그려보기

여러 궁궐들을 답사했다면 서울의 성곽과 그 안에 위치한 궁궐의 지도를 그려 보는 것도 궁궐을 이해하는데 많은 도움이 될 것입니다. 때로는 글보다 그림이 더 많은 것을 이야기해주기도 하니까요. 아이들과 함께 재미있는 궁궐 지도를 그려 보세요.

조선의 왕실부터
대한제국의 황실까지
국립고궁박물관

교과서 여행 난이도 - 초등학교 4학년 이상

관련 교과
- 4-1 읽기 5. 알아보고 떠나요
- 국립고궁박물관을 방문하기 전 박물관 방문계획서를 써 보자.
- 5-2 사회 전 단원

관람 정보

🏠 서울특별시 종로구 효자로 12 • ☎ 02-3701-7500 • www.gogung.go.kr
- 자가용 경복궁 지하주차장 이용

대중교통 • 버스

경복궁역(01116) • 초록(지선) – 0212, 1020, 1711, 7016, 7018, 7022, 종로09
경복궁(01117) • 초록(지선) – 1020, 7025 • 파랑(간선) – 109, 171, 272, 601, 606, 708
국립고궁박물관 • 초록 – 8000(맞춤버스)
- 지하철 • 3호선 경복궁역 5번 출구 도보 5분, 5호선 광화문역 1번 출구 도보 10분

※ 2012.2.6~2012.7.31 재정비 휴관

관람 안내

언어	시간	횟수	비고
한국어	11:00, 14:00, 16:00	3회	무료 해설

요금 안내

별도의 공지가 있을 때까지 무료관람

교과서 연계학습 📖 이렇게 공부해요

관련 교과 4-1 읽기 5. 알아보고 떠나요 • 국립고궁박물관을 방문하기 전 박물관 방문계획서를 써보자.
학습 과제 • 국립고궁박물관 방문계획서 짜기

교과서 여행 Tip 📖 여행 전 미리 학습 과제 내용을 숙지하고 가면 더욱 좋아요.

국립고궁박물관에 방문하기 전 미리 알고 가면 더욱 좋아요.
- 국립고궁박물관 홈페이지 www.gogung.go.kr
- 방문 전에 읽고 가면 좋은 책 『국립고궁박물관』(국립고궁박물관, 그림 이진우, 스쿨김영사)
- 스마트폰 소지자는 국립고궁박물관 모바일 애플리케이션을 다운로드 받아 활용하시면 도움이 됩니다.

조선의 왕실부터 대한제국의 황실까지 국립고궁박물관

국립고궁박물관 개요

국립고궁박물관은 조선시대와 대한제국시대의 왕실과 황실의 중요한 유물들을 보관하고 전시하는 곳입니다. 왕실과 황실 유물은 일제강점기와 한국전쟁을 거치는 동안 여기저기 흩어져서 보존하기 어려운 상태였습니다. 흩어져 있던 유물들을 모아 덕수궁 궁중유물전시관에 처음 전시하였으나 찬란했던 왕실과 황실의 역사를 담기에는 장소가 너무 협소했습니다.

경복궁에 있던 국립중앙박물관이 용산으로 옮겨간 후 그 자리에 국립고궁박물관을 짓고 재개관하여 오늘날에 이르고 있습니다. 장소가 넓어졌으니 전시 유물도 그만큼 늘어난 것은 말할 것도 없지요. 왕실의 역사는 600년을 이어 온 우리의 역사이기도 합니다. 이번 탐방 장소를 국립고궁박물관으로 잡은 것도 우리의 역사를 새롭게 조명하기 위해서입니다.

주의 깊게 볼 유물

백자대호

3, 4학년 미술 교과서에 수록된 유물입니다. 조선시대의 백자인데 다른 백자들과는 조금 차이가 있습니다. 크기도 매우 클 뿐만 아니라 완벽한 좌우대칭이 이루어지지 않아 살짝 비틀어져 보이는 것이 색다릅니다. 큰 도자기들은 대체로 육중하고 둔탁한 느낌이 나지만 백자대호는 이러한 불균형으로 인해 날아갈 듯한 생동감을 느끼게 해줍니다.

백자대호(白磁大壺), 국보 제310호

천상열차분야지도각석

조선의 왕들은 천문학을 아주 중요하게 생각했습니다. 유교에서는 왕을 '하늘을 대신하여 나라를 다스리는 사람'이라고 생각했기 때문입니다. 그래서 일식이나 혜성과 같은 천문 현상이 나타나면 하늘이 왕에게 벌을 내리는 것으로 여기기도 했답니다.

또한 조선은 농업 국가였기 때문에 천문 지식은 일상생활에 꼭 필요한 지식이기도 했습니다. 국립고궁박물관에 전시된 천상열차분야지도각석(天象列次分野之圖刻石)은 직육면체 돌에 천체의 형상을 새겨 놓은 천문도입니다. 이는 태조 이성계가 왕의 권위를 드러내고자 천문학자들에게 명을 내려 만들도록 했다고 전해집니다.

천상열차분야지도각석, 국보 제228호

천상열차분야지도각석은 고구려의 천문도를 표본으로 삼고 오차를 고쳐 완성했습니다. 이 천문도는 중국 남송 때의 천문도인 〈순우천문도〉(1241년)에 이어 세계에서 두 번째로 오래된 것으로 그 역사적 가치가 큽니다. 놀라울 정도로 섬세하게 묘사한 이 천문도에는 눈으로 관측할 수 있는 모든 별들이 총망라되어 있어 당시 과학의 수준을 가늠케 해줍니다. 2008년 4월 8일 우리나라 최초의 우주인 이소연 씨가 천상열차분야지도가 새겨진 스카프를 우주에 가져가서 더욱 유명해지기도 했지요.

자격루

국립고궁박물관 지하전시실에 전시된 자격루는 600여 년 전인 1434년(세종 16년)에 만들어진 물시계를 거의 원형 그대로 복원한 것입니다. 일정 시간이 되면 자격루의 작동 원리에 따라 설치된 인형들이 북과 징을 치며 시각을 알려줍니다.

기존의 물시계들은 담당 관원이 지키고 있다가 정해진 시각이 되면 종을 쳐서 알려주었던데 반해 자격루는 자동 작동 원리에 따라 시간을 북과 징으로 알려주었지요. 과학적 발전을 보여 주는 시계라 할 수 있겠습니다. 자격루는 국립고궁박물관에서 꼭 보고 가야 할 전시물입니다.

예로부터 시계는 조선시대 왕들의 매우 중요한 통치 수단이었습니다. 시계는 백성

자격루

들에게 정확한 시각을 알려줌으로써 규칙적인 삶을 가능하게 하고 나라의 근간과 사회의 질서를 유지하는 토대가 되었지요. 백성들이 규칙적인 생활을 하면 나라가 질서 있게 움직이므로 왕의 권위도 그만큼 높아졌습니다. 세종은 이 자격루를 만들기 위해 학자들에게 아낌없는 지원을 했다고 합니다. 자격루는 무엇보다 해가 비치지 않는 흐린 날이나 밤에는 시각을 알려주기 어려웠던 해시계와 달리 날짜와 계절의 변화에 관계없이 시간을 알 수 있게 해주었다는 점에서도 의의가 큰 과학 문화재입니다.

순종황제와 순정황후 어차

순종황제의 어차

순정황후의 어차는 영국 다임러 사가 제작한 리무진이고 순종황제의 어차는 미국의 GM 사가 제작한 캐딜락 리무진입니다. 두 차 모두 파손되고 낡아서 사용할 수 없었으나 현대자동차에서 원형으로 복원했습니다. 특히 순정황후의 어차는 순종황제의 어차보다 크기는 작지만 섬세하고 아름다운 디자인에, 화려한 내부 구조를 가진 차로 황실의 기품을 더욱 살려 주었지요. 순정황후 어차는 전 세계에 단 3대만 남아 있는, 국내에서 가장 오래된 자동차이기도 합니다. 대한제국 황실의 유물들은 우리나라의 근대화 과정을 짐작하게 해줍니다. 황실은 근대화를 앞당기고자 서양 문물을 매우 적극적으로 받아들였음을 알 수 있습니다. 이 두 대의 어차를 필두로 대한제국실에는 다양하고 현대적인 황실 문화재들이 전시되어 있습니다. 특히 현대적인 궁중 생활공간은 우리의 시선을 끌지요.

국립고궁박물관 주변 볼거리

철근 콘크리트의 비밀

국립고궁박물관을 나서면 색다른 전시물들이 관람객의 눈길을 사로잡습니다.

단청은 단청인데 나무가 아닌 콘크리트 덩어리로 만들어진 단청이 있습니다. 만약 단면을 자르지 않았다면 그것이 철근 콘크리트였다는 것을 짐작조차 하지 못했겠지요. 이곳에 전시된 단청들의 단면은 하나같이 칼로 자른 듯 매끈하게 잘려 나가 콘크리트로 범벅이 된 단면이 드러나 있습니다.

이 전시물들은 고 박정희 대통령 때 복원한 광화문의 일부입니다. 경복궁의 정문인 광화문은 숱한 아픔을 겪은 문화재입니다. 수차례의 화재로 소실되었다가 겨우 복원되었지만 한국전쟁 때 폭격을 당해 돌기둥만 남고 모두 소실되었습니다. 이후 1968년 복원되었지만 복원 과정에서 문제점이 많았습니다.

먼저 나무가 귀해 소실된 목조 다락 부분을 만들지 못하여 콘크리트로 만든 다음 단청 무늬만 겨우 칠해서 복원할 수밖에 없었습니다. 둘째로, 원래 광화문이 있던 위치가 아닌 약간 비스듬한 상태로 복원했습니다. 마지막으로, 광화문 현판을 고증하지 못해 박정희 대통령이 친필로 쓴 '광화문'이라는 한글 현판을 달아 복원했습니다.

까다로운 고증 작업을 거쳐 복원한 모습으로 우리 곁에 돌아온 광화문. 정확한 고증을 거친 문화재 복원이 얼마나 중요한지를 보여 주는 좋은 예입니다.

추녀

> 현재 이 콘크리트 광화문은 2011년 2월 서울역사박물관으로 이관되어 보관되고 있습니다.

궁궐을 장식했던 불교 문화재

국립고궁박물관을 나서면 야외에 불교를 상징하는 탑이 서 있습니다. 이곳을 둘러본 사람들 가운데는 궁궐 문화재를 전시하는 공간에 왜 탑이 서 있을까 궁금해 하는 분들도 있을 겁니다.

흥선대원군이 경복궁을 중건한 후 경복궁은 화려했던 과거의 영광을 되찾는가 싶었습니다. 그러나 곧 일제강점기가 되면서 경복궁은 거의 대부분 파괴되었습니다. 경복궁에 화재가 났다는 이유로 왕족들은 경복궁의 교태전과 강녕전에서 창덕궁으로 옮겨 갔으며 경복궁의 동궁인 자선당은 일본인 조선관의 개인 박물관으로 팔려 버렸습니다.

자선당의 기단과 주춧돌은 오쿠라 호텔의 정원을 꾸미는 용도로 사용되었고 자경전에는 수족관과 놀이터를 만들었으며 전각이 헐린 곳에는 무덤에나 까는 잔디를 깔아 놓았습니다.

가장 경악스러운 일은 유교국가인 조선의 정신문화를 뿌리째 뒤흔들기 위해 각종 불교 문화재들을 궁궐의 빈터에 옮겨 놓은 일이었습니다. 전각을 허물고 불교 문화재를 전시해 놓음으로써 유교국가인 조선의 정체성마저 흔들려는 속셈이었죠. 당시 경복궁에 전시되었던 탑들이 현재 국립고궁박물관 야외에 전시되어 있는 것입니다.

우리가 수많은 외국 관광객들과 더불어 소중하게 관람하고 있는 현재의 경복궁은 원래 모습에서 겨우 30퍼센트 정도만 복원된 것이라고 합니다. 지금 주차장으로 사용되는 곳도 사실 궁궐의 일부분이었지요. 하루 속히 온전한 복원이 이루어져 웅장하고 근엄했던 경복궁의 본모습을 우리 후손들에게 안겨줄 수 있었으면 좋겠습니다.

못다 한 이야기 하나!

조선의 대단한 공부벌레들, 왕세자 이야기

'내가 조선시대의 왕자나 공주로 태어났다면 어땠을까?'하고 상상의 나래를 펴본 적 있나요? 그림처럼 아름다운 창덕궁 후원을 거닐며 사색에 잠기거나, 폼 나는 활쏘기나 격구 등을 즐기며 여가 시간을 보내는 모습을 상상할지도 모르겠습니다. 혹은 산해진미를 앞에 두고 시조를 읊조리며 행복한 하루하루를 보내는 상상을 할지도 모르겠어요.

사실 조선의 왕세자들은 상당히 엄격한 왕실교육을 받으며 성장했답니다. 유독 조기교육 열풍이 거센 우리나라 교육열의 시초를 조선의 왕세자 교육에서 찾을 수 있지 않을까 생각해봅니다. 임금의 생각과 판단에 따라 나라가 좌지우지되는 왕정국가인 만큼 훌륭한 인재가 왕이 되어야 했으니 왕은 왕세자 교육만큼은 엄격하고 철저하게 시킬 수밖에 없었겠지요.

여덟 살이 되어 왕세자로 책봉되면 이때부터 철저한 배움의 과정이 시작됩니다. 물론 그 전에도 스승을 두어 읽기와 쓰기를 가르쳤지요. 열 명도 넘는 스승이 왕세자의 교육을 담당했습니다. 글공부는 물론이고 음악, 무용, 미술, 말타기, 활쏘기에 이르기까지 다양한 예체능 활동도 포함되었습니다. 이른 새벽부터 밤늦도록 수라를 들고 문안인사를 드리는 외의 시간은 모두 공부를 했을 정도로 왕세자들은 엄청나게 많은 시간을 공부에 할애했어요.

국립고궁박물관에는 순조의 맏아들 효명세자가 성균관에 입학하는 모습이 담긴 그림 한 장이 남아 있습니다. 조선시대 왕세자 교육의 한 모습을 엿볼 수 있는 그림이라 하겠습니다. 효명세자는 영민하고 리더십이 뛰어나, 일찍 요절하지 않았다면 조선의 운명을 뒤바꿔 놓았을 만한 위대한 인물로 손꼽히는 분입니다. 이처럼 귀한 효명세자의 성균관 입학식이 얼마나 중요한 의미가 있었을지는 짐작하고도 남지요.

효명세자의 성균관 입학식

다음은 중종이 다음 임금인 인종에게 전해 준 열 가지 당부입니다. 이 글을 보면 왕의 자리가 얼마나 중요한 자리인지, 얼마나 많은 덕을 쌓아야 하는 자리인지 알 수 있습니다.

> **중종이 원자 인종에게 지어준 훈계의 글**
>
> 1. 일찍 일어나고 밤이 되면 잠을 자되 학문을 게을리 하지 마라.
> 2. 스승을 존경하고 도(道)를 즐기며 선(善)을 좋아하고 인(仁)에 힘쓰라.
> 3. 성색(聲色)을 가까이 하지 말고 재물을 늘리려 하지 말라.
> 4. 예(禮)가 아닌 것은 보지도 말고 듣지도 말며 말하지도 말고 행하지도 말라.
> 5. 소인의 무리와 가깝게 지내지 말고 난잡한 놀이를 좋아하지 말라.
> 6. 뜻을 고상하고 원대하게 세우되 금석(金石)처럼 굳게 하라.
> 7. 임금에게 충성하고, 어버이에게 효도하며, 형제간에 우애하되 날마다 문안하고 수시로 음식을 보살피라.
> 8. 간사한 행동을 버리기에 힘쓰고, 이단을 숭상하지 말라.
> 9. 사사로운 욕심에 가려지지 말고, 착하고 공정한 마음을 보전하라.
> 10. 궁녀와 내시들의 말을 듣지 말고 행동의 처음과 끝을 조심하라.
>
> —『조선왕조실록』 27권 중종 12년(1517) 4월 13일

이렇게 엄격한 왕세자 교육에 모든 왕세자들이 잘 적응했던 것은 아닙니다. 너무나 엄격한 교육이 부작용을 일으킨 예도 적지 않습니다. 영조의 아들인 사도세자가 대표적인 예입니다. 어머니의 출신 때문에 열등감에 시달렸던 영조는 왕세자만큼은 제대로 교육해 훌륭한 왕으로 만들고 싶었습니다.

특히 영조의 총명했던 외아들 효장세자가 열다섯의 나이로 죽고 7년 후인 마흔둘의 나이에 얻은 아들이었기에 그 기대감은 대단했지요. 사도세자는 세 살에 벌써 글씨를 쓸 수 있었을 만큼 총명했습니다. 기대가 크면 실망도 큰 법, 어려서부터 국왕의 기대를 한 몸에 받던 사도세자는 커가면서 경전보다는 잡학을, 공부보다는 무예를 더 좋

아하는 기질 때문에 영조의 질책에 많이 시달렸다고 합니다. 영조의 사도세자에 대한 지나친 기대와 책망은 사도세자에게 정신질환을 일으킬 정도였습니다. 결국 영조는 사도세자에 대한 실망과 분노로 아들을 뒤주에 가둬 굶겨 죽이기에 이릅니다. 반대로 왕세자 교육은 정상적으로 잘 받았으나 왕이 된 후 돌변한 예도 있습니다. 바로 연산군입니다.

여러 가지 이야기들이 많지만 결론은 왕이 되는 길은 어렵고 험하다는 것입니다. 왕의 판단에 따라 백성의 삶이 좌우되던 조선이었으니 군주에게 덕과 정의를 갖추기 위한 엘리트 교육은 필수였을 것입니다.

못다 한 이야기 둘!

경회루 속에 잠자고 있던 용

조선의 법궁 경복궁에는 경회루라는 아름다운 누각이 있습니다. 웅장한 기품이며 주변의 수려한 풍광은 외국 사신을 접대하는 연회장으로서 손색이 없을 만큼 멋지고 화려합니다. 경회루가 얼마나 중요한 건물이었는지는 경회루 지붕 위에 잡귀를 쫓기 위해 세워 둔 잡상의 수만 보아도 알 수 있습니다. 경복궁에서 잡상을 가장 많이 세워둔 건물 가운데 하나가 바로 경회루입니다.

연산군 당시에는 지금보다 훨씬 화려하게 지어졌으나 임진왜란 때 모두 소실되어 흥선대원군이 경복궁을 재건하면서 지금의 모습을 갖추게 되었습니다. 문헌에 따르면 이 경회루에 청동으로 만든 두 마리의 용을 넣어 두었다고 합니다. 실제로 경회루를 준설하는 과정에서 용이 발견되어 현재 국립고궁박물관에서 전시하고 있습니다. 궁궐은 화재의 위험이 높은 곳이기에 용이 물과 불을 다스리고 화재를 방지하는 역할을 담당했다고 추측하고 있습니다.

머리에 쏙쏙 들어오는
체험학습보고서 만들기

국립고궁박물관을 다녀와서

다음 보고서를 참고해서 체험학습보고서를 작성해 보세요.

조선에서 대한제국까지 품격 있는 문화를 만나다

— 국립고궁박물관을 다녀와서

음성안내기로 국립고궁박물관 공부하기

체험날짜 • 2011년 4월 5일
체험장소 • 국립고궁박물관
함께한 사람 • 엄마, 아빠, 왕별이, 샛별이, 탐험대장 금별이

국립고궁박물관은 조선시대부터 대한제국에 이르기까지 왕실과 황실에서 사용한 각종 유물들을 모아 전시하는 공간이다. 왕과 황제가 사용한 유물들을 전시하는 곳인 만큼 기대가 컸다. 우리 가족은 들뜬 마음으로 차를 타고 출발했다. 자신 있게 국립고궁박물관으로 들어서려다가 주차장이 없으니 경복궁 지하주차장에 주차하고 걸어서 오라는 안내를 받았다. 미리 알고 갔더라면 이런 일이 없었을 텐데 괜히 창피한 마음도 들었다. 가기 전에 주차장 사정도 확인하고 가자!

경복궁을 통과해서 걸어가는데 마침 경복궁 수문장 교대 의식을 구경할 수 있었다. 조선의 법궁답게 그 어떤 궁궐의 수문장 교대 의식보다 화려하고 웅장했다. 외국인들 틈에서 으쓱해 하며 수문장 교대 의식을 보고 다시 국립고궁박물관으로 향했다. 이곳은 원래 국립중앙박물관이 있던 자리란다. 아빠와 엄마는 나를 낳기 전부터 이곳을 자주 방문해서 공부하곤 하셨다는데, 이렇게 좁은 곳에 한 나라의 가장 중요한 박물관이 있었다니 믿어지지가 않는다.

게다가 국립고궁박물관이 궁중유물전시관이라는 이름으로 덕수궁에서 조그맣게 출발했다는 것도 믿어지지가 않았다. 우리나라의 소중한 유물들을 넓은 공간에서 관람할 수 있게 되어 얼마나 다행인지 모르겠다. 입장료를 내려고 두리번거리던 엄마는 무료 관람이라는 반가운 소식을 들려주셨다.

문화해설을 들으려면 한 시간이나 더 기다려야 하기에 그냥 들어가려는데 자원봉사자

분이 해설을 해주신다고 하셨다. 우리 가족은 한참 고민하다가 이번에는 음성안내기를 대여해서 각자 자유롭게 관람하기로 했다. 나와 은별이가 너무 질문을 많이 해서 막내 샛별이가 문화해설을 청해 들을 때마다 의기소침해하는 것 같아 엄마가 이번에는 자유롭게 관람하는 것이 좋겠다고 하셨다. 좋은 설명을 들을 기회를 놓친 것 같아 아쉬웠지만 자유롭게 생각하면서 박물관을 즐길 수 있다니 그것도 솔깃하다.

식구들 각자 음성안내기를 목에 걸고 이어폰을 끼고 입장했다. 유물 앞에 서면 저절로 해설을 해주는 음성안내기는 해설사의 설명을 들을 수 없는 시간대에 박물관을 입장했을 때 우리 식구들이 자주 이용하는 방법이기도 하다. 샛별이는 요즘 부쩍 진지한 자세로 음성 해설을 다 들을 때까지 유물 앞에 서서 자세히 관찰하곤 하는데, 그런 모습을 볼 때면 동생이 참 기특하다.

국립고궁박물관은 왕실과 황실에서 사용하던 유물들이라 그런지 눈을 즐겁게 하는, 상당히 수준 높은 유물들을 많이 전시하고 있었다. 국보도 세 점이나 되고 보물들도 상당히 많았다. 나는 과학 문화재에 관심이 많은데, 지하에서 전시 중인 복원된 자격루를 볼 수 있어서 정말 행복했다. 얼른 다른 곳으로 가자고 하는 식구들을 졸라 오랜 기다림 끝에 자격루에서 시각을 알려주는 징소리를 들을 수 있었다. 그때의 경이로움이란! 아직도 가슴이 두근거린다.

국보 제228호 천상열차분야지도각석도 과학 문화재다. 세계에서 두 번째로 오래된 천문도라고 한다. 고구려의 천문도를 수정 보완하여 만들었다는데, 삼국시대 사람들의 높은 천문학 지식이 놀랍고 자랑스러웠다.

근대화의 격동기를 살아야 했던 황제와 황후들의 생활공간인 대한제국실도 인상적이었다. 대한제국실로 입장하기 전에 순종황제와 순성황후의 복원된 어차를 먼저 볼 수 있었다. 자동차를 좋아하는 우리 반 친구 준석이가 보면 너무 좋아할 것 같다. 캐딜락과 다임러이기 때문이다. 화려한 클래식카를 마주하고 있는 것만으로 마치 내가 그 안에 타고 있는 것처럼 기분이 들뜨고 즐거웠다. 황제의 집무실도 매우 현대적인 느낌이었다. 황실 가족들의 식탁을 보니 외국의 왕가에 와있는 느낌마저 들었다. 급속한 근대화의 흐름 속에 황실이 얼마나 서양 문물을 빠르게 흡수했는지 느낄 수 있었다.

대한제국의 근대화를 위해 노력했지만 파란만장한 역사의 소용돌이에 휘말려 안타까운 조국의 마지막을 지켜볼 수밖에 없었던 그분들의 마음이 느껴져 가슴이 아파왔다. 고종황제와 당시 왕세자였던 순종의 사진을 보니 더 그랬다.

대한제국실을 끝으로 관람을 마치고 스탬프로 엽서 만들기 체험을 한 뒤 국립고궁박물관을 나왔다. 훌륭한 전시물들을 많이 접할 수 있어서 행복했다. 또 왕가와 황실의 유물을 통해 조선에서 대한제국에 이르는 역사와 문화도 느껴 볼 수 있어서 좋았다. 뭔가 맥을 짚은 느낌이었다. 무엇보다 미리 박물관 탐방 계획서를 작성한 것이 큰 도움이 되었다. 앞으로도 여행을 떠나기 전에 준비와 계획을 꼼꼼히 하고 떠나야겠다.

나의 꿈은 박물관 큐레이터가 되는 것이다. 외국에 빼앗긴 문화재를 되찾아올 수 있을 만큼 힘 있고 당당한 박물관 관장이 되는 것도 꿈이다. 이번 방문으로 나의 꿈에 한발짝 더 다가간 것 같아 기뻤다. 앞으로도 좋은 경험과 공부를 부지런히 하면서 나를 더욱 탄탄하게 다져 나가고 싶다.

여기를 추천해요.

태국 음식점 아로이

🏠 서울특별시 종로구 내수동 74번지 벽산광화문시대 B103,104호
☎ 02-2195-4127

'아로이'는 태국말로 맛있다는 뜻입니다. 정말 맛있는 음식을 먹었을 때 엄지손가락을 치켜들고 '아로이쩡쩡'이라고 말해주면 태국인들은 대부분 크게 만족하며 웃습니다. 광화문의 벽산광화문시대 건물 지하에는 '아로이'라는 태국 요리 전문점이 있습니다. 태국 현지 호텔 요리사들을 직접 모셔와 조리하기 때문에 태국의 맛을 그대로 느낄 수 있습니다. 아이들과 함께라면 태국식 만두인 뽀삐아톳 한 접시와 시원한 태국 해산물찌개인 똠양탈레에 밥 한 공기 비벼먹어도 좋고, 다진 돼지고기를 바질과 함께 볶아낸 팟 까파오 무쌉에 밥을 비벼먹어도 좋습니다. '아로이'는 광화문 근처 회사원들의 식사 메뉴로도 이미 인기가 많은 맛집입니다.

똠양탈레

PART 02 마을

과거와 현대가 공존하는 그곳 **북촌한옥마을**	**064**
체험 프로그램이 다양한 **연천 푸르내마을**	**074**
아이와 함께 만드는 건강한 먹을거리 **이천 임실치즈스쿨**	**084**

과거와 현대가 공존하는 그곳
북촌한옥마을

교과서 여행 난이도-초등학생 이상

관련 교과
3-1 사회 3. 고장의 생활과 변화
- 옛날 생활 도구에 담긴 조상들의 지혜를 살펴보자.
- 오늘날에도 사용하고 있는 옛날 생활 도구와 오늘날에는 사용하지 않는 옛날 생활 도구는 어떤 것들이 있는지 살펴보자.
- 고장의 문화유산을 알리는 광고를 만들어보자.

관람 정보

🏠 서울특별시 종로구 계동길 37(계동 105번지 북촌문화센터) • ☎ 02-3707-8388
• bukchon.seoul.go.kr
• 자가용 경복궁 지하주차장 이용
대중교통 • 버스 • 지선(G) 7025 • 간선(B) 109, 151, 162, 171, 172, 272, 601
공항버스 602-1 • 지하철 • 3호선 안국역 2,3번 출구

※ 홈페이지를 통해 예약하면 북촌 관광안내소(02-731-0851)에서 무료 북촌모바일 안내기기를 대여받을 수 있습니다.

교과서 여행 Tip 📖 북촌한옥마을을 여행하는 세 가지 방법

① 북촌8경을 찾아라!

• 북촌한옥마을의 아름다움을 실감나게 느낄 수 있는 곳에는 '포토존' 표시가 되어 있습니다. 모두 8군데입니다. 북촌한옥마을 입구에 있는 관광안내센터에서 나눠 주는 안내지도에는 북촌 8경의 위치가 정확하게 표시되어 있습니다. 두세 시간 오르고 내리면서 아이들은 북촌 8경을 사진으로 담아내기에 가장 좋은 장소를 속속 찾아냅니다. 때로는 길이 어긋나서 왔던 길을 다시 돌아갈 때도 있지만, 그러한 수고가 북촌을 더 구석구석 사랑하게 하는 지름길이 되기도 합니다. 처음에는 8경을 촬영하기 위해 돌아다니지만 나중에는 골목을 걷는 즐거움에 반해서 여러 번 찾게 되는 곳이지요.

한덩어리의 돌을 통째로 깎아 만든 삐뚤빼뚤한 계단-북촌 사람들의 억척스러움과 강인함이 느껴진다.
(북촌 8경)

골목여행의 즐거움

시각장애를 가진 학생들이 직접 만들었다.

과거와 현대가 공존하는 그곳 북촌한옥마을   **065**

❷ 고궁과 한옥마을을 동시에 느껴보자!

- 북촌한옥마을은 조선시대 상류층의 주거지였기에 궁궐과도 가깝습니다. 북으로는 북악산이 둘러 있고 마을 양쪽에는 경복궁과 창덕궁이 마주하고 있습니다. 두 번 이상 방문해서 경복궁과 창덕궁을 나누어 북촌한옥마을 산책과 겸해서 다녀오는 것도 좋은 방법입니다. 창덕궁과 경복궁을 방문하실 때는 문화해설사의 도움을 꼭 받아 보세요. 창덕궁 홈페이지 www.cdg.go.kr를 통해 '후원 특별 관람'을 예약하고 방문하면 수준 높은 해설과 더불어 세계문화유산인 창덕궁의 아름다움을 만끽할 수 있습니다.

창덕궁 후원 애련지

❸ 구석구석 이색박물관을 찾아라!

- 북촌한옥마을에는 작지만 독특한 박물관들이 구석구석 숨어 있습니다. 개인이 운영하는 박물관이 많아서 입장료가 비싸고 전시물이 적긴 하지만 취향대로 박물관을 선택할 수 있는 재미가 있지요.

부엉이 미술 & 공예박물관	🏠 서울특별시 종로구 북촌로 143-10 ☎ 02-3210-2902 • www.owlmuseum.co.kr 우리나라 최초의 부엉이박물관입니다. 부엉이에 미쳤다는 이야기를 들을 정도로 부엉이를 좋아하는 주부 배명희 씨가 나라 안팎을 다니며 30여 년간 모은 부엉이 관련 전시물 2,000여 점이 전시되어 있습니다. 목요일~일요일에 개관하며 입장 시에는 무료 음료를 제공합니다. 관람료 • 어른 5,000원 • 학생 3,000원
북촌생활사 박물관 '오래된 향기'	🏠 서울특별시 종로구 북촌로5나길 90 ☎ 02-736-3957 • www.bomulgun.com 1970년대 서울의 작은 가정집을 연상케 하는 박물관입니다. 근대 생활용품들을 전시하는 이곳에서는 전시물들을 직접 만지고 체험할 수 있도록 배려하고 있습니다. 관람료 • 어른 5,000원 • 고등학생 이하 3,000원 • 단체 20% 할인(20인 이상)

서울교육 박물관	🏠 서울특별시 종로구 북촌로5길 48 정독도서관 안 ☎ 02-736-2859 • www.edumuseum.seoul.kr 정독도서관의 부설 교육전문박물관입니다. 개화기의 교과서와 풍금, 일제강점기의 통지표와 졸업 앨범, 검정 고무신, 몽당연필, 등사판, 무시험 추첨기, 양은도시락 등의 물품을 비롯한 다양한 교육 관련 사진자료를 볼 수 있습니다. 관람료 • 무료
세계장신구 박물관	🏠 서울특별시 종로구 북촌로5나길 ☎ 02-730-1610 • www.wjmuseum.com 시인이자 수필가인 이강원 원장이 남편과 함께 9개국을 돌며 모아 온 장신구들을 전시하고 있습니다. 다양한 민족의 문화와 정서를 더불어 경험할 수 있으며 전시실마다 특색 있는 테마가 눈길을 사로잡습니다. 매주 월요일과 화요일은 휴관입니다. 관람료 • 어른 7,000원 • 학생 5,000원
토이키노 박물관	🏠 서울특별시 종로구 삼청동 35-116 ☎ 02-723-2690 • www.toykino.com 토이는 장난감, 키노는 영화를 뜻합니다. 이 박물관은 국내 최대 규모의 장난감 박물관이라 할 수 있습니다. 장난감을 좋아하는 아이들에게는 천국이지요. 오후 1시부터 문을 열고 8시까지 입장할 수 있습니다. 관람료 • 18세 이상 5,000원 • 5세~17세 3,000원 • 단체 20% 할인(10인 이상)

사람들을 맞이하는
북촌 간판

과거와 현대가 공존하는 그곳 북촌한옥마을   **067**

북촌한옥마을의 역사

조선 정조 때를 배경으로 성균관 유생들의 삶을 역사적인 스토리와 함께 흥미진진하게 전개하여 인기를 끌었던 '성균관스캔들'이라는 드라마 기억하시나요? 마니아층을 중심으로 큰 인기를 모았던 이 드라마에는 '북촌'에 거주하는 노론들의 이야기가 나옵니다. 북촌은 당시 쟁쟁한 세력의 중심이었던 노론 같은 조선시대 상류층이 거주하던 주거지였습니다. 청계천과 종로의 윗동네라 해서 북촌(北村)으로 불렸지요.

과거와 현대가 공존하는 가회동 박물관길(북촌3경)

지금의 북촌은 일제강점기에 도시계획을 새로 하면서 지금의 가회동 11번지와 31, 33번지, 삼청동 35번지, 계동 135번지의 한옥집들이 지어졌습니다. 북촌의 한옥들은 한옥 본연의 아름다움을 간직하면서도 발전하는 도시와 어울리도록 지어져 현재와 과거가 공존하는 아름다운 공간으로 자리매김하게 됐지요.

또한 많은 예술가와 정·재계 인사들이 살고 있는 북촌은 두 분의 대통령을 배출한 곳이기도 합니다.

조선시대의 북촌

조선시대의 북촌은 옛 한양의 중심부인 경복궁과 창덕궁 사이에 위치해 있어 지리적으로 매우 훌륭한 주거지로 손꼽혔습니다. 또, 지형적으로도 산줄기와 물줄기가 마을을 둘러싸고 있어 계절의 정취를 느끼기에도 좋아, 예로부터 중앙관아의 관료들이나 양반들의 집터로 인기가 높은 곳이었습니다. 실제로 1906년 당시 호적 자료를 살펴보면, 북촌에 거주하는 전체인구 중에 양반이나 관료의 비율이 43.6%나 됩니다. 그만큼 북촌은 한양의 명당 집자리였던 것이지요.

일제강점기의 북촌

현재 남아있는 한옥의 모습은 일제강점기에 지어진 것으로 추정됩니다. 이전에는 집 한 채가 차지하는 땅이 크고 집과 집 사이의 거리가 널찍했었습니다. 그러나 일제강점기에 도심으로 인구가 점점 집중됨에 따라 생긴 주택난으로 인해 중대형 필지들을 분할 정리하면서 지금과 같은 형태의 한옥마을이 완성되었습니다. 현재 북촌의 대표적인 한옥밀집지역인 가회동 11번지와 31번지, 33번지, 삼청동 35번지, 계동 135번지는 바로 이때에 대규모로 지어진 한옥들이지요. 당시에 지어진 한옥은 우리의 전통 방식 그대로 지었다기보다는 유리나 자기질타일 같은 새로운 재료를 이용해서 지었다고 해요. 이러한 한옥 주거지는 1960년대 초까지 활발히 건설되어 거의 모든 부지가 한옥으로 채워졌을 만큼 그 수가 많았다고 합니다.

현대의 북촌

그 많던 한옥들이 왜 사라지게 되었을까요? 1960년대 말부터 본격적으로 한강 이남이 개발되기 시작했습니다. 그 개발로 인해 강북지역의 많은 인구가 강남지역으로 이동하게 되었고, 인구를 따라 자연스럽게 학교나 관공서들도 옮겨가게 되었습니다. 건물들이 이전하고 난 후에 생긴 빈터에는 새로운 현대식 건물들이 지어졌고, 이런 시설들은 대부분 규모가 큰

북촌5경

것들이어서 주변의 한옥들을 헐어버릴 수밖에 없었던 것이지요.

빠르게 진행된 한옥 철거와 다세대주택 건설로 북촌마을의 경관은 크게 훼손되었고 주거환경 또한 악화되자, 북촌의 옛 모습을 그리워하는 주민들이 모여 새로운 북촌 가꾸기에 나서 마을 환경을 개선해간 덕택에 지금의 북촌마을을 볼 수 있게 된 것입니다.

가회동 골목길 오름

북촌한옥마을을 찾기 전까지는 서울 한복판에 이렇게 고풍스러운 한옥집들이 존재할 거라는 짐작조차 못했습니다. 마치 1960~1970년대의 오래된 동네를 걷는 듯한 아련함과 아기자기한 카페, 액세서리 가게들이 늘어서 있는 특별한 감각이 뒤섞인 여행지지요. 북촌에서는 한눈을 팔면서 길을 잃어도 좋습니다. 어느 시인의 말처럼 '길을 잃어야 진짜 여행'이니까요. 미로처럼 얼기설기 얽혀 있는 좁은 골목은 우리의 삶의 풍경과 닮았습니다. 그 실핏줄처럼 끈끈한 풍경 속에서 우리는 어느덧 과거의 시간을 함께 걷고 있는 아이들의 모습을 보게 됩니다.

 **주변 교과서 여행지** 　**북촌생활사박물관 '오래된 향기'**

🏠 서울특별시 종로구 북촌로5나길 90　•　☎ 02-736-3957, 3968　•　www.bomulgun.com

개방시간 (3월~10월)오전 10시~오후 7시, (11월~2월) 오전 11시~오후 6시
입장료 어른 5,000원, 어린이 3,000원

북촌생활사박물관은 총리공관과 청와대가 보이는 전망 좋은 삼청동의 하늘재 길에 있습니다. 가정집을 전시공간으로 꾸며 그 옛날 북촌 사람들이 실제로 사용하던 물건들을 전시하고 있습니다. 드라마에서 튀어나온 듯한 텃밭이 있는 이곳은 우리 부모님들이 어린 시절을 보낸 손때 묻은 공간과 닮아 있습니다. 마당 한편에 놓인 맷돌을 돌려보고 지게를 져보는 동안 동심은 옛날로 돌아가 뛰노는 듯합니다.

북촌생활사박물관에 전시된 물품(왼쪽)과 갓쓰기 체험(오른쪽)

옥외 전시공간에서 벗어나 신발을 벗고 들어간 실내 전시장에는 북촌 사람들의 삶의 향기가 듬뿍 묻어 있는 진귀한 도구들이 가득합니다. 숯을 넣어 옷감을 다리던 다리미, 빛바랜 타자기, 투박한 공중전화기, 나무 장식장 속에 고이 모셨다가 열어보던 흑백 TV, 귀하디귀했던 자개장롱, 딸깍딸깍 소리를 내던 양반들의 나막신, 손가락으로 돌려서 전화를 걸던 다이얼 전화기, 아기들을 업고 다니던 빛바랜 포대기 등 이제는 추억이 된 물건들을 다양하게 전시하고 있습니다. 체험이 가능하다고 표시되어 있는 물건들은 직접 만져 보고 경험해 볼 수 있습니다.

은공예 전문점 '만듧새'

🏠 서울특별시 종로구 계동 19-2 • ☎ 02-747-2460 • cafe.naver.com/mandmsae

나만의 은반지 만들기

중앙고등학교에서 큰길로 쭉 내려가다 보면 이색적인 장신구 가게가 눈에 띕니다. 이곳에서 아이들과 독특한 은공예 체험을 할 수 있습니다. 소근육이 잘 발달된 초등학생이라면 누구나 은장신구에 각종 이니셜과 글귀를 새겨 넣을 수 있습니다. 나만의 은반지를 만들어 가져갈 수 있는 체험 비용은 2만 원이며 체험 시간은 10~15분 정도 소요됩니다. 세상에 단 하나밖에 없는 나만의 반지를 소유할 수 있는 각별한 시간을 누려 보세요.

> 머리에 쏙쏙 들어오는
> 체험학습보고서 만들기

외국인에게 소개하는
우리 고장의 자랑거리 보고서 만들기

아름다운 북촌한옥마을에
오신 것을 환영합니다!

-외국인을 위한 북촌한옥 마을 소개

서울**초등학교 4학년 이금별

한국의 아름다움을 대표하는 북촌한옥마을

대한민국, 그중에서도 아름다운 서울을 방문하신다면 가장 먼저 우리의 전통가옥인 한옥을 둘러보고 싶을 거예요. 북촌한옥마을은 서울에서 가장 아름다운 한옥마을이랍니다. 먼 옛날 조선시대에는 왕족이나 사대부 선비들이 모여 살던 곳이었고 지금도 많은 예술가들이 북촌에서 살고 있지요.

먼저 북촌한옥마을을 제대로 담을 수 있는 여덟 곳의 사진 촬영 포인트를 찾아보세요. 찾기는 어렵지 않아요. 관광안내소에서 주는 지도를 따라가다 보면 발아래에 사진기 모양의 안내판이 보일 거예요. 그곳에 정확히 서서 카메라 셔터를 누르면 된답니다. 각 나라마다 고유한 집의 모양새가 있듯이 대한민국도 그래요. 우리의 전통가옥은 한옥인데 북촌한옥마을은 전통가옥인 한옥에 서양식 건축물도 섞여 있는 모양새라서 시대가 변화한 과정도 한눈에 읽을 수 있어요. 북촌 구석구석에는 머물고 싶은 예쁜 카페와 음식점도 많이 있으니 걷다가 눈에 띄는 곳에서 차 한잔 마셔 보세요. 서울을 여행하는 즐거움을 한껏 느낄 수 있을 거예요.

또 골목에서 한국을 체험할 수 있는 박물관과 한옥 게스트하우스들도 심심치 않게 만날 수 있을 거예요. 고층 빌딩이 가득한 도심에서 이렇게 한적하고 고풍스러운 마을이 우리를 반겨준다는 게 정말 놀랍고 감사하지요.

북촌한옥마을, 꼭 찾아 주세요. 행복한 추억을 가득 담고 돌아갈 수 있을 거예요.

북촌한옥마을 홍보대사 이금별

과거와 현대가 공존하는 그곳 북촌한옥마을

체험 프로그램이 다양한
연천 푸르내마을

교과서 여행 난이도 - 유치원생~초등학생

관련 교과
- **4-2 사회** 2. 여러 지역의 생활
  - 촌락의 다양한 발전 사례를 살펴보자.
- **5-1 사회** 2. 우리가 사는 지역
  - 촌락이 변화하고 있는 모습을 살펴보자.

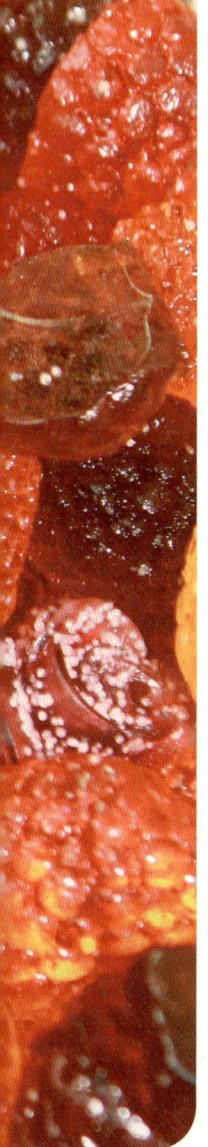

관람 정보

🏠 경기도 연천군 청산면 궁평리 52-8(복지회관) • ☎ 031-833-5299 • www.purnevil.com

> **교과서 연계학습** 📖 이렇게 공부해요
>
> **관련 교과** **4-2 사회** 2.여러 지역의 생활 • 촌락의 다양한 발전 사례를 살펴보자.
> **학습 과제** • 촌락의 다양한 발전 사례를 알아보자.

농촌을 제대로 체험하는 일은 행복한 일입니다. 꽉 짜인 일상에 쫓기는 도시 아이들에게 촌락의 모습은 그 자체가 훌륭한 공부거리이기 때문입니다. 경기도 연천의 푸르내마을은 알찬 체험 프로그램을 탄탄하게 진행하는 곳으로 유명합니다. 비슷비슷한 농촌 체험 프로그램으로 차별성을 느끼기 힘들었던 다른 마을들과는 달리 연천의 푸르내마을은 계절별로 체험 프로그램을 다양화하여 한 번 찾은 사람들도 다시 찾게 하는 매력이 넘치는 곳입니다.

촌락의 생활모습

아이들이 사회 과목을 어려워하는 이유 중 하나는 직접경험이 부족하기 때문입니다. 사회뿐만 아니라 국어, 과학 등 다른 과목들도 직접경험이 풍부하면 훨씬 더 좋은 결과를 얻을 수 있는 과목입니다. 몸으로 배운 지식은 쉽게 잊히지 않기 때문입니다.

농촌에서는 촌락의 생활 모습을 자연스럽게 접할 수 있습니다. 농작물을 수확해 볼 수도 있고 마을의 한 가정집에서 묵으며 도시와는 다르게 반짝이는 별도 볼 수 있습니다.

지금은 사용하지 않는 오래된 생활도구로 여러 가지 음식도 만들어 볼 수 있습니다. 무엇보다 살고 있는 촌락 사람들과 이야기를 나누며 삶의 구체적인 모습을 배울 수 있습니다. 직접 이야기를 나누고 몸으로 경험한 내용들은 매우 정교하게 우리의 머릿속에 새겨집니다. 공부는 오감을 활용해서 입체적으로 해야 오래 기억됩니다.

사회 과목에서는 전 학년에 걸쳐 골고루 촌락에 대한 이야기가 나옵니다. 경험하지 못한 아이들은 외울 수밖에 없기 때문에 공부가 더 지루하고 따분하지만, 귀한 시간을 쪼개어 넓은 세상을 경험해본 아이들은 공부라기보다 하나의 경험으로 몸에 각인되었기에 더욱 즐겁게 공부하는 것이나 다름없습니다.

푸르내마을 체험 엿보기

수확하는 재미를 느낄수 있는 체험 중 하나인 배 수확 광경

제철 농산물 수확하기

가을철에 수확하는 땅콩은 아이들에게 신기한 볼거리입니다. 도시 아이들 가운데 대부분은 땅콩이 어떻게 생기는지 모르니까요. 뿌리에 대롱대롱 매달린 땅콩을 하나하나 따 모으는 아이들 이마 위로 땀방울이 송골송골 맺힙니다. 겨울철에는 푸르내마을의 비닐하우스에서 딸기를 수확합니다. 딸기 역시 소중하게 다루지 않으면 금세 물러서 먹지 못하게 되는 걸 알기에 고사리 같은 손길 하나하나에 정성이 가득합니다. 평소에 입에 대지 않던 채소와 과일들도 농부들이 땀을 흘려 수확한 것이라는 사실을 직접 깨닫게 되니 꿀맛처럼 달콤합니다. 이것이 바로 농촌 체험의 큰 매력이지요.

우리 농산물로 음식 만들기

푸르내마을은 친환경 재배로 직접 기른 농작물로 체험 활동을 진행하는 것으로 유명합니다. 질 좋은 찹쌀과 수수가루를 1:1 비율로 섞어 기름을 두른 프라이팬에 지지면 우리 부모님들이 어릴 때 즐겨 먹던 고소한 수수부꾸미가 완성됩니다. 직접 캐서 깨끗하게 보관해 두었던 쑥으로 쑥개떡을 만들어 보는 것도 푸르내마을에서 즐길 수 있는 신나는 체험거리입니다. 집에서 반찬 투정하는 아이들이 몸에 좋고 맛도 좋은 우리 농산물에 반해 입맛을 다시며 먹는 모습을 볼 수 있지요.

아로마 향초 만들기

푸르내마을에서는 아로마 향초 만들기 프로그램을 마련해서 아이들에게 다채로운 경험을 선사합니다. 유리잔에 향초 베이스를 넣고 작은 조개껍데기에 나만의 표시를 적어 심지를 넣고 투명한 젤 왁스를 넣으면 향초가 완성됩니다. 색깔을 다양하게 연출할 수 있어 디자이너나 마술사가 된 것 같은 기분까지 든답니다. 집에 가져와 반신욕할 때 은은하게 켜놓으면 마음까지 맑아지는 느낌이 듭니다.

예쁜 아로마 향초

우리 농산물로 천연 비누 만들기

푸르내마을에서 직접 재배한 농산물 중에서 피부에 좋은 채소들은 숙성 과정을 거쳐 가루로 만들어 비누 만들기 체험을 할 때 사용합니다. 주로 어머님들에게 인기 있는 체험이지만 아이들도 무척 재미있어 하지요. 딸기로 만들면 딸기 비누가 되고 단호박으로 만들면 단호박 비누가 됩니다. 특히 붓기를 가라앉히는 천연 단호박 비누는 피부를 한결 맑게 해준답니다. 몸에 좋은 우리 농산물, 이제 피부에 양보해야겠지요?

단호박 비누를 만드는 아이들

무지개 마차타고 마을 나들이

빨간색 경운기에 주황, 노랑, 초록, 파랑, 남색, 보라색의 지붕을 얹은 무지개 마차는 아이들에게 인기 만점입니다. 아름다운 한탄강에 둘러싸인 푸르내마을을 경운기로 한 바퀴 돌아보는 것은 여느 드라이브보다 색다른 행복을 선물해줄 거예요. 더구나 한탄강 일대는 우리나라에서 몇 안 되는, 화산활동으로 생긴 주상절리를 관찰할 수 있는 곳이기도 합니다. 무지개 마차를 타고 강이 있는 마을의 소담한 풍광을 마음껏 만끽하세요.

우리 농산물로 차려낸 맛있는 점심 식사

경운기를 개조해서 만든 무지개 마차와
맛깔난 푸르내마을 점심 식사

푸르내마을은 친환경 농산물로 재배한 신선하고 맛있는 음식으로도 유명합니다. 진하게 끓여낸 황태국에 아홉 가지 찬을 얹어 낸 참살이 밥상은 우리 농산물의 깊은 맛을 느끼기에 부족함이 없습니다. 마을에서 만든 반찬들은 구입할 수 있습니다. 아삭아삭한 김치 맛이 그중에서 최고입니다.

요즘 많은 농촌들이 경제적인 어려움을 극복하고자 노력에 노력을 거듭하고 있습니다. 경기도 연천 푸르내마을도 도약하고 있는 농촌 체험 마을 중 한 곳입니다. 교과서에 자주 등장하는, 발전을 위해 노력하는 촌락의 모습을 보려면 이곳을 방문해 보기를 권합니다. 사람과 자연을 통해 얻는 경험만큼 소중한 공부는 없습니다. 생생하고 흥미로운 체험과 더불어 가족과의 진한 추억을 덤으로 얻어올 수 있을 것입니다.

주변 교과서 여행지   **연천 전곡리 유적**

🏠 경기도 연천군 전곡읍 양연로 1510(전곡리 515번지) • ☎ 031-832-2570
• www.goosukgi.org

연천 전곡리 유적은 우리나라 구석기 유물이 대거 발굴된 중요한 유적지로 해마다 선사문화축제가 열리는 곳입니다. 우리나라 구석기 문화는 서양에 비해 미개하다고 알려져 있었으나 전곡리에서 아슐리안(전기 구석기 문화) 계통의 주먹도끼가 처음으로 발굴되면서 동아시아 구석기 문화는 그 수준을 재평가받게 되었습니다. 아슐리안 계통의 주먹도끼는 구석기인들이 도구를 사용해 정교하게 석기를 깎아낸 흔적을 볼 수 있는 뗀석기의 일종입니다.

전곡리 선사주거지와 이곳에서 발굴된 아슐리안 계통의 주먹도끼

주변 교과서 여행지 — 연천 호로고루성

🏠 경기도 연천군 장남면 원당리 1257-1

남한에는 고구려 유적이 별로 남아 있지 않습니다. 그러나 연천에는 고구려 성지가 여러 곳 남아 있는데 그중에서 가장 중요한 군사적 요충지로 꼽히는 곳이 바로 호로고루성입니다. 고구려의 성으로 분류되지만 엄밀히 따져보면 고구려, 백제, 신라가 한 번씩 차지했던 성이었고 통일신라시대 때 군사적인 이유로 다시 축조되기도 했습니다.

평지이면서도 조금만 올라서면 동서남북 사방을 두루 조망할 수 있어서 적의 동태를 살피기 쉬웠을 뿐만 아니라 개성과 서울을 연결하는 최단 코스인 임진강을 걸어서 건널 수 있었

연천 호로고루성과 앞을 흐르는 임진강

기 때문에 고구려, 백제, 신라로서는 반드시 차지해야 하는 군사적 요충지였습니다. 실제로 한국전쟁 때 북한은 이 임진강 일대로 전차를 보내 곧바로 진격하기도 했습니다.

체험 프로그램이 다양한 연천 푸르내마을

연천 호로고루성에서는 삼국시대 성의 축조 방법을 한눈에 관찰할 수 있습니다. 아이들에게는 조금 어려운 여행지일 수도 있지만 풍광이 초록으로 물드는 여름에는 가족 나들이 겸 방문해볼 만한 곳입니다.

주변 교과서 여행지 　**포천아트밸리**

경기도 포천시 신북면 기지리 282 ● ☎ 031-538-3483 ● www.artvalley.or.kr

요금 안내

구분		어른	청소년·군인	어린이
입장료	개인	2,000원	1,000원	500원
	단체	1,400원	800원	400원

포천아트밸리는 원래 채석장이 있던 자리였습니다. 더 이상 채석하지 않고 버려두었던 곳이 새로운 복합문화공간으로 탈바꿈했습니다. 입구에서 매표를 하고 모노레일을 타고 올라가면 조각공원 등 다양한 전시장과 체험 공간이 나옵니다. 전시를 즐기고 나오는 길에 채석장이 있던 자리를 볼 수 있는데, 깎아지른 듯한 화강암 절벽 아래에 고인 짙푸른 물빛은 보는 이의 감탄을 자아냅니다.

아트밸리 전시관(왼쪽), 아트밸리 모노레일(가운데), 포천아트밸리의 아름다운 호수, 천주호(오른쪽)

주변 교과서 여행지 — 평강식물원

🏠 경기도 포천시 영북면 산정리 668 • ☎ 031-531-7751 • www.peacelandkorea.com

요금 안내

구분	성인(18~64세)	청소년 (초·중·고 학생)	아동(4세~7세) 장애우, 경로, 국가유공자
4월~10월	6,000원 (단체 5,000원)	5,000원 (단체 4,000원)	4,000원
11월~3월	3,000원 (단체 2,500원)	2,500원 (단체 2,000원)	2,000원

인공적인 아름다움을 뽐내는 허브농장이나 식물원은 많지만 평강식물원처럼 넓은 부지에 자연적으로 조성된 자연스러운 식물원은 드뭅니다. 특히 고산지대 식물과 건조한 곳에서 자라는 희귀한 식물도 만날 수 있어 아이들에게 좋은 자연학습장입니다. 해설자의 해박하고 재미있는 해설 덕에 식물에 얽힌 사연과 그 이름의 유래가 귀에 쏙쏙 들어옵니다. 동절기와 하절기의 느낌이 확연하게 차이가 있으니 철 따라 변하는 자연의 아름다움을 관찰해 보시기 바랍니다.

자연적인 아름다움이 돋보이는 평강식물원

계단형식으로 만든 푸르내마을 자료집 표지

종이 두 장을 엇갈려 붙이고 스테이플러로 철하면 계단형식의 책이 만들어집니다. 계단식 책은 경험의 내용을 주제별로 분류하기에 좋은 책의 형식입니다. 특히 체험마을의 경우 체험의 종류가 여러 가지이기 때문에 계단식 책자는 체험을 종류별로 나누어 느낀 점을 정리하기에 알맞습니다.

여기를 추천해요.

한탄강 오토캠핑장

🏠 경기도 연천군 전곡읍 선사로 • ☎ 031-833-0030 • www.hantan.co.kr

대중교통 • 버스 • 3300번 – 성남(분당)호선 – 가락동시장 – 잠실 – 어린이대공원후문 – 노원역 – 의정부 – 동두천 – 소요산 – 한탄강역 하차(도보 5분) • 39, 39-1, 39-5번 – 도봉산역 – 의정부 – 동두천 – 한탄강역하차(도보 5분)

• **지하철** • 1호선 동두천역 하차 후 경원선이나 동두천역 앞 버스 이용. 경원선 동두천역 매시 50분 출발 – 한탄강역 하차 (동두천역 첫차 06:50, 전곡역 막차 22:27)

86개의 텐트를 칠 수 있는 오토캠핑장과 49대의 캐러번, 그리고 16개의 캐빈하우스로 이루어진 한탄강 오토캠핑장은 가족들을 위한 넓은 부지와 깔끔한 주변 환경, 그리고 편리한 편의시설을 갖추고 있어 캠핑 마니아들에게 사랑을 받고 있는 곳입니다.

특히 자동차를 텐트 바로 앞에 세울 수 있는 오토캠핑 시스템이 인기가 많으니 미리 예약해야 합니다. 별이 빛나는 캠핑장에서 바비큐 식사를 즐기며 도란도란 얘기하는 한여름 밤이야말로 가족들에게 특별한 추억이 되겠지요.(모기약은 꼭 챙기세요)

망향비빔국수

🏠 경기도 연천군 청산면 궁평리 231-2 • ☎ 031-835-3575 • www.manghyang.com

시원한 물 한 통 옆에 두고 연신 땀을 흘려가며 먹는 망향비빔국수는 경기도 연천에서 시작하여 전국 각지에 분점을 낼 정도로 이름난 맛집입니다. 그릇 한가득 매콤한 양념이 버무려진 국수는 심각한 중독성이 있으니 주의하세요.(양념을 만들어 내는 비법은 정말 궁금합니다.)

저렴하고 맛있는 망향국수

아이와 함께 만드는
건강한 먹을거리
이천 임실치즈스쿨

교과서 여행 난이도-유치원생~초등학생

관련 교과
- **4-2 사회** 2. 여러 지역의 생활
  • 촌락의 다양한 발전 사례를 살펴보자.
- **5-1 사회** 2. 우리가 사는 지역
  • 촌락의 변화하고 있는 모습을 살펴보자.

관람 정보

🏠 경기도 이천시 모가면 신갈리 165-2　☎ 031-631-7999　www.cheeseschool.or.kr

예약방법–홈페이지에서 프로그램을 선택하여 예약신청을 하면 임실치즈스쿨 이천본사에서 확인 전화를 해줍니다.

대중교통

❶ 서울(동서울종합터미널)왕복 직행버스 이용 • ☎ 1688-5979

- 운행구간 – 동서울종합터미널(2호선 강변역) … 이천 시외버스터미널 … 이천 테르메덴(이천치즈 스쿨)
- 운행시간 – 동서울종합터미널 출발(이천 테르메덴행) … 09:20, 10:40, 이천 테르메덴 출발(서울행) … 16:00, 17:10
- 운행요금 – 성인 5,500원, 중고생 3,900원, 유아 2,800원

❷ 서울에서 고속버스 이용 • ☎ 02-2082-2637 (전국 시외버스 안내)

- 강남터미널(이천행) – 오전 6:20~오후 9:20(40분 간격) • ☎ 02-535-4151~2
- 동서울터미널(이천행) – 오전 6:30~오후 9:40(20분 간격) • ☎ 1688-5979, 031-645-2093
- 수원터미널(이천행) – 직행버스(40분/20분 간격) • ☎ 070-7506-7885
- 원주터미널(이천행) – 직행버스(50분) • ☎ 033-746-5223

관람 안내

체험 프로그램(시간대별로 체험프로그램 일정에 차이가 있습니다.)

시간	프로그램
10:30	임실치즈스쿨 임실치즈피자 체험장 도착
10:00 ~ 10:30	임실피자 만들기 체험
10:30 ~ 11:30	임실치즈 만들기 체험
11:30 ~ 12:00	송아지 우유주기 체험
12:00 ~ 12:30	점심 식사(본인이 만든 피자 & 스파게티와 음료 제공)
12:30 ~ 13:00	뻥튀기 체험+동물농장+전통놀이 체험+군고구마 구워 먹기(겨울철)
13:00 ~ 13:30	레일썰매 타기
13:30	귀가 (선택 체험 선택 시, 선택 체험 진행)

쟁쟁한 외국 브랜드 피자 속에서도 우리 기술만으로 국민들에게 사랑을 받아온 피자가 바로 임실피자입니다. 전북 임실에서 시작된 피자 체험이 선풍적인 인기를 끌면서 수도권에서도 임실피자 만들기를 체험할 수 있는 지점이 생겼습니다. 현재 경기도 파주와 이천에서 임실피자 만들기, 임실치즈 만들기를 체험해 볼 수 있습

니다. 서울에서 조금 벗어난 시골의 폐교를 개조하여 만든 치즈스쿨에서 아이들은 직접 만든 치즈와 피자의 맛에 푹 빠져듭니다.

임실치즈스쿨에서 즐기는 다양한 체험

레일썰매 타기

즐거운 레일썰매 타기

사계절 내내 썰매를 탈 수 있도록 레일을 깔고 그 위에 레일에 맞는 바퀴를 장착한 썰매를 얹어 미끄러지듯 타고 내려오는 놀이 체험입니다. 어른들에게는 유년의 향수를 불러일으켜 주고 아이들에게는 신나는 야외놀이가 되는 재미있는 체험이라 할 수 있겠습니다. 도착 지점이 오르막으로 마무리되어서 안전하게 썰매를 즐길 수 있습니다. 폐교를 개조한 체험장에서 썰매를 타고 쏜살같이 내려오다 보면 청량감과 해방감으로 가슴이 두근거립니다. 기분 좋게 땀을 흘리며 썰매를 타느라 어른과 아이 모두 마냥 떠들썩하지요.

전통놀이 체험

투호놀이

투호놀이와 윷놀이 같은 우리의 전통놀이도 농촌 체험의 재미를 더합니다. 컴퓨터 게임과 TV에 익숙해진 아이들도 투호 같은 단순한 놀이에 빠져서 시간 가는 줄 모릅니다. 여러 사람들과 어울려 투호를 던지며 집중력도 높이고 친밀감도 쌓을 수 있습니다. 부모들은 아이들을 응원하고 아이들은 엄마, 아빠를 응원하느라 가족 간의 정도 돈독해집니다. 작은 경품도 걸려 있어서 제법 손에 땀을 쥐는 경기를 펼치게 됩니다. 전통놀이는 디지털 놀이에 익숙한 아이들에게 소박하고 건강한 정서를 길러주고 여럿이 어울리는 즐거움을 선사하는 놀이 이상의 놀이라 하겠습니다.

뻥튀기 체험

부모님 세대가 어렸을 때는 동네마다 뻥튀기 장수 할아버지가 있었습니다. 약간의 쌀을 덜어내어 할아버지께 가져다 드리면 고소한 뻥튀기를 만들어 주시곤 했습니다. 아이들이 직접 뻥튀기 가마를 돌려 보며 부모님들의 소중했던 그때 그 시절의 귀한 시간들을 경험해 보는 일이 바로 뻥튀기 체험입니다. '뻥'

부모와 아이가 모두 즐거운 뻥튀기 체험

하고 터질까봐 조바심 내며 가마를 돌리는 아이들을 보면 웃음이 절로 나옵니다. 뻥튀기 가마를 돌리는 체험도 재미있지만 '뻥'하고 터진 뒤에 다 같이 나누어 먹는 뻥튀기 맛도 그만입니다. 아이들은 입가에 가득 뻥튀기 고물을 묻혀 가며 달게 먹습니다. 고소한 간식거리를 아이들이 직접 만들어 보는 소박한 요리(?) 체험이라 할 수 있습니다.

송아지 우유주기 체험

처음에는 송아지가 무서워 아이들이 뒷걸음치다가도 아기처럼 젖병을 입에 물고 오물오물 우유를 먹는 송아지의 귀여운 모습에 아이들은 환호성을 지르며 달려듭니다. 송아지들은 아이들이 직접 먹여주는 우유를 먹고 건강하게 무럭무럭 자라, 고소하고 맛있는 임실치즈의 원료를 만들어 냅니다. 동물에게 먹이를 주는 체험은 아이들에게 따스한 마음을 길러 주는 산교육입니다.

송아지 우유주기 체험

아이와 함께 만드는 건강한 먹을거리 이천 임실치즈스쿨

겨울철에는 군고구마 구워먹기

맛있는 군고구마

겨울철 도심에서 가끔 만날 수 있는 군고구마 통은 한겨울 밤의 아련한 추억을 떠오리게 합니다. 임실치즈스쿨에서는 겨울철에 이 커다란 군고구마 통에 불을 지펴서 오동통한 고구마를 구워냅니다. 이천에서 직접 재배되는 고구마를 구워서 가족과 나누어 먹는 일은 빼놓을 수 없는 겨울의 재미입니다. 고구마가 워낙 달고 맛있어서 자꾸만 손이 갑니다. 평소 집에서 고구마를 잘 먹지 않던 아이들이 입가에 검정을 묻혀가며 맛있게 먹어 치우는 모습은 보고만 있어도 흐뭇합니다.

임실피자 만들기

피자 토핑 올리기

피자를 직접 만들어 보는 체험은 아이들이 가장 재미있어 하는 체험 중 하나입니다. 밀가루를 발효시킨 도우가 아니라 우리 농산물의 오곡으로 만들어 발효시킨 도우를 쓰기 때문에 더욱 깊은 맛이 납니다. 찰진 도우를 옥수수 가루를 뿌린 쟁반에 얹어 몇 번 굴린 다음 밀대로 밀어냅니다. 이 과정에서 제대로 모양이 갖춰지지 않으면 스태프가 와서 도우를 공중으로 던져 돌려가며 얇게 펴주기도 한답니다. 다 밀어낸 도우에 준비해 놓은 토핑을 얹어서 번호표를 붙이고 스태프에게 제출하면 순서대로 오븐에 구워줍니다. 오곡 도우에 임실의 모차렐라치즈를 얹어 만든 아이들표 피자는 엄지손가락 두 개가 번쩍 올라가는 맛이랍니다.

임실치즈 만들기

치즈는 종류가 매우 다양합니다. 임실치즈스쿨에서 만드는 치즈는 임실에서 공수해온 우유로 만드는 모차렐라치즈입니다. 모차렐라치즈는 일상에서 자주 접하는 치즈지요. 피자 위에 토핑으로 얹기도 하고 치즈스틱 속으로 쏙 들어가기도 하고 스파게티 위에 뿌려서 오븐에 구워내기도 하고 라면이나 달걀말이에도 이용하는 등 약방의 감초처럼 다양하게 쓰이

지요. 모차렐라치즈는 치즈의 원료가 되는 우유 덩어리를 따뜻한 물에 넣고 사람들이 힘을 주어 잡아당기고 주무르는 동작을 반복해서 만들어집니다. 주무르고 당기는 과정을 반복할수록 끈기가 생겨 쫄깃한 모차렐라치즈가 됩니다. 치즈를 만들기 전에 퀴즈로 배우는 재미있는 치즈 이야기는 아이들과 어른 모두에게 흥미롭습니다.

스파게티와 임실피자로 맛있는 점심 식사

직접 만든 피자와 임실치즈스쿨에서 제공하는 스파게티로 이제 점심 식사를 하는 시간입니다. 체험을 시작하는 시간대에 따라 저녁 식사가 될 수도 있습니다. 스파게티는 원하는 만큼 리필할 수 있고 피자는 아이들이 직접 만든 것이라 더 맛있습니다. 피자는 너무 기름지거나 짜고 또 어떤 첨가물이 들어가 있을지 몰라 평소에 아이에게 사주길 꺼려하지만 이곳에서는 우리 농산물로 만들어지는 과정을 눈으로 보고 체험하니 안심하고 먹을 수 있습니다. 임실치즈

완성된 피자와 스파게티

라는 브랜드 가치는 이렇게 많은 사람들이 직접 체험한 후에 입소문으로 만들어진 것은 아닐까 생각해 보았습니다.

> 머리에 쏙쏙 들어오는
> 체험학습보고서 만들기

일기형식의 체험학습보고서 써보기

다음 보고서를 참고해서 체험학습보고서를 작성해 보세요.

임실치즈스쿨 이천을 다녀와서

서울**초등학교 4학년 이금별

날짜 2011년 12월 18일 일요일
날씨 눈 온 다음 으슬으슬 아이 추워~~(날씨표현을 재미있게 쓰면 도움이 됩니다.)
제목 임실치즈스쿨에서 즐거운 체험을~

임실치즈스쿨에 갔다.

이천에 있는 폐교를 개조한 체험장이라 마치 학교에 등교하는 듯한 기분이 들었다. 체험 프로그램의 맨 처음 일정은 레일썰매 타기였다.

예전에도 레일썰매를 타본 적이 있는데 전에는 경사진 풀밭 위로 레일이 깔려 있는 곳에서 썰매를 탔다. 예전의 레일썰매가 스릴이 넘쳤다면 임실치즈스쿨의 레일썰매는 파도타기를 하는 느낌이 들었다.

첫 출발이 조금 무섭지 내려가다 보니 점점 신이 났다.

거의 다 내려왔을 때는 발을 끌어 주어야 안전하게 멈출 수 있다. 선생님들께서 친절하게 안내해 주셨다.

썰매를 다 타고 드디어 기다리고 기다리던 피자를 만들기 위해 다른 체험장으로 이동했다. 피자를 만들기 전 깨끗하게 손을 씻는 것은 필수다. 체험장에 들어와 보니 도우 판에 옥수수 가루가 뿌려져 있었다.

먼저 반죽을 판 위에 올려서 잘 누르고 밀대로 얇게 펴라고 알려 주셨다. 반죽을 잘 밀지 못하는 팀은 보조 선생님께서 오셔서 공중으로 반죽을 던져 올려서 빙빙 돌리면서 펴주셨다. 너무 신기하고 재미있어서 나는 마치 서커스를 보는 것 같았다. 엄마와 나는 각각 동영상으로 그 장면을 촬영해 두었다.

도우를 만드는 일에는 힘이 필요하다. 반죽이 오곡이라 찰기가 많아서 잘 밀리지 않기 때문이다. 대신 토핑을 할 때는 너무 재미있었다. 올리브 등 여러 재료를 도우 위에 예쁘게 얹어

보는 것도 꽤 예술적이고 창의적인 작업 같았다.

우리는 곧장 치즈를 만들러 갔다. 우리가 만든 치즈는 보통 피자치즈라고 알려진 모차렐라치즈다. 먼저 간단한 퀴즈를 푼 후에 치즈 재료를 잘게 찢었다.

둥글고 큰 그릇에 뜨거운 물을 붓고 엄마, 아빠가 재료를 반죽한 뒤 반죽을 한 덩어리로 빚어서 들어올려 귀퉁이를 잡고 늘렸는데 아주 잘 늘려졌다. 그렇게 여러 번 반복한 뒤 다섯 개의 통에 반죽을 나누어 담았다. 지금도 우리 집 냉장고에 있는데 얼마 전 엄마가 그 치즈로 달걀말이와 치즈스틱, 치즈라면을 해주셨다. 나는 치즈스틱이 제일 맛있었다. 동생 찬영이는 치즈라면이 제일 맛있다고 했다.

모든 체험이 끝나고 나서 우리가 만든 피자를 시식하는 시간이 왔다. 직접 만든 거라 더 맛있었다.

다음에 다시 간다면 더 크고 멋진 피자와 쫄깃한 치즈를 만들어 보고 싶다.

이천 테르메덴

🏠 경기도 이천시 모가면 신갈리 372-1 ☎ 031-645-2000
www.termeden.com

임실치즈스쿨은 1박 2일 프로그램뿐만 아니라 인근 테르메덴 스파와 연합프로그램도 마련하여 단체는 물론 가족단위의 여행객들이 즐기기에 좋은 다양한 프로그램을 운영하고 있습니다.

이천은 찰지고 윤기 흐르는 쌀밥뿐만 아니라 온천욕을 즐길 수 있는 스파로도 유명합니다. 유명한 미란다호텔의 스파플러스에 이어 개장한 독일식 온천 휴양 시설 테르메덴은 열대 휴양지를 연상케 하는 아름다운 건축물에 수질이 뛰어난 온천수를 사용하여 많은 분들에게 호응을 얻고 있는 스파입니다.

동서울버스터미널에서 하루 두 번 직통버스가 운행되니 시원한 스파와 맛난 이천 쌀 한정식을 함께 즐길 수 있는 더없이 훌륭한 당일 나들이 코스라 하겠습니다.

테르메덴에서 가장 아름다운 풀은 야외수영장인데 눈 내리는 겨울이나 쌀쌀한 바람이 부는 봄, 가을에 더욱 빛을 발하는 곳입니다.

초도예방 도자펜션

경기도 이천시 증일동 325-5번지 • ☎ 031-638-8359 • www.dojapension.com

전통 초가집의 느낌을 살린 이천의 이색 숙소입니다. 도자기를 굽던 가마터에 만든 숙소에서 묵으면서 도자기 만들기 체험도 할 수 있습니다. 가마솥에서 갓 지어낸 뜨끈한 밥과 마당 한편에 멍석을 깔고 구워 먹는 도드람 돼지고기는 별미 중에 별미입니다.

펜션에서의 도자기 체험

PART 03 박물관 & 체험전시관

국립중앙박물관 구석구석 **구석기시대 탐방**	096
국립중앙박물관 구석구석 **신석기시대 탐방**	106
국립중앙박물관 구석구석 **청동기시대 탐방**	114
국립중앙박물관 구석구석 **고조선 탐방**	122
국립중앙박물관 구석구석 **부여 · 삼한 탐방**	132
옛날 사람들은 어떻게 살았을까 **국립민속박물관**	138
당당하게 동양평화를 외치다 **안중근 의사 기념관**	148
전 세계 직업테마파크 **키자니아**	156
흥겨운 삼현육각 가락에 어깨춤이 저절로, **국립국악박물관**	164
세종대왕 동상 지하에는 어떤 공간이 숨어있을까 **세종이야기 충무공이야기**	172

국립중앙박물관 구석구석
구석기시대 탐방

교과서 여행 난이도 - 유치원생~초등학교 1~3학년: 국립중앙어린이박물관
초등학교 4학년 이상: 국립중앙박물관

관련 교과
- 2-2 바른생활 3. 아름다운 우리나라
  - 국립중앙박물관에 대하여 알아보자.
- 5-1 사회 1. 하나 된 겨레
  - 구석기시대의 생활모습을 알아보자.

관람 정보

🏠 서울특별시 용산구 서빙고로 137 • ☎ 02-2077-9000 • www.museum.go.kr

대중교통 • 버스
지선버스 0213, 간선버스 502, 서울시티투어버스 국립중앙박물관 정류장에서 하차.

• 지하철 • 4호선 / 중앙선(덕소-용산) 이촌역 3번 출구

교과서 연계학습 - 이렇게 공부해요

관련 교과 **5-1 사회** 1. 하나된 겨레 • 구석기 시대 사람들의 생활 모습을 알아보자.
학습 과제 • 국립중앙박물관 고고관을 소개하는 책자를 만들어보자.(본문 내용을 그대로 활용해보세요.)

교과서 여행 Tip - 어려운 박물관, 재미있고 쉽게 관람해보세요.

• **문화해설사 제도를 적극 활용하자.**
  요즘 대부분의 박물관에서는 박물관에 전시된 유물을 무료로 자세히 설명해 주는 문화해설사 제도를 마련하고 있습니다. 시간대별로 박물관을 돌며 해설해 주기도 하고 지방의 소규모 박물관은 요청이 있을 때 해설을 하기도 합니다. 이렇게 좋은 문화해설을 제대로 활용하는 분들이 별로 없으신 것 같습니다. 전문적인 설명도 훌륭하거니와 어려운 유물을 재미있게 해설해 주셔서 아이들도 아주 좋아합니다. 문화해설사의 해설을 들으면서 궁금했던 것을 물어볼 수도 있고 새로운 사실을 알게 되지요. 알면 알수록 감탄과 호기심이 생기므로 사전에 박물관 정보도 미리 챙겨두면 좋겠습니다.

• **문화해설사의 해설시간을 놓쳤다면 유물안내기기를 활용해보자.**
  만약 문화해설사의 해설시간을 놓쳤다면 PDP나 MP3기기를 대여해서 유물에 대한 설명을 들을 수 있습니다. 기기를 대여하는 것은 대부분 유료입니다. 기기를 들고 다니며 관람하는 것은 아이들에게 무척 흥미 있는 경험이며 스스로 기기를 작동해가며 진지하게 설명을 듣는 모습을 보면 기특하기도 합니다. 또한 부족한 설명은 아이가 스스로 반복해서 들을 수 있기 때문에 자신의 이해도에 따라 반복학습을 할 수 있다는 장점도 있습니다.

• **박물관 홈페이지를 미리 방문하여 꼼꼼하게 살펴보자.**
  방문하고자 하는 박물관 홈페이지를 통해 전시되어 있는 유물에 대한 사전지식을 학습하고 가면 박물관을 관람하는 데 많은 도움이 됩니다. 어린이박물관의 경우에는 홈페이지 내에서 학습지를 내려받을 수 있습니다. 미리 공부해보고 방문하는 박물관은 아이들로 하여금 유물

국립중앙박물관 구석구석 구석기시대 탐방   097

에 보다 쉽게 접근하고 이해할 수 있도록 해줍니다. 홈페이지에 나온 재미있는 우리 문화와 유물에 대한 이야기는 아이들의 경험과 머릿속의 정보를 결합하는 입체적인 학습을 할 수 있도록 도와줄 것입니다. 또, e뮤지엄 홈페이지 www.emuseum.go.kr에서 전국의 모든 박물관 정보를 한눈에 검색할 수 있습니다.

- **가장 중요한 것은 관람태도입니다.**
  21세기형 인재에게는 진지하고 열정적으로 지식을 습득하고 탐구하는 태도와 더불어 타인을 배려하는 마음이 필요합니다. 무엇보다 아이들이 관람예절을 잘 지킬 수 있도록 교육하는 것이 중요합니다. 지식을 습득할 때, 몸과 마음에 깃든 지식을 향한 바른 태도는 지식을 향한 열정으로 이어지기 때문입니다.

국립중앙박물관에 대한 이야기를 시작하기 전

아이들과 문턱이 닳도록 드나들었던 국립중앙박물관. 짬이 날 때마다 아이들과 함께 하는 데이트 장소랍니다. 입구에 들어서면서부터 마음이 편안해지고 궁금한 것들이 마구 샘솟는 곳이 바로 이곳입니다. 우리나라에서 가장 큰 박물관인 만큼 아이들과 꼼꼼히 관람하기 위해서는 노하우가 필요하답니다. 제가 그동안 쌓아온 박물관 관람의 노하우들을 하나씩 공개할 테니 이제 안으로 천천히 들어가 볼까요?

박물관, 도대체 아이들이 왜 싫어할까요?

박물관을 매우 싫어하는 친구들이 있습니다. 학교에서 현장학습을 갈 때에도 박물관을 간다고 하면 아이들의 얼굴에 실망하는 기색이 역력한 것을 볼 수 있지요. 부모님으로서는 그런 모습이 서운할 수도 있겠지만 어찌 보면 아이들이 박물관을 싫어하는 게 당연한 건지도 모르겠습니다. 우리의 뇌는 참 단순해서 너무 많은 정보가 머릿속에 입력되면 정보를 처리하는 기술이 둔해진답니다. 박물관은 우리 역사를 한 곳에 압축해 놓은 종합선물세트와 같은 곳이기 때문에, 한꺼번에 쏟아지는 수많은 정보를 아이들은 당연히 힘들어할 수밖에 없지요.

박물관을 효과적으로 관람하는 방법은 하나의 전시관을 선택하여 차근차근 자세하게 살펴보는 것입니다. 다음번에 다시 오겠다는 생각을 하면 부담도 적고 너무 많이 돌아다니느라 녹초가 되지도 않지요. 아이들도 유물 하나하나를 생각하면서 돌아볼 수 있어 훨씬 효과적입니다.

선사고대관- 구석기실

선사고대관의 입구에서 가장 먼저 무엇이 보이나요? 바로 커다란 벽화가 여러분들의 시선을 사로잡을 겁니다. 이 그림은 울산시 울주군에서 발견된 반구대 암각화로 신석기시대에서 청동기시대로 가는 과도기에 만들어진 것으로 추정되는 작품입니다. 대부분 관람객들은 그냥 지나쳐버리지만 암벽에 그려진 이 그림 한 장이 왜 그토록 중요한 위치에 있는지 생각해볼 필요가 있습니다.

울주군 반구대 암각화는 문자가 없었던 선사시대를 우리에게 보여주는 소중한 자료입니다. 이 암각화에서 우리는 당시 신석기 사람들의 어로문화와 그들이 사용하던 생활 도구, 심지어 종교와 문화생활까지 함께 살펴볼 수 있습니다. 암각화에서 가장 눈에 띄는 것이 바로 고래입니다. 신석기 사람들은 이곳에서 고래를 잡았던 것으로 짐작할 수 있습니다. 아마 아득한 옛날에는 이곳이 육지가 아닌 바다였을 거라고 추측할 수 있습니다. 특히 그들이 사용하던 작살이나 그물 모양이 그림에 자세히 나타나 있고 그들이 타고 다니던 배도 박물관에서 직접 확인해 볼 수 있습니다.

벽화에는 향유고래, 긴수염고래, 범고래 등 다양한 고래를 새겨 놓았으며 작살에 잡힌 고래와 아기 고래를 업고 가는 고래의 모습을 보는 것도 이채롭습니다. 그들의 일상 속에 큰 부분이었던 고래이기에 현대를 살아가는 우리 이상으로 고래를 더 잘 이해하고 있었음을 알 수 있습니다. 아이들과 이런저런 고래를 찾아보는 것도 재미가 있습니다. 암각화

울주군 반구대 암각화

에 그려진 인물들도 실감납니다. 그물을 던져 고기를 잡는 사람, 기다란 통나무 배의 노를 저어 고래 잡으러 먼 바다로 나가는 사람, 출항하기 전 풍어를 기원하기 위해 악기를 연주하는 사람 등은 마치 우리가 당시 신석기시대로 돌아가 있는 듯한 착각을 불러일으킵니다.

자, 이제 입구에서 멈췄던 걸음을 떼어 본격적으로 구석기관으로 들어가 볼까요?

한반도에 인류가 살았다고 알려진 시기는 약 70만 년 전으로 추정됩니다. 불과 몇십 년 전만 해도 한반도에 구석기 문화가 존재했다는 것을 확신할 수조차 없었답니다. 그러던 중 공주에 석장리 유적지가 발굴되면서 비로소 한반도의 구석기 문화가 차츰 빛을 보기 시작했습니다. 구석기 사람들은 수렵과 채집 생활을 했는데 먹을 것이 떨어지면 이동하는 생활을 반복해서 주로 동굴이나 간단하게 지은 움막 형태인 움집에 모여 살았습니다.

사냥을 하려면 도구가 필요했겠지요? 그들은 돌을 깨뜨려 떼어낸 뗀석기를 사용했고 쓰임새에 따라 다양한 도구도 만들어 냈습니다. 대표적인 구석기시대 사냥도구는 '사냥돌'인데, 커다란 망치 모양의 돌을 끈으로 묶어서 휙휙 돌려 짐승을 잡는데 사용했습니다.

구석기시대의 뗀석기

새기개

새기개는 아주 작은 돌이지만 두꺼운 짐승의 뿔에 홈을 새겨 넣을 수 있을 만큼 날카롭습니다. 짐승의 뿔에 그림을 그리는 것은 일종의 예술 행위와도 같은 것이어서 구석기 사람들도 오늘날의 인류처럼 서로 소식을 전달하고 아름다움을 추구했던 것을 알 수 있습니다. 문자가 없던 시절이었던 만큼 짐승의 뿔에 새긴 그들만의 언어를 그림으로 표현하는 일은 무척 중요한 일이었겠지요?

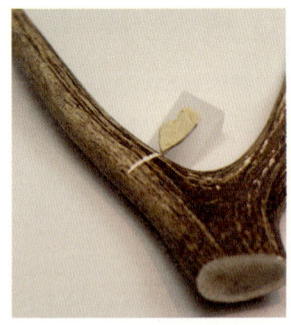

짐승의 뿔에 그림을 그리는 도구, 새기개

홈날석기

홈날석기는 오목하면서 날카로운 날을 가지고 있어서 투박한 나무껍질을 벗겨 내기, 동물의 뿔을 자유자재로 다듬거나, 짐승의 두꺼운 가죽을 벗겨 살을 도려내기, 뼈에서 살을 발라내기 등에 사용되었습니다. 이 홈날석기는 기능적인 면에서 오늘날 직접 짐승의 가죽을 벗겨낼 수 있을 만큼 훌륭한 도구입니다. 구석기인들이 사용하던 도구라고 해서 무시할 일만은 아니겠지요?

나무껍질을 벗겨내는데 사용했던 홈날석기

주먹도끼

주먹도끼는 구석기시대에 사냥한 동물을 죽이거나 해체하는 데 사용하던 도구였습니다. 다듬어지지 않는 거친 면들은 가공할 만한 파괴력을 자랑했습니다. 특히 연천 전곡리에서 발굴된 주먹도끼들은 학술적 가치가 매우 큽니다. 1979년 연천 전곡리에서 전 세계 고고학계를 뒤흔든 엄청난 구석기 유물, 주먹도끼가 아시아 최초로 발굴되었습니다.

정확하게 양쪽날 모양의 틀을 잡아 떼어낸 전곡리식 주먹도끼는 그동안 아시아에서는 발굴되지 않았던 형식이었습니다. H. 모비우스라는 고고학자가 유럽과 아프리카는 주먹도끼문화권이고 동아시아는 찍개문화권이라고 발표했고, 이 발표를 믿은 고고학자들은 동아시아를 문화적 열세의 문명권으로 분류하는 분위기였습니다. 아슐리안 계통의 주먹도끼가 전곡리에서 발견되었다는 것은 우리의 구석기 문화가 결코 뒤처지는 문화가 아니었다는 증거를 만천하에 알린 일대의 사건이었습니다.

연천 전곡리에서 발굴된 주먹도끼

슴베찌르개

구석기시대 사냥 도구 슴베찌르개

'슴베'를 사전적인 의미에서 살펴보면 칼, 괭이, 호미처럼 자루 속에 들어박히는 뾰족하고 긴 부분을 일컫는 말입니다. 날카로운 돌의 뾰족하고 긴 부분을 손질하여 나무 자루에 끼워서 끈으로 고정하면 슴베찌르개가 완성됩니다. 보통 구석기시대를 '수렵과 채집의 시대'라고 합니다. 따라서 슴베찌르개와 같은 사냥도구들이 일상생활에서도 상당히 많이 사용되었을 것입니다. 슴베찌르개는 구석기 중에서도 좀 더 정밀한 작업으로 석기를 만들기 시작하는 후기 구석기시대에 주로 발굴되는 유물입니다.

구석기의 좀돌날 문화

사냥도구가 더욱 정교해진 것은 좀돌날 문화가 발전하고서부터입니다. 좀돌날은 5cm 이하의 작은 돌날을 떼어 가공된 뼈나 나무에 끼워 사용하는 것으로 후기 구석기를 대표하는 석기입니다. 떼어낸 면이 날카롭게 변하는 흑요석을 작은 돌날로 사용했습니다.

좀돌날은 우리나라 후기 구석기 문화를 획기적으로 변화시킨 원동력이 되었습니다. 몸돌에서 작은 돌조각들을 떼어내 날카로운 돌날을 만듭니다. 도끼자루 끝에 아교를 발라 이 돌날을 붙이면 더욱 파괴력 높은 도구가 되지요. 둔한 돌조각으로 짐승의 가죽을 잘라내는 것보다는 날이 선 돌조각이 훨씬 더 효과적이고 쓸 만했겠지요. 좀돌날의 돌날로 사용되었던 흑요석의 파괴력은 철기 못지않았답니다.

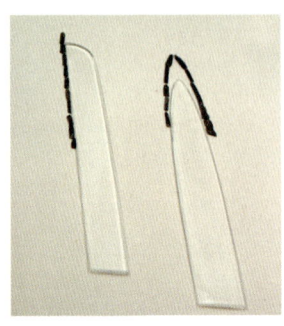

좀돌날로 연장 만들기

사진은 몸돌에서 떼어낸 돌에 아교를 발라 나무에 붙여 만들어 낸 도구들의 모형입니다. 날카로운 돌날은 칼이나 창으로 사용했습니다. 국립중앙박물관에는 좀돌날을 만드는 방법도 함께 전시되어 있습니다.

좀돌날로 연장 만들기(왼쪽), 날카로운 성질을 가진 흑요석(오른쪽)

위 사진은 구석기 사람들이 도구를 만들 때 사용했던 흑요석입니다. 날카로운 돌날로 주로 사용했습니다. 흑요석은 원래 화산 활동으로 만들어지는 암석이므로 백두산 일대나 일본 등지에 분포합니다. 구석기 사람들은 이 흑요석을 구하기 위해 꽤 먼 거리를 걸어가서 물물교환을 하기도 했습니다.

아래의 유골은 김흥수라는 분이 제보하여 발굴된 유골이라 하여 '흥수아이'라는 이름이 붙여졌습니다. 대여섯 살로 추정되는 이 아이는 유골이 발견되었을 당시 유골 부위에 꽃가루가 뿌려진 흔적이 함께 발견되었던 것으로 보아 어린 나이에 일찍 세상을 떠나 주위 사람들의 안타까움을 더했던 것으로 짐작됩니다. 구석기시대 사람들도 지금의 우리들처럼 삶과 죽음의 희로애락을 겪으며 살아갔을 것입니다. 특히 질병과 짐승의 직접적인 위협 속에서 살았을 그들의 하루하루는 치열한 생존과의 전쟁일 수밖에 없었을 겁니다. 그 치열했던 생존과정 속에서 어린 나이에 세상을 떠나야만 했던 흥수아이의 운명에 가슴이 저려오는 것을 느낍니다.

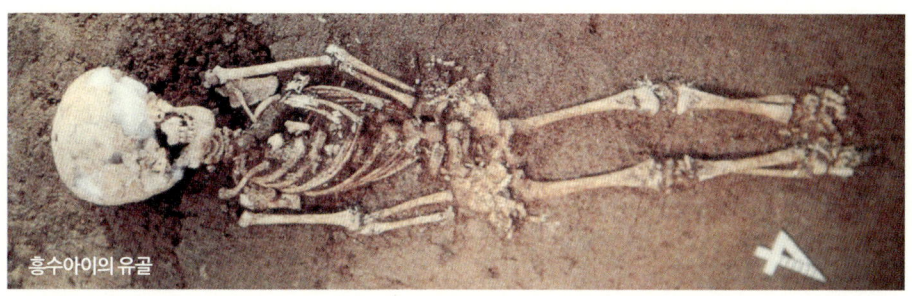

흥수아이의 유골

머리에 쏙쏙 들어오는 체험학습보고서 만들기

국립중앙박물관 선사고대관-구석기실 체험학습보고서

다음 보고서를 참고해서 체험학습보고서를 작성해 보세요.

국립중앙박물관 선사고대관-구석기실 체험학습보고서

체험장소	국립중앙박물관 선사고대관-구석기실
체험날짜	2012년 3월 10일 토요일
함께한 사람	엄마, 아빠, 남동생

알게 된 내용

1. 울주군 반구대 암각화

선사고대관으로 들어가면 울산시 울주군에 위치한 반구대 암각화를 옮겨 놓은 커다란 벽화를 만나게 됩니다. 이 암각화는 고래잡이를 하는 모습과 고래잡이 배, 각종 고래, 그리고 사냥하는 모습 등 신석기시대의 생활 모습을 담아 놓은 귀중한 유물입니다.

2. 구석기시대의 뗀석기들

구석기시대의 석기를 뗀석기라고도 부르는데 신석기시대의 간석기와는 달리 돌과 돌을 맞부딪쳐 깨서 사용했기 때문에 뗀석기라 부릅니다. 가장 잘 알려진 주먹도끼는 두 가지가 있는데 한 가지는 경기도 연천군 전곡리에서만 발견된 아슐리안풍의 주먹도끼입니다. 다른 한 가지는 흔한 주먹도끼입니다. 아슐리안풍의 주먹도끼가 아시아에서 발견되지 않았을 때 유럽의 고고학자들은 아시아인들에게 조상이 미개한 사람들이라고 말했지만 아슐리안풍의 주먹도끼가 우리나라에서 발견되자 코가 납작해졌다고 합니다. 아슐리안풍의 주먹도끼는 아주 정교합니다. 그래서 이 주먹도끼를 만들려면 아주 정교하고 뛰어난 기술이 없으면 만들 수 없습니다. 또 하나 눈여겨볼 석기는 흑요석입니다. 흑요석은 잘 깨지고, 깨지면 날카로운 성질을 가지고 있기 때문에 뗀석기를 제작하는 데 매우 유용했습니다.

그러나 흑요석은 우리나라보다는 일본에서 더 많이 발견되는 암석이었습니다. 구석기시대에는 한반도와 일본이 붙어 있어 걸어가도 되었기 때문에 주로 조개팔찌와 흑요석을 일본과 교환했다고 합니다. 구석기시대에도 무역이 존재했다니 놀랍기만 합니다.

관람 후 느낀 점

먼 선사시대 사람들은 그들의 문명이 얼마나 발달했는지를 우리에게 문자로 남겨 주지는 못했지만 유물과 그림을 통해 보여 주었다는 점이 인상 깊었습니다. 얼마 전 마산 앞바다에서 고려인들이 묻은 타임캡슐이 발견되어 고려의 배 모양과 여러 문물들을 알 수 있었다는 기사를 읽은 기억이 납니다. 우리들도 타임캡슐을 묻어 후손들이 우리의 생활 모습을 잘 알 수 있도록 해야 하지 않을까요? 오랜만에 구석기와 신석기시대에 살았던 조상들의 타임캡슐을 그대로 보고 듣고 경험한 것 같아 뿌듯했습니다. 앞으로도 이런 기회를 자주 갖고 싶습니다.

실제 초등학생인 딸아이가 작성한 체험학습보고서입니다. 인상 깊었던 유물에 대한 사전 지식과 보고 듣고 경험한 내용이 잘 녹아있어 학습 결과를 정리하는 데 도움을 줄 수 있는 보고서라 하겠습니다. 느낀 점은 꼭 5~6줄 정도로 정리해 두는 것이 좋습니다. 다른 사람의 생각보다는 나만의 생각과 느낌을 갖는 것이 중요하기 때문입니다.

국립중앙박물관 구석구석
신석기시대 탐방

교과서 여행 난이도 - 초등학교 4학년 이상

관련 교과
5-1 사회 1. 하나된 겨레
- 신석기시대의 생활 모습에 대하여 알아보자.

교과서 연계학습 📖 이렇게 공부해요

관련 교과 5-1 사회 1. 하나된 겨레 • 신석기시대의 생활 모습에 대하여 알아보자.
학습 과제 • 교과서를 충분히 학습한 후 신석기시대 유물을 눈으로 직접 확인해보면 많은 도움을 얻을 수 있습니다.

교과서 여행 Tip 📖 연령대별로 박물관을 선택해서 관람해요.

• **3세~6세**

삼성어린이박물관 kids.samsungfoundation.org • 주로 어린 연령의 아이들에게 적합한 체험활동을 할 수 있는 박물관입니다. 손으로 모형 벽돌을 나르거나 중장비 장치를 이용해서 건축놀이를 할 수 있고, 꿈의 극장이라는 곳에서는 다양한 옷을 입고 역할놀이도 할 수 있습니다. 눈으로만 구경하는 것이 아니라 여러 가지 체험활동거리가 가득하기 때문에 어린 아이들이 매우 즐겁게 학습할 수 있는 박물관입니다.

한국민속촌 www.koreanfolk.co.kr • 민속촌은 옛 우리 민족이 살던 전통가옥의 아름다움을 느끼며 다양한 민속놀이를 가족과 함께 즐길 수 있어서 추천하는 곳입니다. 어린 아이들은 넓은 흙바닥을 뛰어 다니며 놀 수 있고, 초등학생 이상의 아이들은 우리 민족의 옛 생활모습이나 가옥의 형태 등을 관찰할 수 있어서 어느 연령대에게나 유익한 장소입니다. 각종 공연도 관람할 수 있으니 홈페이지를 참고한 후 방문하세요.

별난물건박물관 www.funmuseum.com • 이름 그대로 별나고 기발한 물건들이 전시되어 있는 박물관입니다. 연주하는 티셔츠, 움직이는 그림 등 상식을 뛰어넘는 물건들이 아이들의 호기심을 자극합니다. 직접 만져볼 수도 있어서 아이들이 매우 흥미로워하고, 창의력과 상상력을 키워줄 수 있는 재미난 공간이니 꼭 한번 방문해보세요.

• **7세~10세**

국립어린이민속박물관 www.kidsnfm.go.kr • 초등학교 3학년 이하의 아이들이 이해하기 쉽도록 '심청이야기'를 바탕으로 전시관을 꾸며 놓았습니다. 아이가 심청이가 되기도 하고 심청이의 친구가 되기도 하면서 당시 우리 조상들이 어떻게 생활했었는지 오감으로 체험할 수 있는 공간입니다. 최근 교과서가 개정되면서 3학년 사회 과목에 '민속'에 대한 부분이 강화되었기 때문에 초등학교 3학년 이하의 어린이들은 꼭 방문해 보면 도움이 될 만한 박물관입니다.

국립중앙어린이박물관 www.museum.go.kr/child • 우리 민족의 의식주 생활 전반과 문화, 예술, 전쟁 등 역사적인 부분까지 아우르는 다양한 체험을 할 수 있습니다. 홈페이지 자료창고에는 아이의 이해를 도와주는 학습자료가 많으니 미리 다운로드 받아서 학습하거나 프린트하여 박물관에 들고 가는 것도 도움이 될 것입니다. 초등학교 저학년 어린이들에게 적합한

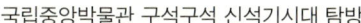

공간이지만 교과내용은 고학년까지 이어지니 꼼꼼하게 둘러보면 학교 진도에 많은 도움이 될 것입니다.

국립과천과학관 www.scientorium.go.kr | **국립서울과학관** www.ssm.go.kr • 과학관은 초등학교 6학년이 될 때까지 자주 찾아갈수록 좋은 곳입니다. 다양한 과학적 원리를 터득하기에는 하루가 부족한 곳이기도 하지요. 국립과천과학관과 국립서울과학관 두 곳 모두 훌륭합니다. 시설은 과천과학관이 조금 더 낫지만 국립서울과학관도 내용면에서는 매우 충실한 곳이므로 집에서 가까운 곳을 선택하여 아이들과 문턱이 닳도록 드나들어 보세요. 고학년 아이들의 경우 저렴하면서 질 좋은 수업프로그램이 있으니 인터넷으로 미리 예매한 후 수업에 직접 참여해보는 것도 좋은 경험이 될 것입니다.

• 11세~13세

국립중앙박물관 www.museum.go.kr • 문턱이 닳도록 드나들어도 항상 많은 것을 얻어가는 박물관입니다. 매번 화제를 몰고 다니는 기획 전시부터 우리나라 최고의 국보와 보물을 보유하고 있는 명실상부한 국내 최고의 명품박물관이지요. 여러 번 방문해서 차근차근 학습하는 것이 큰 도움이 되며 박물관 내에서 진행하는 다양한 체험수업도 항상 인터넷을 참고하여 기회가 닿는다면 참여해보는 것이 좋습니다.

경복궁 www.royalpalace.go.kr | **창덕궁** www.cdg.go.kr | **고궁박물관** www.gogung.go.kr • 궁궐은 저학년 어린이들에게는 매우 어려운 공간입니다. 그 이유는 파란만장한 역사적 사실들이 복잡하게 뒤엉켜 있기 때문입니다. 방문할 때는 문화해설사의 강연시간에 맞추어서 꼭 해설을 들으며 관람하는 것이 궁궐을 이해하는 데에는 더 좋은 방법입니다. 경복궁을 방문하기로 하셨다면 주변에 있는 국립고궁박물관도 함께 방문해보세요.

수원화성 shfes.suwon.ne.kr **및 수원화성 전시관** • 성곽 역시 아이들에게는 매우 이해하기 어려운 내용이며 또한 체력을 요구하는 공간이므로 고학년 아이들이 방문하기에 적당합니다. 아울러 성이 축조된 역사적 배경도 함께 공부하면 학습에 많은 도움이 될 것입니다.

신석기시대의 생활모습

신석기시대의 시작

신석기시대를 이해하려면 먼저 구석기시대와는 사뭇 달라진 한반도 주변 환경에 대하여 먼저 언급해야 할 것 같습니다. 구석기시대는 인류의 역사를 놓고 보았을 때 가장 긴 시간 동안 이어졌습니다. 70만 년 전부터 시작되어 기원전 약 1만 년 전이 되어서야

막을 내리니까요. 이 무렵에 한반도는 큰 변화를 겪게 됩니다. 길었던 빙하기가 끝나고 해빙기에 접어들면서 바닷물의 수위가 올라가게 되고 일본과 중국을 아우르는 큰 대륙으로 붙어있었던 한반도가 서서히 지금의 영토와 비슷한 형태로 바뀌게 됩니다. 즉 빙하기에는 육지였던 땅이 불어난 바닷물에 의해 잠기면서 삼면이 바다로 둘러싸인 지금의 한반도 모습으로 변화한 것입니다.

이와 같은 기후의 변화는 구석기인들의 생활 모습을 바꿔놓았고 이는 신석기로 진입하는 과도기가 되었습니다. 육지가 적어지면서 공룡이나 매머드 같은 큰 동물들이 사라지고 멧돼지나 사슴과 같은 작고 빠른 육지 동물들이 늘어났습니다. 크고 느린 동물들을 잡던 도구로는 날쌔고 작은 동물들을 잡기 어려워지자 새로운 도구를 만들기 시작했는데 주로 나무나 뼈자루에 묶어서 던지는 날카로운 촉, 창 등이 그것이었습니다. 또, 바다가 넓어지면서 물고기 잡이와 같은 어로생활을 하는 모습도 나타나게 되고, 먹을 것이 풍부한 바닷가 주변에 움집을 짓고 모여살기도 했습니다.(부산 동삼동 패총유적, 양양 오산리 선사주거지)

그러나 무엇보다 신석기 혁명이라 부를 만큼 인류의 삶의 모습이 획기적으로 바뀌게 된 계기는 바로 '농경의 시작'때문이었습니다. 농사를 짓기 시작하면서 사람들은 이곳저곳으로 이동하던 생활을 접고 드디어 한 곳에 정착하는 생활을 하게 된 것입니다.

농경과 관련된 유물

신석기시대에 경작하던 거친 곡식들을 부드럽게 갈아 가루로 만들어주는 도구입니다. 당시 사람들은 알갱이 형태의 곡식을 먹었다기보다는 부드럽게 갈아 물과 함께 끓인 죽과 같은 형태로 음식을 만들어 먹었을 것으로 짐작해 볼 수 있습니다. 국립중앙어린이박물관에 가면 부여 송국리 집터를 재현해놓은 체험관에서 갈돌과 갈판으로 곡식을 갈아보는 체험을 해볼 수 있습니다.

곡식을 부드럽게 갈아 가루로 만들어주는 갈돌과 갈판(왼쪽), 탄화된 도토리(오른쪽)

국립중앙박물관 구석구석 신석기시대 탐방

탄화된 도토리

도토리는 요즘에도 갈아서 전분을 걸러내 묵으로 만들어 먹는 웰빙 음식재료입니다. 요즘처럼 당시에도 숲에서 쉽게 채집할 수 있었던 도토리는 신석기인들의 귀한 먹을거리였습니다. 탄화된 도토리는 황해도 봉산군 지탑리 유적에서 발견되었는데 신석기인들의 식생활에 대해 생각해 볼 수 있는 증거물이 되고 있습니다.

돌칼

이삭을 수확하던 돌칼

조, 기장, 수수와 같은 곡식을 수확할 때 사용했던 도구입니다. 신석기시대의 돌칼은 뭉툭하고 투박한 면이 있지만, 청동기시대가 되면 좀 더 예리하고 날카로운 반달돌칼로 발전하게 됩니다. 그 이후에는 현재와 같은 금속 칼이 사용되었고요. 석기를 관람할 때면 '돌'이라는 재료로 용도에 따라 이렇게 여러 가지 도구를 만들어 쓸 줄 알았던 신석기 사람들의 지혜에 저절로 고개가 끄덕여집니다.

빗살무늬토기

신석기시대를 대표하는 빗살무늬토기

곡식을 저장하거나 음식을 조리할 때 사용했던 신석기시대의 대표적인 토기입니다. 토기의 모양을 살펴보면 밑바닥이 뾰족한 역원뿔형인데, 이는 바닷가 근처나 흙바닥에서 주로 생활했기 때문에 그릇을 모래나 흙에 박아서 고정시켜야 했기 때문입니다.

선사시대의 토기는 유약을 바르지 않고 비교적 낮은 온도에서 구울 수밖에 없기 때문에 음식을 조리하고 나면 남은 음식물이 토기에 달라붙는 경우가 많았습니다. 이때 달라붙었던 음식물들이 아직까지도 토기에 붙은 채로 발견되고 있어 신석기시대 먹을거리 연구에 귀중한 자료가 되고 있습니다.

신석기인들의 어로생활

신석기 사람들은 농사를 비롯하여 다양한 어로활동을 통해 먹을거리를 해결했습니다. 10m가 넘는 통나무의 속을 파내고 배를 만들어서 먼 바다에 나가 고래를 사냥할 만큼 신석기인들은 용맹했습니다. 이들에게 결합식 작살은 주요한 어구 중 하나였습니다. 또한 향유고래나 범고래 같은 어마어마한 고래를 잡기 위해서는 가죽을 찢을 수 있을 정도의 파괴력을 가진 날카로운 돌날을 덧대어 더욱 커다란 작살을 만들어야 했을

결합식 작살

것입니다. 부산박물관에 가면 이와 관련해서 신석기 사람들이 잡았던 것으로 짐작되는 거대한 규모의 고래뼈가 전시되어 있습니다.

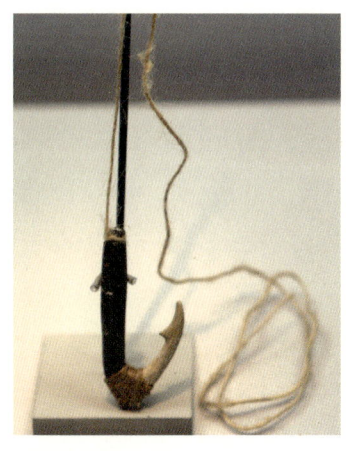

결합식 낚시바늘

결합식 낚시바늘

다음으로 눈여겨볼 어구 중 하나는 결합식 낚시바늘입니다. 신석기 사람들은 부드럽게 간 돌에 날카롭게 갈아낸 사슴뿔을 이어 붙여 큰 낚시바늘을 만들었습니다. 작은 물고기보다는 좀 더 큰 어류를 잡기에 적당한 바늘이었습니다. 결합식 낚시바늘은 교류를 통해 일본으로도 그 기술을 전하게 됩니다. 신석기시대에 일본과 문화교류가 있었음을 보여 주는 중요한 자료가 바로 결합식 낚시바늘인 것입니다. 결합식 낚시바늘은 재료가 돌과 사슴뼈인 것만을 제외한다면 현재의 낚시바늘과 전혀 다를 바가 없는 훌륭한 도구입니다.

신석기인들의 무덤

현대에도 종교의 영향으로 사후세계에 대한 믿음을 가지고 사는 사람들이 많이 있듯이 신석기시대 사람들도 '죽어서도 영혼은 사라지지 않는다.'고 굳게 믿었습니다. 그것은 시신을 묻을 때 살아생전 그 사람이 사용하던 물건들도 함께 묻었던 신석기인들의 무덤을 보면 알 수 있습니다. 비록 몸은 썩어서 흙으로 돌아가지만 영혼만은 살아 있을 것이라는 그들의 생각이 오늘날 우리의 장례에 대한 생각과 다르지 않음을 느낍니다.

여기를 추천해요.

홀리차우

🏠 서울특별시 용산구 이태원동 119-25 • ☎ 02-793-0802
www.holeechow.co.kr

스파이시 상하이 누들(위)
레몬치킨(아래)

차이나타운은 일반적으로 다른 나라에 중국 자국민들이 집중적으로 거주하고 있는 도시에 형성됩니다. 그래서 중국인들이 가진 기본적인 중국문화에 세계 각국의 독특한 문화가 섞여 나름대로 새로운 문화를 각 나라에서 보여주고 있습니다. 특히 음식문화는 더욱 창의적으로 나타나는데 홀리차우 체인은 바로 이 차이나타운 요리를 메인으로 하는 음식점입니다. 홀리차우는 이태원 외에도 압구정, 분당, 잠실, 도곡동 등에 매장이 있습니다. 맛도 맛이지만 친절한 서비스 때문에 늘 많은 사람들로 붐비는 곳입니다. 특히 이태원 홀리차우는 세계 여러 나라의 고객들도 함께 방문하는 곳이라 식사시간에는 대기해서 밥을 먹어야할 정도로 인기가 많습니다. 주차가 불편한 이태원이지만 홀리차우는 근처 해밀턴호텔에 2시간 무료주차가 가능합니다. 스파이시 상하이 누들과 레몬치킨, 사천 스페셜메뉴는 특히 추천할만한 홀리차우만의 특별한 음식입니다.

Gecko's Garden(게코스 가든)

🏠 서울특별시 용산구 이태원동 116-6 • ☎ 02-790-0540

유럽의 작은 정원을 떠올리게 하는 아름다운 가정집에서 정성스럽게 만든 음식을 대접받는 기분은 매우 이국적입니다. 일류 호텔 셰프들이 앞다투어 칭찬한 레스토랑 게코스 가든은 해밀턴호텔 뒤편 맛집들이 즐비한 골목길 어귀에 자리잡고 있습니다. 레스토랑 이름인 Gecko는 도마뱀의 한 종류라고 해요. 어디선가 작은 '도마뱀이 튀어나올 것 같은 아기자기한 정원을 가진 레스토랑'이라는 뜻을 가지고 있지요. 한국에서는 잘 먹지 않는 양고기도 게코스 가든에서는 별미로 통합니다.

별 좋은 날 야외 정원에서 풍미 가득한 음식들을 앞에 놓고 있노라면, 마치 해외여행을 떠나 지중해 어느 마을에 앉아서 근사한 점심 식사를 즐기고 있는 것만 같은 착각에 빠져듭니다. 다만, 주차는 불가능하기 때문에 근처 공영주차장을 이용해야 하며 사람이 많이 붐비는 주말에는 대기해야 할 경우도 생길 수 있으니 이점은 감안하고 방문하셔야 합니다.

게코스 가든의 음식

국립중앙박물관 구석구석
청동기시대 탐방

교과서 여행 난이도 - 초등학교 4학년 이상

관련 교과
5-1 사회 1. 하나된 겨레
• 청동기시대에 대하여 알아보자.

교과서 연계학습 📖 이렇게 공부해요

관련 교과(개정교과반영) 5-1 사회 1. 하나된 겨레 • 청동기시대에 대하여 알아보자.
학습 과제 • 교과서 내용을 토대로 유물 하나하나를 꼼꼼히 살펴보고 공부해보자.

교과서 여행 Tip 📖 박물관을 갈때 준비해보세요!

- **박물관에서 만든 자료집을 구매해보자.**
  대부분의 박물관에는 전문가가 만든 어린이용 워크북이 마련되어 있습니다. 이 워크북을 아이에게 구매해주어 관람 중에도 참고할 수 있도록 해주고, 집에 돌아와서도 총정리하는 기분으로 처음부터 끝까지 훑어볼 수 있도록 지도해주면 아이에게 많은 도움이 됩니다.

- **홈페이지를 통해 전시된 유물을 미리 구경해보자.**
  요즘 박물관은 인터넷 홈페이지를 대부분 갖추고 있고, 유용한 기능과 정보를 많이 제공하고 있습니다. 특히 어린이박물관 홈페이지에는 다양한 어린이용 학습 자료가 마련되어 있어서 언제든 다운로드받아 사용할 수 있습니다. 아이와 박물관을 방문하기 전에 미리 해당 박물관 홈페이지를 둘러보고, 관람할 전시물들에 대해 사전자료를 다운로드받아 학습해보세요. 미리 알고 가는 것과 그렇지 않은 것은 큰 차이가 있습니다.

- **아이가 초등학교 3학년 이상이라면 미니카메라를 준비해보세요.**
  아이들이 박물관을 관람할 때 가장 저지르기 쉬운 실수 중 하나는 관람하는 유물마다 메모장에 빽빽하게 적느라 정작 중요한 부분들을 놓치고 지나가는 것입니다. 내용을 적느라 바빠 관찰하는 시간을 놓치는 아이들을 위해서 미니카메라를 준비하는 것이 도움이 됩니다. 중요한 유물을 찍을 수 있는 것은 물론, 그에 대한 해설도 찍으면 되므로 아이들이 적는데 낭비하는 시간을 없애 유물 하나하나에 더욱 집중할 수 있게 해줍니다. 또, 관람 후에 체험학습보고서를 작성하거나 일기를 쓸 때 찍어 온 사진과 해설을 자료로 활용할 수 있어서 더욱 좋습니다. 사진을 찍을 때는 플래시를 터트리지 않는 것이 예의이며, 박물관에 따라 사진 촬영이 금지된 곳도 있으니 안내 직원에게 꼭 물어보고 입장하는 것이 좋습니다.

청동기시대 이해하기

불평등 사회의 시작

뗀석기를 사용하던 구석기시대에서 농경사회인 신석기시대로 접어든 것만 해도 인류는 획기적인 변화를 겪었지만 청동의 등장으로 인류는 더 큰 변화에 직면하게 됩니다.

청동은 구리와 주석을 적절한 비율로 섞어서 만든 금속입니다. 깨지기 쉽고 타격력이 약했던 돌에 비해 청동은 인류에게 더 많은 기회를 가져다주는 재료가 되었습니다. 신석기시대 이후에 농사가 시작되면서 좋은 땅을 차지하여 많은 수확을 거두는 사람이 생겨나자 그렇지 못한 사람은 많이 가진 사람의 수확물을 빼앗기 위해 서로 싸울 수밖에 없었습니다. 돌을 무기로 싸우는 자와 청동을 무기로 만들어 싸우는 자 중에서 어느 쪽이 우세할지는 예측이 되시지요?

청동은 철에 비하면 무른 금속이지만 무기로 제작했을 때는 돌과 비교도 되지 않을 만큼 위력이 셉니다. 그래서 청동을 가진 자들은 나라를 세우는 주역이 되었습니다. 청동의 발견으로 인해 평등했던 사회는 점차 지배자와 피지배자가 나뉘는 사회구조로 변해갔습니다.

더 정교해진 간석기

청동기시대라고 해서 모든 사람이 청동을 사용할 수 있었던 것은 아니었습니다. 청동은 앞서도 언급했듯이 가진 자들만 누릴 수 있는 귀한 금속이었습니다. 청동은 그만큼 제작하는데 고난도의 기술을 필요로 했기 때문에 청동을 다룰 줄 아는 기술자를 부리기 위해서는 막강한 힘을 가진 권력자여야만 가능했지요. 지배자들은 청동을 소유했지만 그 외의 사람들은 아직도 석기를 사용하고 있었습니다. 그래서 청동기시대였음에도 불구하고 아직 농기구는 석기를 사용할 수밖에 없었던 것이지요. 농사의 규모가 커지고 수확량이 늘어나면서 그에 걸맞은 정교한 도구가 필요하게 되었고 청동기시대의 석기들은 신석기시대의 석기에 비해 매우 세련되고 정교해졌습니다.

청동기시대의 농사

청동기시대에 사용하던 반달돌칼은 곡식의 이삭을 톡톡 떼어내어 빠른 시간 안에 농작물을 추수하기 위한 도구였습니다. 앞서 신석기시대의 돌칼과 비교해보면 같은 간석기이지만 얼마나 더 정교하게 발전했는지 이해할 수 있을 것입니다.

반달돌칼은 칼등 쪽에 구멍을 뚫고 손에 맞도록 끈을 연결하여 손을 집어넣고 고정시킨 다음 예리한 칼끝으로 벼 이삭을 베어내는 도구로 당

청동기시대 농업 도구 반달돌칼(왼쪽), 반달돌칼로 수확하는 장면(오른쪽)

시 벼농사가 행해졌음을 입증해 주는 유물입니다.

청동기시대의 논

청동기시대 마을풍경 전시에서 재현해놓은 청동기시대의 논 풍경입니다. 지금과는 사뭇 다르지요? 현재는 모판에 볍씨를 뿌려 일정기간이 지나 모가 자라면 물을 대놓은 논에 모내기를 하는 방식으로 벼를 재배하지만

청동기시대의 논 풍경 재현

청동기시대에는 직접 볍씨를 논에 뿌려 벼를 재배했다고 합니다. 청동기시대의 논은 물을 이용하기 쉽고, 하천범람의 피해에 대비할 수 있는 구릉사면의 말단부 계곡지대에서 주로 발견되었습니다. 또, 가뭄에 대비하기 위해 논 주위에 웅덩이를 만들어 두기도 했습니다.

건축기술을 발달시킨 간석기들

자귀, 홈자귀, 대팻날, 끌과 같은 간석기들은 모두 벌목용 목공구입니다. 자귀는 목재를 찍어서 깎고 가공하는 데에 쓰이는 연장입니다. 자루를 연결하면 도끼와 비슷하게 생겼지만 도끼는 날이 자루에 평행하게 박히는 반면 자귀는 자루와 직각방향으로 박히는 것이 차이점입니다.

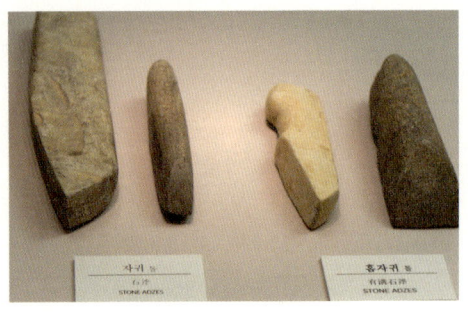

목공에 사용되었던 간석기들

홈자귀는 자귀의 몸에 끈을 묶기 위한 홈을 내었다 하여 홈자귀라고 불립니다. 둘 다 나무를 베어내어 다듬고 집을 짓는데 사용했던 공구들이지요. 이러한 도구들은 청동기시대 건축기술을 한 단계 향상시켜주는 수단이 되었습니다. 또한 집을 짓는 데 뿐만 아니라 목재 농기구를 제작하는 도구로도 사용하여 그 쓰임이 다양했습니다.

시대가 발전하기 위해서는 삶의 질을 풍요롭게 해주는 도구들이 필요합니다. 집을 짓거나 농기구를 만드는 데 쓰이는 석기의 제작은 이런 목적을 달성하는데 손색없는 훌륭한 도구들이었습니다.

금속도구의 제작

한두 개의 청동도구는 금속을 달궈 두들겨서 모양을 잡는 방식으로 만들 수 있지만 똑같은 모양의 도구를 대량으로 찍어내기 위해서는 한 개씩 만드는 방법으로는 제조하기가 힘들 것입니다. 이렇게 똑같은 품목을 대량으로 생산하기 위해서 일정한 틀이 필요하게 되었고, 청동기인은 돌을 이용하여 '거푸집'이라는 제작 틀을 만들었습니다.

거푸집은 뜨겁게 녹인 금속액을 부어도 녹지 않도록 돌을 재료로 하였고 돌에 일정한 모양을 파내어 거기에 녹인 금속액을 부어 넣어서 굳힌 후 틀을 걷어내면 금속도구가 완성되는 것입니다. 청동을 제련하는 기술은 매우 어려워서 노련한 기술자만이 다룰 수 있었습니다. 그래서 청동은 더욱 일반인에게 널리 보급되기가 어려웠답니다.

청동 금속도구를 제작하던 거푸집

거푸집의 탄생은 당시 금속기를 대량으로 제작하였음을 상징적으로 나타내는 유물이며, 그러한 금속도구의 대량생산은 사회적, 경제적으로 매우 중요한 발전임을 알려주는 증거이기도 합니다.

지배계급의 상징물들

청동기시대의 지배자들은 하늘에 제사를 지내는 제사장의 역할과 나라를 다스리는 정치적인 역할을 모두 담당하는 사람이었습니다. 이러한 사회를 우리는 '제정일치(祭政一致)사회'라고 부릅니다. 이 지배자들은 하늘과 소통하는 권한을 가진 사람이기 때문에 몸에 지니는 부장품들도 제사와 관련된 것들이 많습니다. 손에 들고 흔들며 신을 부르는데 사용되었던 청동방울과 목에 걸고 번쩍이는 빛을 반사시켜 권위를 드높였던 청동거울 같은 물건들이 그것입니다. 청동거울을 목에 걸고, 장대투검을 높이 들고, 청동방울을 흔들며 허리띠에는 종방울을 달고 등장하는 지배자의 모습은 일반 사람들에게는 신의 모습

청동기시대 지배자들의 권위를 상징하는 청동방울(위)과 청동거울(아래)

그 자체로 비춰졌을 것입니다. 그러나 이렇게 신령스러운 모습의 지배자들은 피지배자들에게 한없이 너그러운 존재는 아니었습니다. 인간의 욕심은 가질수록 끝이 없듯 자신이 가진 권력을 이용해 수많은 정복전쟁을 벌였으며 정복한 자들을 노예로 삼아 더 큰 권력과 부를 축적해나갔습니다. 여기서 바로 계급사회가 시작되는 것입니다. 청동기시대의 계급사회를 대표하는 가장 대표적인 유적은 우리가 잘 알고 있는 '고인돌'이라는 무덤인데, 고인돌에 대해서는 고조선 편에서 이야기가 계속됩니다.

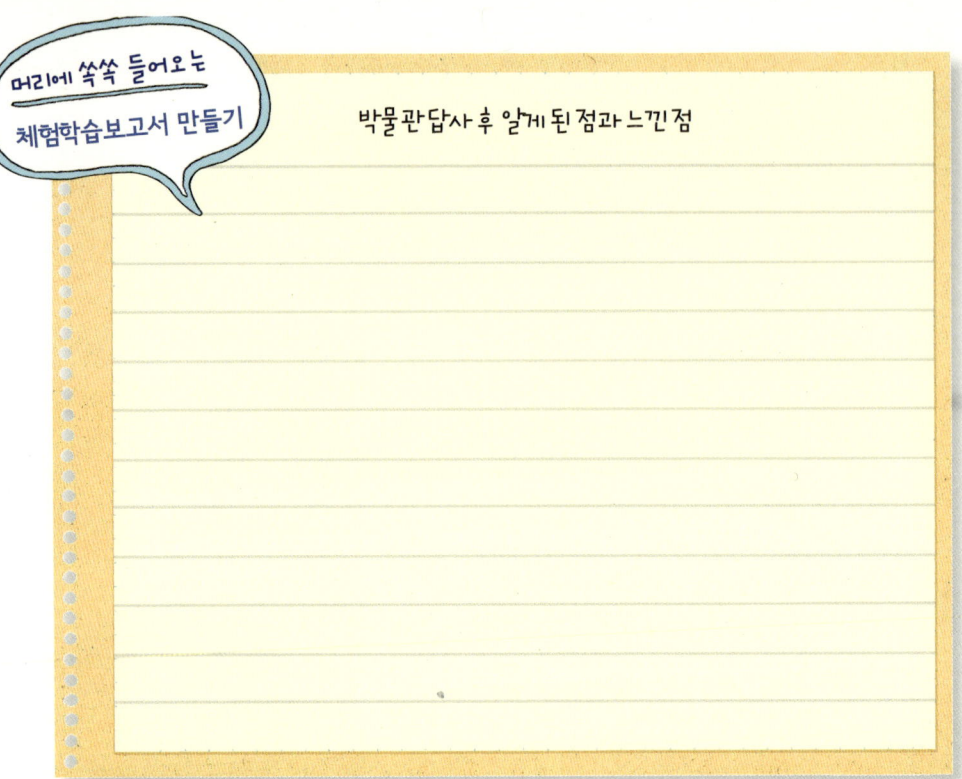

다음 보고서를 참고해서 체험학습보고서를 작성해 보세요.

국립중앙박물관 선사고대관-청동기실 체험학습보고서

체험장소	국립중앙박물관
체험날짜	2012년 3월 10일 토요일
관람코스	구석기실 … 신석기실 … 청동기실 … 고조선실 … 부여 · 삼한실

청동기시대의 주요특징 (관람을 통해 알게 된 사실)

1. 지배 계층, 피지배 계층의 생성

농사의 시작으로 잉여생산물 발생, 좋은 땅을 가진 자는 부를 축적하여 지배 계층이 되었으며 그렇지 못한 자들은 지배를 받는 피지배 계층이 되었다. 지배 계층은 무기를 만들고 전쟁을 벌여 잡아온 사람들을 노예로 만들었으며 더 많은 재산을 차지하기 위해 노력했고 나중에는 국가를 세우기도 했다.

2. 청동기시대의 농경
반달돌칼로 농작물을 수확했다. 벼농사가 시작되었으나 논에 물을 넣지 않고 바로 볍씨를 뿌렸다.

3. 민무늬토기
신석기시대의 빗살무늬토기와 달리 무늬가 없는 토기가 만들어졌으며 지역마다 그 모양이 조금씩 달랐다.

4. 고인돌
청동기시대에 지배 계층이 자신의 권위를 나타내려고 만든 무덤이다. 크기가 크고 웅장했다. 만드는 과정에서 수많은 인력이 동원되었을 것으로 추정된다.

5. 청동기를 사용한 지배 계층
청동으로 무기를 만든 지배 계층은 청동무기로 피지배 계층을 억눌렀다.

관람 후 느낀 점
계속 신석기시대처럼 평등했더라면 오늘날 풍요롭게 살 수 없었을 것이라고 생각한다. 평등한 사회는 풍요롭게 살기 위해 노력하지 않을 것이기 때문이다. 지배 계급과 피지배 계급으로 나뉘어져 죽고 죽이는 사회로 어쩔 수 없이 이동해야하는 것이 정답이라면 나는 가난하게 살지라도 계속 평등한 사회였으면 좋겠다는 생각을 해보았다. 짧은 경험이었지만 청동기시대를 자세하게 공부할 수 있어서 기뻤다. 국립중앙박물관은 계속 와도 또 오고 싶은 곳이다.

박물관 답사 후 알게 된 점과 느낀 점을 중심으로 간단하게 정리하는 보고서 형식입니다. 유물을 차근차근 공부하고 알게 된 내용을 정리함으로써 지식이 한 번 더 머릿속에 기억되는 효과를 얻을 수 있습니다.

국립중앙박물관 구석구석
고조선 탐방

교과서 여행 난이도 - 초등학교 4학년 이상

관련 교과
5-1 사회 1. 하나된 겨레
• 최초의 국가 고조선에 대하여 알아보자.

최초의 국가
고조선

Gojoseon
The First Korean State

교과서 연계학습 — 이렇게 공부해요

관련 교과(개정교과반영) 5-1 사회 1. 하나된 겨레 • 최초의 국가 고조선에 대하여 알아보자.
학습 과제 • 박물관에서 본 고조선에 대한 자료들을 조사학습을 할 때 활용해 보자.

국립중앙박물관 고조선실은 2009년 11월 3일에 신설되었습니다. 신화의 베일 속에 가려져 참모습이 우리에게 많이 알려지지 않았던 우리나라 최초의 국가 고조선! 가까운 국립중앙박물관에 고조선에 대하여 자세하게 공부할 수 있는 공간이 단독으로 마련되었다는 것은 역사를 사랑하는 한 사람으로서 너무나 기쁘고 고무되는 일이 아닐 수 없습니다.

뛰어난 청동기 문화와 농경사회를 바탕으로 강력한 왕권을 형성하며 멸망 후에도 한반도 남부지역에 문화적으로 지대한 영향을 미쳤던 고조선에 대하여 국립중앙박물관에 전시된 유물을 통해 살펴보겠습니다.

최초의 국가 고조선

단군신화의 의미

> 위서에서 이르길 단군왕검이 이천 명을 데리고 가, 아사달에 도읍하고 개국을 하니 그 이름이 조선이다. 그때와 같은 시기에 현재는 전해지지 않는 옛 역사서에서 이르길,
> 옛날에 하늘의 황제인 환인의 서자 환웅이 있어 항상 천하에 뜻을 두고 인간 세상을 몹시 바랐다. 환인은 환웅의 뜻을 알고 삼위태백을 내려다보며 널리 인간을 이롭게 할 만한 지라, 천부인 세 개를 주어 내보내서 세상을 다스리게 하였다.

환웅은 삼천 명의 무리를 이끌고 묘향산 신단수 아래로 내려와 이곳을 신시라 불렀다. 풍백, 우사, 운사를 거느리고 곡식, 수명, 질병, 형벌, 선악을 주관하고 무릇 인간의 삼백육십여 가지 일을 주관하여 인간세계를 다스려 교화시켰다. 이때 곰 한 마리와 호랑이 한 마리가 있어 같은 굴에 살았는데 항상 환웅에게 빌기를 사람이 되기를 원한다고 하였다. 이에 신령한 쑥 한 심지와 마늘 스무 개를 주면서 말하길, '너희들이 그것을 먹고 해를 백일동안 보지 않으면 인간의 형상을 얻을 수 있을 것이다.'라고 하였다. 곰과 호랑이는 그것을 받아서 먹었다.

삼칠일(21일)을 참아 곰은 여자의 몸을 얻었고, 호랑이는 참지 못하여 인간의 몸을 얻지 못했다. 웅녀는 그녀와 혼인하려는 자가 없어 항상 신단수 아래에서 아기가 배기를 기원했다. 이에 환웅은 잠시 인간으로 변하여 혼인하였더니, 웅녀가 임신하여 아이를 낳았다. 그리고 이 아이의 이름을 단군왕검이라 하였다.

중국 요임금이 즉위한 지 50년에 평양성에 도읍을 정하고 처음 조선이라 불렀다.

― 『삼국유사』, 일연

위에 등장하는 신화는 고려시대 승려인 일연의 『삼국유사』에 등장하는 단군신화입니다. 하늘에서 내려온 자손이 결혼하여 아이를 낳아 나라를 세웠다는 최초의 국가 고조선은 종교와 정치가 일치하는 제정일치사회였음을 의미합니다. 뛰어난 청동기 문화를 가진 세력들이 부족들(곰 부족과 호랑이 부족)을 통합해 나아가는 과정이 단군신화에 잘 드러나 있으며 널리 사람을 이롭게 한다는 그들의 정치사상의 일면도 함께 엿볼 수 있습니다.

고조선이 역사의 기록에 등장하는 시기는 기원전 7세기부터입니다. 고조선을 역사 속에 등장시켰던 중국인들은 고조선이라는 나라를 매우 용맹하며 사나운 민족이라 표현하고 있는 것으로 보아 고조선의 존재가 그들에게는 위협적인 존재였음을 짐작해 볼 수 있습니다. 고조선의 원래 이름은 '조선'이었지만 이성계가 세운 조선과 구별하기 위해 먼저 세워진 국가 조선을 '고조선'이라 부르게 된 것입니다.

고조선의 변천사

기원전 4세기 강력한 왕권 확립 … 기원전 2세기 위만 조선 건국 … 위만 집권 후 철기 문화 수용 … 기원전 108년 지도층의 내분과 한나라와의 충돌에 의하여 왕검성 함락 … 유민들이 한반도 남쪽으로 대거 이동

고조선이 역사의 기록 속에 등장하는 시기는 중국과의 교역사실이 기록된 기원전 7세기부터였습니다. 이 무렵에 쓰인 기록으로 보아 당시 고조선은 연나라의 동쪽, 요동지방과 한반도 서북지방에 걸쳐 있는 여러 집단을 묶어서 부르던 나라였습니다.

기원전 4세기경의 기록 속에는 뛰어난 청동기술과 탄탄한 농경사회를 바탕으로 성장한 연나라 동쪽의 유력한 세력을 가진 집단으로 묘사되기도 했습니다. 기원전 3세기경 주변 나라들의 영향으로 철기 문화가 전해지면서 고조선은 새로운 변화를 겪게 되고, 난방장치나 가옥, 무덤의 양식이 바뀌는 원인이 되었습니다. 철기가 보급되면서 철로 만든 무기나 장신구들이 만들어지기 시작했고 이는 청동기보다 더욱 센 위력을 나타내면서 지배층의 권위를 상징하게 되었습니다.

고조선은 기원전 4세기 말에서 3세기 초에 세력이 막강해진 연나라의 공격을 받아 넓은 영토를 잃었고 세력이 크게 위축되었습니다. 그러다 기원전 195년, 연나라 왕이 흉노로 망명하자 그를 따르던 위만이 무리 1,000여 명을 이끌고 고조선으로 들어왔습니다. 당시 고조선은 준왕이 집권하고 있었는데 위만을 신임하여 관직을 주고 일정의 땅을 통치하도록 임무를 맡겼습니다. 그러나 위만은 준왕의 신임을 저버리고 왕검성을 차지하면서 준왕을 몰아내고 왕이 되었습니다.

위만조선은 철기 문화를 적극적으로 받아들여 주변 지역을 활발히 정복해 나갔고, 중계무역으로 막대한 이익을 얻으며 세력을 키웠으나 기원전 109년, 전한 무제의 침공을 시작으로 1년 여간의 전쟁 끝에 결국 왕검성이 함락되고, 기원전 108년에 멸망하고 말았습니다.

고조선의 세력범위

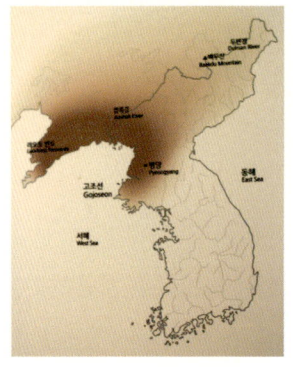

중국의 랴오닝 지역과 지린, 한반도의 서북지역이 고조선의 세력범위에 속했습니다. 그 먼 옛날 역사적 기록도 거의 남기지 않고 존재했던 고조선의 세력범위를 오늘날 사람들은 어떻게 알 수 있었을까요? 그것은 다른 나라에서는 사용하지 않았으나 고조선 사람들만 사용했던 유물들이 출토되는 향위를 연구해보면 알 수 있습니다. 국립중앙박물관 고조선실에 전시되어 있는 유물 중 'Made in 고조선'의 유물 세 가지를 살펴보도록 하겠습니다.

고조선만의 독특한 유물·유적 세 가지

비파형 동검

비파형 동검(왼쪽), 세형 동검(오른쪽)

음악을 연주하던 비파를 닮았다고 하여 비파형 동검이라고 불리는 이 동검은 고조선에서만 출토되는 유물입니다. 중국의 동검도 비파형 동검이지만 중국 동검과 고조선 동검에는 큰 차이가 있습니다. 고조선 동검은 칼날과 몸체가 분리되는 분리형 동검이며 중국 동검은 일체형 동검이었습니다. 비파형 동검은 후에 세형 동검으로 그 모양이 변화해갑니다. 세형 동검은 가느다랗고 뾰족하게 생긴 후기 고조선의 전형적인 동검이며 이후 한반도 전역에 퍼져나가 한국식 동검이라는 이름으로 불립니다. 세형 동검 역시 국립중앙박물관 전시실에서 그 모습을 확인할 수 있습니다.

탁자식 고인돌

고인돌은 청동기시대 지배자의 무덤입니다. 고조선식 탁자형 고인돌을 만들기 위해서는 장정 2,000명 이상의 노동력이 필요하다고 합니다. 지배자가 아니고서는 이 많은 인력을 동원하기 힘들었겠지요? 고인돌 안에서는 청동기시대 족장의 부장품들과 유물들이 많이 출토되고 있습니다. 그러나 지역에 따라서는 고인돌 내부에서 무덤의 흔적을 찾아볼 수 없는 고인돌도 있어 당시 제사를 지내던 장소로 사용되지 않았을까 짐작해 보게 하는 고인돌도 꾸준히 발견되고 있습니다.

고조선의 탁자형 고인돌

대한민국의 고인돌은 유네스코가 지정한 세계문화유산으로 등록되어 있으며 전 세계 거석문화의 중심에 대한민국이 우뚝 서 있습니다.

고조선의 전형적인 탁자식 고인돌은 구석구석 잘 연마한 덮개돌과 기둥돌이 특징입니다. 고조선의 탁자식 고인돌은 그 규모도 매우 거대하여 권력자의 지위를 가늠하게 하는 척도가 되어 주었습니다. 기둥돌을 세우고 그 위에 덮개돌을 넓적하고 거대하게 다듬어 올리는 고조선식 탁자형 고인돌은 고조선의 세력범위에서 발견되던 고인돌이었습니다. 고조선은 처음에 탁자식 고인돌 형식으로 무덤을 만들었으나 차츰 시대가 변해 가면서 나무목관묘로 무덤 형식이 바뀌어 가게 됩니다.

미송리식토기

바닥은 납작하며 위로 올라갈수록 주둥이가 벌어지는 모양을 하고 있는 토기는 고조선 영토에서만 발견됩니다. 양쪽에 입술 모양의 손잡이가 달린 이 토기를 '미송리식토기'라고 부릅니다. 오늘날로 치면 단순하지만 유려한 디자인적 요소가 가미된 매우 아름다운 토기라 하겠습니다.

위에 출토된 고조선의 비파형 동검, 탁자식 고인돌, 미송리식토기가 출토된 지역을 조사해 보면 당시 고조선의 영토의 범위를 짐작해볼 수 있습니다. 기록이 부족한 시대의 역사는 이렇게 유물과 유적의 분포를 바탕으로 연구할 수 있는 것이랍니다.

제정일치사회의 고조선의 지배자들

청동기를 사용하며(후에 철기로 변화) 농사를 짓고 살았던 고조선은 제사와 정치가 일치하는 제정일치사회였습니다. 신의 계시를 받은 자가 바로 정치세력의 중심으로 나설 수 있었겠지요? 그래서 지배자들이 지니고 다녔던 부장품들도 종교적인 의미를 내포했던 것들이 많았습니다. 지배자들의 부장품들을 국립중앙박물관 고조선관에 전시된 전시물을 통해 한번 살펴보도록 합시다.

고조선의 청동거울

청동거울

청동으로 된 거울은 얼굴을 비춰 보기 위한 거울 자체로서의 기능보다는 지배자의 목에 걸어 햇빛이 비출 때 번쩍이는 광이 나도록 하는 기능이 더 큰 의미가 있었습니다. 사진에서 위에 있는 거울은 오랜 시간이 흐른 후 색이 변해버린 청동거울이나 원래 청동거울의 모습은 아래와 같은 형태로 사용되었답니다. 커다란 청동거울에서 광채가 나면 수많은 피지배자들은 하늘의 계시와 신령스러운 모습 그 자체라 생각하고 머리를 조아렸을 것입니다. 지배자의 권력을 과시하기 위한 멋진 부장품이었겠지요?

고조선의 마차

다음 페이지 위 그림은 고조선의 지배자들이 타고 다녔을 것으로 짐작하는 마차입니다. 그림 속에 등장하는 유물들도 국립중앙박물관에서 함께 전시하고 있습니다. 이 화려한 마차를 타고 수도 왕검성의 넓은 길을 질주했던 당시 권력자들의 화려한 모습을 상상해 보면 고조선의 발전 정도를 짐작해 볼 수 있을 것입니다.

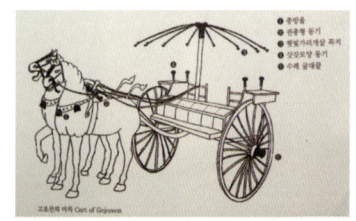

고조선의 지배층이 탔던 마차

삿갓 모양의 동기

마차의 양쪽을 장식하던 삿갓 모양의 동기입니다. 마차 사진을 잘 살펴보면 이 동기를 발견할 수 있습니다. 청동이나 금동으로 만들어 그 화려함도 지금 못지않았다고 하니 고조선의 지배자들의 권력이 얼마나 대단했는지 짐작이 가고도 남습니다. 이 삿갓동기는 중국의 마차에서는 발견된 적이 없는 고조선만의 독특한 디자인이어서 특별함을 더합니다.

삿갓 모양의 동기

법률로 나라를 다스렸던 고조선

고조선의 지배자들은 위만이 집권한 후 8조의 법률을 제정하여 나라를 다스리게 됩니다. 8조법 내용 중에서 오늘날 우리에게 알려진 내용은 다음과 같습니다.

> **고조선 8조법**
> 사람을 죽인 자는 사형에 처한다.
> 남을 다치게 한 자는 곡식으로 갚는다.
> 남의 물건을 훔친 자는 종으로 삼으며 만약 용서를 받으려 한다면 돈을 내야 한다.

당시 사람을 죽인 자에게 사형을 선고했다는 것은 개인의 삶과 생명을 소중하게 생각했다는 것을 알 수 있고, 남을 다치게 하거나 상처를 입힌 자에게 곡식으로 그 죄를 갚으라 한 것을 보면 농경이 일반화되어 있던 때라는 사실을 유추할 수 있습니다. 또, 남의 물건을 훔친 자는 종으로 삼는다는 조항으로 보아, 노비가 존재하는 계급사회였음을 짐작할 수 있습니다. 고조선 8조법은 고조선이 엄연히 개인의 재산을 인정하고, 피지배 계층과 지배 계층으로 신분이 나눠져 있다는 사실과 죄의 경중에 따른 형벌이 존재했음을 보여주는 귀중한 자료입니다.

고조선시대에 사용하던 화폐

현재 우리가 사용하는 화폐와 비교해 보면 정말 특이한 모양을 가지고 있죠? 칼 모양으로 만들어진 이 화폐에는 그림인지 문자인지 알 수 없는 것이 새겨져 있는데 화폐의 금액을 나타낸 것으로 보는 견해가 있습니다.

고조선시대에 사용했던 화폐, 명도전

명도전이 발견된 곳은 대략 60여 군데인데 그중 절반 정도가 옛 고조선이 있던 지역입니다. 명도전은 주로 50개씩 묶여서 커다란 단지 속에 묻혀 발견되는 경우가 많은데 대표적인 유적지는 평안북도 영변군입니다. 명도전이 출토된 유적에서 철기류의 물건들이 함께 발견됨으로써, 우리나라의 철기 사용을 짐작할 수 있으며 중국과 교역했다는 것도 짐작해 볼 수 있습니다.

공무도하가(公無渡河歌)
公無渡河 (공무도하) 임이여 물을 건너지 마오,
公竟渡河 (공경도하) 임이 그예 물을 건너시네,
墮河而死 (타하이사) 물에 빠져 돌아가시니,
當奈公何 (당내공하) 임이여, 이 일을 어찌할꼬

배경설화 '공후인'은 조선의 진졸(津卒) 곽리자고의 아내 여옥이 지은 것이다. 곽리자고가 새벽에 일어나 배를 저어서 가는데, 머리가 흰 미친 사람(백수광부, 白首狂夫)이 머리를 풀고, 병을 들고 어지럽게 물을 건너 가니, 그 아내가 쫓아가며 말렸다. 그러나 그 남자는 듣지 않고 물에 빠져 죽었다. 이에 그 아내는 공후(서양의 하프와 같은 중국 전통 현악기)를 타며 공무도하의 노래를 지으니, 소리가 매우 구슬펐다. 노래가 끝나자 그녀도 스스로 몸을 던져 물에 빠져 죽었다.
곽리자고가 돌아와 그 아내 여옥에게 그가 본 광경과 노래를 이야기해 주었는데, 여옥이 슬퍼하며 공후를 안고 그 소리를 본받아 타니 듣는 자가 모두 슬퍼했다. 여옥은 그 소리를 이웃 여자 여용에게 전하니 이를 일컬어 『공후인』이라 한다.

위 노래는 우리 부모님들이 고등학교 문학 교과서에서 다루어 보았던 『공무도하가(公無渡河歌)』입니다. 이 노래가 고조선의 노래라는 것은 우리가 너무도 잘 알고 있지요. 배경 설화를 보면 백수광부의 아내가 남편을 잃은 슬픔에 공후를 타며 구슬픈 노래를 지어 부르는 대목이 나오지요. 이들은 평민이었습니다. 그런데 공후와 같은 고급 악기를 연주하는 삶을 누린 것을 보면 고조선의 평민들도 문화생활을 향유하며 수준 높은 삶을 누렸던 것으로 짐작해 볼 수 있습니다.

고조선의 멸망과 문화의 전파

고조선은 결국 기원전 108년에 수도였던 왕검성이 한나라에게 함락되면서 멸망하게 됩니다. 고조선을 멸망시킨 한나라가 다시는 고조선과 같은 강력한 나라가 들어서지 못하도록 평양 부근에 설치한 4군 중 하나가 바로 우리가 '호동왕자와 낙랑공주' 이야기를 통해 잘 알고 있는 낙랑군입니다. 하지만 우리 민족이 어떤 민족입니까. 강력한 철기 문화를 소유했던 고조선의 유민들은 멸망 후 한반도 남쪽으로 이동하여 우리나라의 철기 문화를 꽃피우는데 큰 영향을 미친답니다. 멸망한 고조선 유민들의 흔적은 지금도 곳곳에서 찾아 볼 수 있습니다.

가평 달전리에서 출토된 움무덤(위), 고조선의 전형적인 배부른 단지(아래)

북한강 유역 가평 달전리 유적 움무덤은 전형적인 고조선 형식의 무덤이며 출토된 유물도 모두 고조선시대에 사용하던 것과 일치합니다. 국립중앙박물관 고조선실에서 관련 유물도 모두 함께 관람할 수 있습니다.

『삼국사기』 기록에서도 조선의 유민들이 흩어져 여섯 마을을 이루고 살았다는 기록이 남아있습니다. 비록 나라는 멸망했지만 그들이 남긴 문화를 이어받아 계승하고 발전시키면서 우리는 고조선이라는 우리 민족의 뿌리를 지금껏 소중하게 간직해 올 수 있었던 것입니다.

국립중앙박물관 구석구석
부여·삼한 탐방

교과서 여행 난이도 - 초등학교 4학년 이상

관련 교과
5-1 사회 1. 하나된 겨레
- 고조선 이후 등장한 국가들에 대하여 알아보자.

> **교과서 연계학습** 이렇게 공부해요
>
> **관련 교과(개정교과반영) 5-1 사회** 1. 하나된 겨레 • 고조선 이후 등장한 국가들에 대하여 알아보자.
> **학습 과제** • 철이 등장하면서 사회가 어떻게 변화하는지 알아보자.

철의 등장과 고조선 이후에 등장한 국가들

옆 사진 속에 등장하는 나라들의 공통점은 무엇일까요?

첫 번째, 고조선이 멸망한 이후에 세워진 국가들입니다. 북으로는 부여와 고구려가, 아래로 내려오면서 동해안을 끼고 옥저와 동예가, 그리고 남쪽으로 마한, 진한, 변한이 있습니다.

두 번째, 강력한 철기 문화를 바탕으로 세운 국가입니다. 철은 청동기를 바탕으로 세운 고조선에 전해져 멸망한 이후에 이 나라들을 세우는 근간이 되었습니다.

세 번째, 각각 독립된 국가를 이루며 나라 간에 외교활동을 했습니다.

고조선 이후에 등장한 국가들

부여

부여는 고구려가 건국되기 훨씬 전부터 철기 문화를 바탕으로 북방을 장악하던 나라였어요. 처음에는 작은 규모로 출발했으나 점차 작은 나라들을 복속해 나가며 든든한 연맹왕국 체제를 형성하였습니다.

부여는 12월에 영고라는 축제가 성대하게 열렸습니다. 12월, 본격적인 사냥을 시작하는 시기에 공동수렵을 행하던 전통을 계승하는 축제였습니다. 축제가 열리면 모든 읍락민들이 모여 춤과 노래를 즐겼으며 죄수를 석방하기도 하였습니다.

부여 사람들은 흰 옷을 즐겨 입었고 순장하는 풍습도 있었다고 합니다.

옥저의 손잡이 항아리

옥저

해안이 가까웠던 옥저의 사람들은 고구려에 소금, 해산물 등의 조공을 바치며 지냈으며 전해지는 옥저의 대표적인 풍습으로는 민며느리 제도가 있습니다. 옥저는 동예와 더불어 고구려의 간섭이 심해 통일된 국가의 형태를 이루지 못했으며, 족장 중심의 부족국가의 형태에서 벗어나지 못하다가 서서히 멸망의 길을 걷게 되었습니다.

동예의 토기, 바리

동예

동예에서는 마을을 산과 하천을 경계로 구분하고 함부로 다른 구역에 들어가면 소나 말 등으로 배상하는 '책화(責禍)'라는 풍습이 있었습니다. 또, 같은 씨족끼리는 혼인하지 않는 풍습(족외혼)이 존재했으며 병을 앓거나 사람이 죽으면 살던 옛 집을 버리는 풍습도 있었다고 합니다. 동예의 사람들은 주로 농사를 지어서 생활했으며 양잠을 하거나 명주를 만드는 방직기술이 발달하여 옷감을 만들기도 했습니다. 동예의 사람들은 농사의 풍흉을 점치기 위해 별자리를 관찰했으며, 매년 10월에는 하늘에 제사를 지내고 음식과 술을 즐기며 노래를 부르고 춤을 추는 제천행사 무천(舞天)을 시행했습니다.

삼한

삼한은 발달된 철기 문화를 바탕으로 형성된 초기국가입니다. 국립중앙박물관에는 이때 사용했던 농기구들이 전시되어 있습니다.

철은 비교적 가공하기가 쉬웠기 때문에 농기구로도 많이 제작할 수 있었습니다. 철은 농사에 놀랄 만한 변화를 가져왔답니다. 툭하면 부러지고 깊이 땅을 팔 수도 없었

삼한의 철제 무기들(왼쪽)과 철제 농기구, 가래(오른쪽 위),
철제 허리띠고리(오른쪽 아래)

던 석기 농기구와 견주면 철제 농기구들은 땅도 쑥쑥 잘 파지고 곡식도 쓱싹쓱싹 잘 베어졌을 뿐만 아니라 잘 고장 나지도 않았습니다. 덕분에 적은 노동력으로도 많은 땅의 농산물들을 경작할 수 있게 되어 수확량도 비교할 수 없을 만큼 늘어났습니다. 풍부한 잉여생산물은 바로 국가의 성립으로 이어지는 밑바탕이 되었습니다.

삶의 여유가 생기면 자연스럽게 생활수준도 높아지게 되지요. 위의 삼한시대 철제 허리띠를 보면 삼한시대의 것이라고 믿어지지 않을 만큼 정교하고 아름답습니다.

뿐만 아닙니다. 삼한시대의 것으로 출토된 말갖춤을 보면 말의 입에 물리는 재갈의 부속품치고는 상당히 아름답고 화려합니다. S자로 유려하게 떨어지는 맵시에 가늘게 굽은 장식품들이 품위를 더합니다.

삼한의 말갖춤

옆은 가야금의 원형으로 보이는 복원된 삼한의 현악기입니다. 대중적으로 음악을 즐겼다는 것은 그만큼 수준 높은 문화를 누렸다는 뜻이겠지요?

부여와 삼한은 역사의 긴 소용돌이 속에서 본다면 찰나에 지나지 않을 만큼 짧은 기간을 성장하다 사라져간 나라입니다. 그러나 이러한 초기 철기 국가의 존재는 후에 강력한 중앙집권국가로 성장하는 밑거름이 되었습니다. 우리가 이들의 존재를 주목해야 하는 이유이기도 합니다.

삼한시대의 현악기(왼쪽),
삼한의 정교한 옥꾸미개(오른쪽)

여기를 추천해요.

마이타이

🏠 서울특별시 용산구 이태원동 123-18번지 • ☎ 02-794-8090

탤런트 홍석천 씨가 이태원에 오픈한 퓨전 태국음식점입니다. 예술적인 감각의 실내 인테리어와 소박한 이태원 거리를 조망하는 아름다운 테라스는 음식을 먹기도 전에 여행하는 기분을 충분히 만끽하게 해줍니다. 정통 태국 음식에 가깝다기보다는 퓨전 태국 요리를 표방하기 때문에 향신료 맛에 적응하기 힘든 아이들에게 좋습니다.

시원하게 숙주를 얹어낸 쌀국수는 고소한 고기 국물과 어우러져 담백하면서도 깔끔한 맛을 자랑합니다. 한적한 오후에 태국 전통 음료 한 잔을 시켜 놓고 잠시 여유를 즐겨보는 것도 이태원을 제대로 즐기는 방법 중 하나가 될 것입니다.

마이타이(위)
마이타이의 팟타이(아래)

문타로

🏠 서울특별시 용산구 한남동 683-124 • ☎ 02-796-7232

일본식 숯불 꼬치구이 전문점입니다. 대부분의 일본 음식점이 그러하듯이 오후 4시가 넘어야 문을 엽니다. 음식점 업종별로 분류할 때 이곳은 주점에 해당하는 곳이기 때문에 가족과 함께 간다면 이른 저녁 시간에 방문하는 것이 좋습니다. 일본의 선술집을 떠올리는 자그마한 공간이지만 대부분 음식들이 워낙 맛이 좋아 단골손님도 많은 편입니다. 입안에서 살살 녹는 메로구이와 바삭한 맛이 일품인 치킨, 그리고 나가사키 지역의 전통 면요리인 나가사키 해물탕이 추천 메뉴입니다. 특히 나가사키 해물탕은 진한 국물 맛에 깔끔한 뒷맛이 일품이며 이국적인 메뉴이지만 우리 입맛에도 잘 맞습니다.

바삭한 맛이 일품인 문타로의 치킨

고암식당

🏠 서울특별시 용산구 이태원동 123-3 • ☎ 02-796-1813

이태원에는 유명한 부대찌개 전문점이 두 군데 있습니다. 바다식당과 고암식당이 그곳입니다. 바다식당은 기름지고 진한 국물 맛을 자랑하며 부대찌개라 부르지 않고 존슨탕이라고 부릅니다. 이에 비해 고암식당은 해산물로 맛을 낸 깔끔하고 개운한 맛을 자랑하는 부대찌개 전문점입니다. 역시 해밀턴호텔 뒤편 맛집 골목에 있습니다. 이국적인 음식에 거부감이 있거나 집에서 먹는 밥맛이 그리운 분들에게 추천합니다. 가정식 맛집이기 때문에 아이들과 함께 방문해도 좋은, 편안하고 넉넉한 분위기입니다.

담백하고 시원한 국물맛이 일품인 고암식당의 부대찌개

파타야

🏠 서울특별시 용산구 이태원동 116-14 • ☎ 02-793-4888

다른 태국 음식점들과는 달리 태국 현지 요리사가 직접 요리하는 태국 전통 스타일에 가까운 태국 음식점입니다. 역시 해밀턴호텔 뒤편 맛집 골목에 있으며 실제 태국을 여행하는 듯한 착각이 들만큼 인테리어가 꾸며져 있습니다. 퓨전 음식과는 달리 태국 현지 음식에 가깝게 만들기 때문에 태국식 향신료 맛에 민감한 분들에게는 색다른 경험이 될 것입니다. 개인적으로 태국 음식을 아주 좋아하기 때문에 매우 선호하는 식당이기도 합니다.

　매콤한 맛을 즐기는 분이라면 새콤하면서도 매콤한 얌운센 한 접시에 밥을 곁들여 먹거나 맵게 볶은 카오펫탈레(매운 해산물 볶음) 한 접시에 밥을 곁들여 먹는 것도 좋은 방법입니다. 팟타이, 꿰띠아우와 같은 대중적인 태국 음식도 모두 맛있습니다. 색다른 음식과 더불어 태국의 음식 문화를 체험해 보고 싶은 분들에게 추천합니다.

파타야의 카오펫탈레

옛날 사람들은 어떻게 살았을까
국립민속박물관

교과서 여행 난이도 - 초등학생 이상

관련 교과
3-1 사회 3. 고장의 생활과 변화
• 옛날의 생활도구와 그 속에 담긴 조상들의 지혜와 슬기를 찾아보자.
5-1 사회 3. 유교전통이 자리 잡은 조선
• 조선시대 사람들의 여가 생활에 대하여 알아보자.

관람 정보

🏠 서울특별시 종로구 삼청로 37 • ☎ 02-3704-3114 • www.nfm.go.kr

자가용 • 경복궁 주차장 이용(유료)
대중교통 • 버스 • 마을버스 11, 8000
• 지하철 • 3호선 안국역 1번 출구, 5호선 광화문역 2번 출구

※ 안드로이드 마켓에서 '국립민속박물관'을 검색하면 애플리케이션을 무료로 다운로드 받아 활용할 수 있습니다.

관람 안내

3월~10월	11월~2월
09:00 ~ 18:00 , 17:00 까지 입장	9:00 ~ 17:00 , 16:00 까지 입장

※ 5~8월 토요일·일요일·공휴일 09:00~19:00, 18:00 까지 입장 / **휴관일** 매주 화요일 , 1월 1일

요금 안내

입장료 무료 (경복궁은 유료관람)

교과서 연계학습 — 이렇게 공부해요

관련 교과 5-1 사회 3. 유교전통이 자리 잡은 조선 • 조선시대 사람들의 여가 생활에 대하여 알아보자.
학습 과제 • 조선시대 사람들은 어떻게 생활하였는지 유물과 모형을 통해 상상해 보자.

옛 조상들이 살았던 삶의 발자취를 따라가 보는 것은 과거를 통해서 현재 우리의 모습을 돌아보고 미래를 위해 더 나은 삶을 준비할 수 있다는 의미에서 매우 중요한 과정이라고 생각합니다. 민속과 관련해서는 초등학교 전 학년에 걸쳐 골고루 다뤄지는 부분이고, 특히 개정교육과정에서는 민속을 저학년부터 학습할 수 있도록 개편하면서 구체적인 체험활동을 통해 자세하게 공부하는 것이 무엇보다 절실하게 필요합니다.

국립민속박물관은 각 전시실마다 정해진 테마를 바탕으로 선사시대부터 현대까지 우리의 생활모습이 어떻게 변화해 왔는지 관찰할 수 있도록 꾸몄습니다.

1전시실 - 한민족 생활사

1전시실 테마는 한민족 생활사입니다. 이곳은 선사시대부터 현대에 이르기까지 시간의 흐름에 따라 민족의 생활사를 둘러볼 수 있는 자료들이 전시되어 있는 공간입니다. 중요한 전시물 몇 가지를 자세히 살펴보면서 당시 우리 조상들의 생활모습은 어떠했는지 자세히 들여다보기로 해요.

농경문 청동기

농경문 청동기의 진품은 국립중앙박물관에 소장되어 있습니다. 농경문 청동기를 자세히 들여다보면 나뭇가지에 앉은 새의 모습과 벌거벗은 채 밭을 갈고 있는 남자의 모습이 새겨져 있습니다. 청동기시대의 청동제품들이 대부분 주술적인 제사 용도로 쓰였음을 미루어 짐작해볼 때, 이 농경문 청동기도 농사가 잘 되기를 바라는 주술적 의미를 내포하고 있음을 알 수 있습니다. 남자가 갈고 있는 밭의 모양은 당시 청동기시대의 것으로 추정되는 밭의 모양과 매우 흡사합니다.

청동기시대 마을 모습

국립민속박물관에 전시된 청동기시대 마을 모형은 현재까지 발굴된 유적이나 유물 등을 토대로 하여 당시의 마을생활 모습을 추정하여 모형으로 만든 것입니다.

마을은 안전을 위해 마을을 둘러싸는 뾰족한 목책을 두르고, 마을로 들어오는 길에는 길게 도랑을 파 역시 목책을 세움으로써 적들의 침입에 대비했습니다. 적들의 동태를 살피기 위해 높다란 망루도 설치했습니다.

낮은 구릉지대에 움집이 모여 있는 것으로 보아 청동기시대 사람들이 좋아하던 주거지역에 대해서도 짐작해 볼 수 있습니다. 이 밖에도 청동기인들이 사용했던 청동제 의기, 청동제 무기, 농사를 위한 간석기, 다양한 종류의 민무늬토기와 토기를 구워내

청동기시대 마을의 모습

는 가마터, 가축을 키우는 공간, 마을의 공동우물, 논과 밭 등 청동기시대 마을의 이모저모를 짐작해 볼 수 있습니다.

해방 이후의 생활, 부엌에서 주방으로

예부터 한국 여성들이 가장 많이 머무르는 공간이었던 부엌은 전통적으로 내부 공간에서 분리되어 조리와 난방을 하는 독립된 공간으로 늘 장작을 때어 시커먼 그을음이 가득했던 부엌의 모습이었습니다. 1960년대 이후에는 아파트 생활이 보급되면서 부엌은 삶의 공간과 분리되지 않고 함께 하는 주방으로 탈바꿈하게 됩니다. 또, 아궁이와 연탄을 연료로 쓰는 대신 가스와 전기가 보급되면서 다양한 전자제품이 부엌의 필수품으로 자리 잡게 되었고, 현대에는 컴퓨터 시스템이 도입되어 점점 스마트한 기능을 가진 부엌으로 진화하고 있습니다.

연탄을 사용하던 부엌의 모습

2전시실 - 한국인의 일상

2전시실은 봄, 여름, 가을, 겨울 일 년을 주기로 반복되는 농경생활의 모습과 계절변화에 따라 삶을 살아온 조선시대 사람들의 생활상이 전시되어 있는 공간입니다.

봄-나물채취

나물채취도구

봄에는 온 마을 사람들이 본격적으로 일 년 농사를 위한 준비를 시작합니다. 농촌에서는 논과 밭을 갈고 거름을 주어 농작물을 파종했고, 어촌에서는 어부들이 안전하게 항해를 하고, 물고기가 많이 잡히기를 바라는 마음을 담아 신에게 비는 고사를 지내기도 했습니다.

지금도 봄이 되면 냉이, 쑥, 달래 등 여러 가지 산나물들이 시장에 나와서 겨우내 잃었던 입맛을 돋워주는 음식재료로 사랑을 받고 있는데, 당시에도 봄나물은 움츠려 있던 기운을 북돋워주는 음식이었습니다. 하지만 보리가 수확되기 전까지는 집집마다 곡식이 바닥나 있는 상태였기 때문에 궁핍하고 배고픈 날들이 이어질 수밖에 없었습니다. 우리 조상들은 봄이 되면 배고픔을 달래기 위해 산으로 들로 나물을 뜯고 나무뿌리를 채취하기 위해 돌아다녀야 했습니다. 2전시실에서는 당시 나물을 캘 때 사용하던 도구들이 전시되어 있습니다.

여름- 여름 방안 풍경

1년 중 가장 고된 농사일을 해야 했던 여름에는 노동의 힘겨움을 달래는 풍습이 여러 가지 있었습니다.

사진은 조선시대의 여름철 방안 풍경입니다. 내정마루 너머 탁 트인 마루에는 대나무 발을 드리워서 청량감을 더했고, 나무로 얽어 만든 베개, 안고 자는 용도로 쓰이는 시원한 죽부인으로 더운 여름밤을 견뎠습니다.

여름옷은 바람이 잘 통하고 땀을 잘 흡수하는 모시나 삼베로 지어 입었는데 아낙들은 여름이 되기 전에 모시풀과 삼의 줄기로 실을 만들어 베틀로 정성껏 옷감을 짰습니다.

가을- 수확과 운반

가을은 24절기 중 입추(立秋, 8월 8일 경)부터 상강(霜降, 10월 23일 경)에 이르는 시기로 풍요로운 수확의 계절입니다. 이때는 벼를 비롯하여 콩, 옥수수, 팥, 메밀, 목화 등을 수확하는데 특히 벼는 화폐와 같은 용도로 사용되었으므로 가장 중요한 작물 중에 하나였습니다.

수확한 곡식을 운반했던 지게

수확한 벼는 줄기에서 벼의 낱알을 털어내는 타작작업을 거쳐 볏짚으로 만든 섬에 넣어 집으로 가져왔습니다. 수확한 곡식들은 대부분 사람이 직접 날랐는데 이 때 사용한 도구 중 하나가 지게입니다. 운반한 벼는 껍질을 벗기는 도정작업을 마쳐야 비로소 먹을 수 있는 형태로 만들어졌는데 매우 섬세한 작업이어서 주로 아낙들이나 노인들이 서로 도와가며 일했습니다.

도정작업을 거친 곡식은 먼저 감사의 의미로 조상님께 바치는 제사를 지내는데 쓰이고, 나머지는 세금으로 관아에 내거나 소작료를 지급하거나 시장에 내다 팔아 필요한 물품을 사는데 사용했습니다. 또, 남은 곡식과 채소는 겨울 동안 먹을 수 있도록 보관하는 것을 끝으로 한 해의 농사를 마무리했습니다.

겨울- 솜옷 만들기

농사를 마무리하고 나면 본격적으로 추운 겨울을 대비하는 겨울나기를 준비합니다. 문에는 찬바람이 들어오지 못하도록 새로 창호지를 바르고, 곡식이 있는 창고에는 쥐가 들어오지 못하도록 벽을 메우고, 가을걷이를 끝내고 남은 볏짚을 이용하여 지붕을 보수합니다. 겨울은 이렇게 새로운 봄, 여름, 가을을 대비하는 계절이었습니다.

봄이 오고 다음 추수를 맞이할 때까지 끼니를 때우려면 곡식이나 음식물을 오랫동안 보관해야 했는데 우리 조상들은 콩으로 된장, 간장, 고추장 등 장류를 담그고, 겨우내 싱싱한 비타민을 섭취하기 위해 김장을 담그는 등 겨울에도 골고루 영양소를 공급할 수 있는 여러 가지 방법을 생각해냈습니다. 겨울에는 종종 부족한 열량을 채우기 위해 산에서 꿩이나 멧돼지를 사냥하기도 했습니다.

아기자기하게 예쁜 누비버선

추운 날씨를 이겨내기 위해 우리 조상들은 옷감 사이에 솜을 넣어서 입고 다녔습니다. 솜을 넣을 때에는 옷감 안에서 뭉치지 않도록 고루 펴서 누빔질을 했는데 누비옷은 모양새가 아름다울 뿐만 아니라 실용적인 측면까지 고려한 조상들의 슬기로움을 엿볼 수 있는 물품입니다.

3전시실 - 한국인의 일생

3전시실은 인간이 태어나서 생을 마감할 때까지, 인생의 희로애락을 담은 전시실입니다. 특히 조선시대 사대부 집안의 성장사를 중심으로 전시되어 있습니다.

돌잔치

삶의 첫 단추를 꿰는 돌잔치

돌은 아이가 태어나 1년이 되는 첫 생일로, 예전에는 아기들이 돌이 되기 전에 죽는 경우가 많아 1년을 살아준 것에 감사하고 아이의 남은 앞날을 기원해주기 위해 돌잔치를 했습니다.

돌상에는 주로 떡과 과일, 돌잡이 용품들이 올라가는데 백설기는 하얗고 순수한 신성함을 나타내고, 수수팥떡은 붉은 팥고물이 묻어있어 액운을 물리친다는 뜻으로 차려 놓습니다. 또, 돌잡이 용품으로는 큰 부자가 된다는 의미를 가진 쌀과 돈, 아이가 건강하게 오래오래 장수하며 산다는 뜻을 가진 국수와 무명실, 글을 잘 읽고 학문에 정진하여 훌륭한 문인이 된다는 의미를 가진 책과 붓, 요즘은 돌상에 없지만 무관에 진출하여 나라에 큰 공을 세우는 위인이 된다하여 활이나 화살도 돌상에 올려두었습니다. 조선시대에는 여자아이가 실패나 가위를 잡으면 바느질에 뛰어나다하여 가족 모두가 기뻐했다고 합니다.

조선시대 사람들의 여가 생활

현대인들이 이렇게 여가 생활을 즐기듯 조선시대 사람들도 여가 시간을 가졌습니다. 조선시대 사람들의 여가 생활은 신분에 따라서 차이가 있었어요. 양반들은 주로 일상에서 벗어나 자연을 벗 삼아 풍류를 즐겼습니다. 경치 좋은 정자나 야외에서 시를 짓거나 바둑, 장기 등을 하며 친목을 도모하기도 했습니다. 양반집 여성들은 거문고나 대금 등 악기연주에 심취하기도 했으며 사군자와 같은 그림을 그리고, 수를 놓거나 책을 읽으며 여가를 즐겼습니다.

일반 상민들의 여가 생활은 조선시대 화가 김홍도의 그림에서도 자세하게 살펴볼 수 있습니다. 상민들은 주로 장터나 마당에서 씨름, 고누, 윷놀이 등을 하며 여럿이 함께 모여 여가 시간을 즐겼습니다.

장례

조선시대에는 부모가 돌아가시면 3년 동안 의례(儀禮)를 행했다고 합니다. 당시는 유교적인 윤리가 인간사의 모든 일에 관여하던 때여서, 특히 부모의 죽음은 자식들이 평생 마음을 다해 기리는 것으로 효를 행해야 했습니다.

사람이 죽으면 시신을 깨끗이 닦고 옷을 입혀주었는데, 그 옷을 수의(壽衣)라고 합니다. 수의는 보통 죽은 이가 살아생전에 입던 옷으로 대신하는 경우가 많았지만, 새로 마련하는 경우도 있었습니다. 주로 부모님의 수의는 미리 만들어두었는데 이렇게 미리 수의를 준비해두면 부모가 오래 산다고 믿었기 때문입니다.

옛날부터 우리 조상들은 집자리나 산소자리를 고를 때 매우 신중하게 선택했습니다. 좋은 자리에 산소를 마련하면 자손 대대로 그 기운을 이어받아 번창하게 된다는 생각을 했기 때문입니다. 또, 무덤 안에는 살아생전에 죽은 이가 아끼던 물건이나 살아있을 때 해주지 못했던 물품들을 넣어 사후세계에서도 잘 지내기를 빌어주었습니다.

다음 보고서를 참고해서 체험학습보고서를 작성해 보세요.

국립민속박물관 체험학습보고서

체험장소	국립민속박물관	체험날짜	2012년 5월 14일 토요일

체험동기 3학년 교과서에 조상들이 사용하던 생활도구가 나온다고 말씀드렸더니 국립민속박물관에 가면 교과서에 나오는 많은 생활도구들을 직접 볼 수 있다고 하셨다. 동생들과 함께 국립민속박물관을 방문할 계획을 짜고 부모님께서 한가한 날을 골라 방문해보았다.

체험한 내용과 느낀 점 제일 먼저 눈에 띈 유물은 농경문 청동기였다. 청동기시대 밭의 모양을 알 수 있게 정교하게 만들어진 청동기시대의 유물이다. 예전에 국립중앙어린이박물관에서 농경문 청동기의 모형을 본 적이 있었는데 실제로 만나보니 매우 신비로웠다. 봄, 여름, 가을, 겨울을 주제로 조상들의 생활모습을 잘 알 수 있게 전시한 부분도 마음에 들었다.

특히 봄철에 나물을 캐며 배고픔을 이겨냈던 우리 조상들의 모습을 보니 가슴이 찡해왔다. 한 끼만 못 먹어도 배가 고픈데 보릿고개라는 힘든 삶을 어떻게 버텨낼 수 있었을까?

여름철 조상들의 삶도 매우 지혜롭게 느껴졌다. 대나무의 시원한 성질을 이용하여 만든 죽부인과 토시와 같은 생활용품과 시원하게 바람이 잘 통하도록 만들어진 남부지방의 전통가옥의 모습, 달라붙지 않는 삼베와 모시로 만들어진 옷들을 보니 에어컨이 없이도 자연의 순리대로 더위를 이겨낸 조상들의 슬기에 감탄이 절로 나왔다. 또 가을 편에서는 수확을 위한 여러 가지 도구들도 재미있었고 겨울 편에서는 추위를 이겨내기 위해 갖가지 아이디어를 동원한 한복들의 생김새가 흥미로웠다. 국립민속박물관에 오니 교과서에 나오는 공부가 더욱 재미있게 느껴졌다.

여기를 추천해요.

백송설렁탕

🏠 서울특별시 종로구 창성동 153-1 ☎ 02-736-3565

이곳은 서울 토박이 음식 중 하나인 설렁탕을 제대로 만들어내기로 유명하며 서울토박이들에게는 이미 그 명성이 자자한 곳입니다. 최고 등급의 한우만 사용하여 국물이 담백하고 깔끔하며 고기 맛이 구수합니다. 설렁탕 가격이 한 그릇에 9,000원으로 비싼 편이지만 그럼에도 불구하고 진하고 맑게 퍼지는 국물 맛이 자꾸 생각나 자주 발걸음을 하게 되는 곳입니다. 실내는 오래된 서울 한옥을 개조하여 옛 양반집에 초대받은 느낌을 물씬 풍깁니다.

당당하게 동양평화를 외치다
안중근 의사 기념관

교과서 여행 난이도 - 초등학교 5학년 이상

관련 교과
5-2 사회
2. 새로운 문물의 수용과 자주독립
• 항일의병운동과 애국계몽운동을 알아보자.

관람 정보

🏠 서울특별시 중구 소월로 91 (남대문로 5가 471-2번지) ☎ 02-3789-1016
www.ahnjunggeun.or.kr

대중교통 • 버스 • 02, 03, 05, 402, 405
• 지하철 • 1호선 서울역 9-1번 출구, 시청역 8번 출구 / 402번 환승
3호선 충무로역 2번 출구/ 02번 환승(대한극장 앞), 동대입구역 6번 출구 반대방향 직진/ 02번, 03번, 05번 환승(국립중앙극장 방향)
4호선 회현역 5번 출구 / 402번, 405번 환승
5호선 광화문역 8번 출구 / 402번 환승(세종문화회관 앞)
6호선 한강진역 2번 출구 / 405번 환승

교과서 연계학습 — 이렇게 공부해요

관련 교과 5-2 사회 2. 새로운 문물의 수용과 자주독립 • 항일의병운동과 애국계몽운동을 알아보자.
학습 과제 안중근 의사의 일생을 전기문으로 작성해보자.

> 내가 한국독립을 회복하고
> 동양평화를 유지하기 위하여 삼년간 해외에서
> 풍찬노숙 하다가 마침내 그 목적을 이루지 못하고
> 이곳에서 죽노니
> 우리들 이천만 형제자매는
> 각각 스스로 분발하여 학문에 힘쓰고 산업을 진흥하여
> 나의 유지를 이어 자유독립을 회복하면
> 죽은 자 남은 한이 없겠노라
>
> 안중근 –동포에게 고함 중에서

당당하게 동양평화를 외치다 안중근 의사 기념관

남산에 있는 안중근 의사 기념관

지난 2010년은 안중근 의사가 중국 하얼빈 역에서 한국 침략의 우두머리 이토 히로부미를 저격하고 순국하신 지 100주년이 되는 해입니다. 안중근 의사의 순국 100주년을 추모하는 숭고한 분위기가 대한민국을 뜨겁게 달구었습니다. 여러분들은 안중근 의사에 대하여 얼마나 알고 있나요? 스산한 초겨울 바람도 뜨겁게 만들어 줄 안중근 의사에 대한 추모 열기는 남산에서 새롭게 개장한 안중근 의사 기념관에 오롯이 찾아 들었습니다. 그 마음을 그대로 가슴에 담고 안중근 의사 기념관으로 걸음을 옮겨 봅시다.

안중근 의사 동상

들어서는 입구에서 우리를 반기는 것은 안중근 의사가 이토 히로부미를 저격할 결심을 굳힌 다음 손가락을 잘라 피로 글씨를 쓴, 대한민국 깃발 아래 늠름히 앉아 계시는 안중근 의사의 동상입니다. 동상을 따라 걸음을 옮기면 안중근 의사가 태어날 당시 한국의 시대적 상황을 알 수 있는 사진들이 전시되어 있습니다.

격동의 세월 속에 일생을 보낸 안중근 의사

1876년 강화도조약에서 1905년 을사늑약까지 조선은 30년간 격동의 시기를 거쳐야 했습니다. 임오군변, 갑신정변, 동학농민전쟁, 청일전쟁, 을미사변, 러일전쟁 등을 거치며 일제는 노골적인 침략의 야욕을 드러냈습니다. 안중근 의사는 이 치열한 역사의 소용돌이 속에 홍역을 치르던 1879년 2월에 탄생하셨습니다. 안중근 의사가 태어날 당시 안중근 의사의 어머니와 아버지는 태몽으로 각각 북두칠성과 호랑이 꿈을 꾸셨다고 전해집니다. 안중근은 어수선한 정국을 피해 가족들이 선택했던 황해도 신천군 두라면 청계동이라는 작은 산골마을에서 성장하였습니다. 안중근은 이곳에서 글공부와 더불어 활을 쏘고 사냥을 하며 어린 시절을 보냈습니다. 그러다 열여섯 되던 해에 결혼을 하였습니다.

그 무렵 나라의 형편도 점점 더 어려워지고 있었습니다. 전라북도 고부군수 조병갑의 횡포를 견디다 못한 농민들이 동학군을 중심으로 관군과 맞서 싸웠고 이를 빌미로 일어난 청일전쟁으로 조선은 하루도 편할 날이 없었습니다. 이 무렵 안중근은 가톨

임오군변의 원인이 된 신식군대 별기군

릭을 받아들여 종교에 눈을 뜨게 되었습니다. 그리고 하나님의 가르침을 전도하며 '의를 행하는 것'과 '평화를 추구하는 것'에 대하여 배웠습니다. 날마다 나라를 걱정했지만 결국 1905년 이토 히로부미는 을사늑약을 체결하였고 안중근은 금강산으로 결사대를 조직하여 떠납니다. 엎친 데 덮친 격으로 아버지의 죽음까지 겪은 안중근은 마시던 술도 끊고 비장한 각오로 못다 한 효도를 조국을 위해 바치겠노라 다짐합니다.

안중근 의사의 단지

안중근 의사는 1909년 10월, 이토 히로부미가 동양침략계획을 협의하기 위해 북만주를 시찰할 계획이라는 소식을 접했습니다. 안중근 의사는 동료들 앞에서 손가락을 자르고 그 상처에서 흐른 피로 '대한민국'을 씀으로써 독립에 대한 의지를 불태웠습니다.

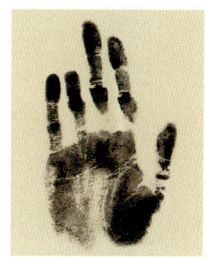

안중근 의사의 하얼빈 의거

1909년 10월 26일 하얼빈 역에서 여섯 발의 총성이 울렸습니다. 대륙침략의 원흉 이토 히로부미는 안중근 의사의 총탄에 맞고 쓰러져 목숨을 거두었습니다. 안중근 의사의 명예로운 의거는 전 세계를 감동시켰으며 침략자로서의 일본의 만행을 알리는데 큰 공헌을 했습니다. 당당하게 전 세계에 동양평화를 부르짖은 안중근 의사는 1910년 2월 14일 마지막 공판에서 사형을 언도받습니다.

교과서 깊이 알기 ①

안중근이 밝힌 하얼빈 의거의 이유

　　나의 의거 목적은 한국의 독립과 동양평화의 유지에 있었고 이토 히로부미를 살해하기에 이른 것도 개인적인 원한에 의한 것이 아니라 동양의 평화를 위한 것으로 아직 목적을 달성했다고 할 수 없기 때문에 이토를 죽여도 자살할 생각 따위는 없었다.

-하얼빈 의거 후 안중근 의사의 고백 중에서

참으로 당당하고 정의로운 고백이 아닐 수 없습니다. 치졸한 제국주의에 맞서 당당하게 동양의 평화를 외친 안중근 의사는 진정으로 대한제국의 의인입니다.

 ### 교과서 깊이 알기 ②

침략의 원흉 - 이토 히로부미

안중근 의사에 의해 하얼빈 역에서 저격당한 이토 히로부미는 어떤 사람이었을까요? 이토 히로부미와 조선의 악연은 1905년 대한제국에 대사의 자격으로 부임하면서부터 시작됩  니다. 당시 세계는 강한 제국이 약한 나라를 침략하여 식민지로 삼는 제국주의가 만연하던 시대였습니다. 이토 히로부미 역시 이 제국주의에 심취하여 조선을 발판으로 일본이 정치·경제적으로 아시아를 향해 뻗어나가기 위한 야욕을 드러냈으며 이를 조금씩 실행에 옮겼습니다.

　　1905년 11월 17일 덕수궁 수옥헌에서 조선의 운명을 결정짓는 중요한 어전회의가 열렸습니다. 조선의 주권을 일본에게 빼앗긴 치욕적인 '을사늑약'이 막 이루어지는 순간이었습니다. 외교권 박탈과 통감부 설치를 주 골자로 하는 을사늑약은 사실 말이 조선을 보호해주기 위함이지 나라를 통째로 빼앗겠다는 것과 다름없는 조약이었습니다. 이 을사늑약을 총 지휘한 인물이 이토 히로부미입니다. 을사오적과 더불어 이토 히로부미는 조선의 백성들에게 뼈에 사무친 한을 심어준 인물로 이름이 올랐으며, 안중근은 이일을 계기로 이토 히로부미를 처단할 결심을 굳히게 되었습니다.

사형을 언도받은 안중근 의사

일제는 안중근의 목숨을 담보로 여러 가지 제안을 하며 안중근을 유혹하였으나 안중근은 상고하지 않고 당당하며 의롭게 죽음을 맞이했다고 합니다. 안중근 의사의 두 동생이 시신을 수습하게 해달라고 부탁했지만 일제는 안중근 의사의 유해가 밖으로 나갔을 경우 대한민국의 독립에 대한 의지가 전국적으로 타오를 것을 염려하여 끝내 두 동생의 부탁을 들어주지 않았습니다. 안중근 의사의 유해는 아직도 중국의 여순감옥 죄수 묘지에 묻혀 그 위치조차 모른 채 잠들어 있습니다.

사형을 언도받은 안중근 의사

대한민국, 나아가 동양평화에 대한 뜨거운 염원과 사랑은 오늘날 우리 가슴에 남아 다시금 타오르고 있습니다.

주변 교과서 여행지

서울성곽길 (숭례문~흥인지문 코스)

🏠 서울특별시 종로구청 관광산업과 · ☎ 02-731-1186

숭례문에서 시작하여 남산을 가로지르며 서울성곽길을 걸을 수 있습니다. 태조 이성계가 조선을 건국하며 북악산과 인왕산, 남산과 낙산을 둘러싼 구간에 쌓았던 서울성곽은 지금은 많이 훼손되었지만 서울시와 민간단체의 노력으로 서서히 복원되고 있으며 특히 안중근 의사 기념관이 위치한 남산 일대는 풍경이 아름답고 전망이 탁 트여 있어 시민들의 휴식처로도 많은 사랑을 받고 있습니다. 이 구간은 중간 중간에 남산골 한옥마을과 N서울타워 등 관광 명소들을 만날 수 있어 여행하는 재미를 더해줍니다.

주변 교과서 여행지

남산골한옥마을

🏠 서울특별시 중구 퇴계로 34길 28 ● ☎ 02-2264-4412 ● hanokmaeul.seoul.go.kr

예로부터 남산골은 지리산 청학동과 버금갈 정도로 아름다운 경치를 자랑했습니다. 실제로 남산기슭의 북촌은 아름다운 계곡이 흐르고, 청학이 노닐었다고 해서 청학동으로 불리기도 했습니다. 그러나 지금 남산골은 옛 정취가 사라진지 오래 되었고, 높은 빌딩과 좁은 도로로 가득 찬 전형적인 도시의 모습을 띄고 있습니다. 사라져가는 남산골의 옛 정취도 되살리고, 잊혀가는 전통한옥을 보존하기 위해 서울의 사대부 가문에서부터 일반 평민에 이르기까지 다섯 채의 한옥을 남산골한옥마을에 가져와 복원시켰습니다. 삼청동 오위장 김춘영 가옥, 관훈동 민씨 가옥, 삼각동 도편수 이승업 가옥, 옥인동 윤씨 가옥, 제기동 해풍 부원군 윤택영 재실 총 다섯 채의 한옥은 과거 우리 조상들이 살았던 전형적인 한옥의 모습을 그대로 재현해 내국인과 외국인들에게 서울 관광 일번지로 손꼽히는 곳입니다. 주차장이 협소하기 때문에 대중교통편을 이용하는 것이 좋으며 서울시티투어버스와도 연계 관광이 가능합니다.

주변 교과서 여행지

N서울타워

🏠 서울특별시 용산구 용산동 2가 산 1-3번지 • ☎ 02-3455-9277
• www.nseoultower.co.kr

전국에서 텔레비전 시청이 가능한 인구의 48%가 N서울타워 전파 탑을 통해 방송을 청취하고 있다는 사실을 아시나요? 서울의 가장 중심에서 서울을 한눈에 조망할 수 있는 N서울타워는 도심 어디에서나 볼 수 있는 서울의 상징물로 자리 잡고 있습니다. 전망대 입장권을 구입하면 서울 시내를 파노라마식으로 조망할 수 있는 디지털 전망대에 입장할 수 있습니다. 낮에 보는 풍경도 아름답지만 밤에 펼쳐지는 야경은 가히 환상적이라 할 수 있을 것입니다.

N서울타워에는 서울에서 가장 높은 곳에 위치한 하늘화장실이 있습니다. 서울에서 가장 높은 하늘 위에 위치한 하늘화장실에서 바라보는 전망도 일품입니다. N서울타워에는 다양한 레스토랑들도 입점해 있어 눈부신 서울 풍경을 조망하며 로맨틱한 식사도 함께 즐길 수 있습니다. N서울타워 역시 서울시티버스와 연계하여 관광할 수 있으며 서울시티투어버스를 탈 예정이라면 도심 순환 코스를 선택해야 합니다.

여기를 추천해요.

원조 남산왕돈까스

🏠 서울특별시 중구 예장동 8-53번지 • ☎ 02-755-3370

남산의 명물 왕돈까스 전문점입니다. 예전 모 예능 방송 프로그램에서 야식으로 제공되었던 돈까스이기도 합니다. 눅눅하지 않고 바삭바삭한 식감이 좋습니다. 일반 돈까스보다 1,500원을 더 주더라도 치즈를 넣어 만든 치즈 왕돈까스를 추천합니다.

남산에서 맛보는 왕돈까스

전 세계
직업테마파크
키자니아

교과서 여행 난이도 - 만 3세 이상~16세까지
(초등학교 3, 4학년이 적정 연령)

관련 교과

3-1 사회   1. 고장의 모습
· 고장사람들의 직업에는 어떤 것들이 있는지 알아보자.

4-2 사회   1. 경제생활과 바람직한 선택
· 우리 주위의 다양한 직업에 대하여 알아보자.

4-2 사회   1. 경제생활과 바람직한 선택
· 내가 세운 회사에서 만든 상품의 광고를 만들어보자.

관람 정보

🏠 서울특별시 송파구 잠실3동 40-1 • ☎ 1544-5110 • www.kidzania.co.kr

자가용 • 롯데월드 주차장 이용 시 키자니아 안내데스크에서 3시간 무료 주차 확인 받을 수 있음

대중교통 • 버스

간선버스(파랑) • 301, 341, 360, 361, 362, 730

지선버스(초록) • 2415, 3217, 3313, 3314, 3315, 3411, 3412, 3414, 3415, 4314, 4316

공항버스 • 6000, 6006, KAL 리무진

• 지하철 • 2호선 잠실역 4번 출구

요금 안내

구분	평일(월~금)	주말(토/일 및 공휴일)	종일권(평일/주말)
유아 (만 3세 미만)	무료	무료	무료
어린이 (36개월 이상 ~16세 이하)	32,000원	35,000원	57,600원/63,000원
청소년/어른 (17세이상)	16,000원	18,000원	28,800원/32,400원
장애아동 (만 3세 이상 ~16세 이하)	16,000원	18,000원	28,800원/32,400원
장애아동보호자 (17세 이상)	8,000원	9,000원	14,400원/16,200원

※ 2010. 12. 24일부터 어린이 종일상품 이용 시 어른 종일권 50% 할인(평일 16,000원, 주말 18,000원/어린이 1매당 어른 2명까지 할인 가능)

교과서 연계학습 📖 이렇게 공부해요

관련 교과 3-1 사회 1. 고장의 모습 • 고장사람들의 직업에는 어떤 것들이 있는지 알아보자.
학습 과제 • 키자니아에서 직업체험을 한 후 알게 된 다양한 직업을 조사하여 정리해보자.

교과서 여행 Tip 📖 직업에 대한 사전조사를 할 수 있는 사이트

• 커리어넷 www.careernet.re.kr   • 유스워크넷 www.work.go.kr/youth
• 한국직업정보시스템 know.work.go.kr   • 진학진로정보센터 www.jinhak.or.kr

전 세계 직업테마파크 키자니아

키자니아는 어떤 곳일까?

키자니아는 만 3세부터 16세 이하의 어린이들이 즐기는 직업테마파크입니다. 우리 아이들은 모두 갖고 있는 소질과 재능이 다르고 하고 싶은 일도 서로 다르지요. 우리 아이들이 좋아하는 일을 꿈꿀 수 있도록 만든 공간이 바로 키자니아입니다. 정해진 시간 안에 다양한 직업의 세계를 경험할 수 있다는 점에서는 키자니아 만큼 좋은 체험공간은 없을 것 같습니다.

어떻게 이용할까?

방문하기 전에 미리 인터넷 예매

정해진 공간에 너무 많은 아이들이 입장하면 활동에 제약이 되므로 1, 2회에 걸쳐 5시간의 체험 시간을 기본으로 하고 제한된 입장객만 받습니다. 그러므로 원하는 날짜에 미리 인터넷으로 예매를 해야 합니다. 멤버십 카드와 할인정보는 홈페이지나 전화로 문의하세요.

키자니아 전용 화폐 '키조'사용법

입장 시 어린이의 위치 확인이 가능한 안전 팔찌를 착용합니다. 이 안전 팔찌 덕분에 넓은 공간에서 아이를 잃어버렸나 하더라도 언제든지 위치 파악이 가능합니다.

    입장할 때는 여행자수표를 받는데 이 수표는 키자니아 내에 있는 은행에서 키자니아 화폐인 키조로 교환 가능합니다. 입장 시 받는 안내지도에는 키조를 벌 수 있는 공간과 키조를 사용할 수 있는 공간이 따로 나뉘어져 있습니다. 예를 들어, 펀드매니저나 약사와 같은 활동을 하면 키조를 벌 수 있고, 피자 만들기나 햄버거 만들기와 같은 체험을 하려면 반대로 키조를 사용해야 체험할 수 있습니다. 벌어들인 키조는 은행에 저축도 가능합니다. 음식물은 반입이 되지 않으나 배가 고프면 햄버거 가게나 피자 가게, 아이스크림 가게 등에서 키조를 지불하고 음식 만들기 체험과 시식을 할 수 있습니다.

체험장에는 아이만 입장 가능

키자니아 체험장 안에는 부모님의 입장이 불가능합니다. 각 체험시설은 전면 유리로 되어 있어서 밖에서 관찰이 가능하도록 되어 있으니 부모님은 아이의 체험을 밖에서 지켜봐 주세요.

키자니아의 재미있는 체험시설들

2층 아이스크림가게, 도넛가게, 운전면허시험장, 자동차정비소, 햄버거카페테리아, 주유소&세차장, 자동차대리점, 음료수공장, e-KidZo 카드센터, 진로상담센터, 소방서, 씨티투어버스, 베이커리, 피자레스토랑, 보안센터, 포토스튜디오, 증권회사, 승무원교육센터, 연기학교, 뷰티살롱, 병원, 택배서비스, 유제품연구소, 백화점, 은행, 과학수사대 CSI, 마트, 인테리어회사, 극장, 초콜릿공장, 약국, 신문사, 패션부티크, 휴대전화디자인연구소, 경기장, 응급실, 빌딩등반, 마술학교, 비스킷공장, 경찰서, 라디오스튜디오, 법원, 건설현장, 하우스페인팅, 떡집, 국세청, 자동차디자인센터, 치과

3층 유치원, 해충관리회사, 쇼핑회사, TV 스튜디오, 시계탑, 서점, 대학, 요리학교, 우르바노하우스, 호텔, 디스코라운지

직원도 되어보고, 고객도 되어보는 마트 체험

키자니아에서는 고객과 직업인 두 가지 체험을 동시에 할 수 있습니다. 마트 점원이 될 수도 있고 마트에서 물건을 고르는 고객이 될 수도 있습니다. 둘 다 사전 교육을 받습니다. 정확히 계산하는 교육, 구매하고 싶은 물건을 선택해서 알뜰하게 구매하는 교육, 둘 다 살아가는데 꼭 필요한 교육이기 때문입니다.

운전을 하려면 면허시험장에서 시험을 보아야 합

마트직원체험(오른쪽), 필요한 물건만 구매하도록 꼼꼼하게 체크하는 고객을 위한 교육도 받는다.(왼쪽)

니다. 대학을 졸업하려면 사전교육을 받아야 졸업할 수 있습니다. 은행의 고객이 되어 카드를 만들고 키조를 저축할 수도 있습니다.

소방관

키자니아 소방관 체험

소방관은 화재 및 사고를 예방하고, 화재나 사고가 발생하였을 경우 진화 작업을 하며 인명과 재산을 구조하는 일을 하는 직업입니다. 또 각종 건물의 안전점검 및 교통사고, 건물붕괴 등의 사고 발생 시 119구조대의 인명 구조 활동도 담당하며 위급한 환자와 장애인의 병원 이송 활동 및 각종 재해로 인한 피해 복구 활동도 담당하고 있습니다. 소방관이 되기 위해서는 소방직 공무원 공개 채용 시험이나 소방간부 후보생 선발 시험에 합격해야 합니다. 학력에는 제한이 없지만 대학에서 소방 관련학을 전공하면 유리합니다. 구급분야의 경우, 간호사 자격증이나 1급 응급구조사 자격증이 있어야 가능합니다.

항공기 조종사

키자니아 항공기 조종사 체험

항공기 조종사는 항공운송 및 기타 서비스를 제공하기 위해 항공기나 헬리콥터를 조종하는 일을 하는 직업입니다. 넓게는 항공기와 헬리콥터뿐만 아니라 탐색, 구조, 항공 측량, 농약 살포와 같은 일들이 모두 항공기 조종사의 범주에 속해 있습니다. 항공기 조종사가 되기 위해서는 한국항공대학, 한서대학, 공군사관학교 등에서 항공운항학, 항공조종학, 항공학을 전공하여 진출하는 것이 일반적입니다. 이 밖에도 일반 대학 출신자를 대상으로 조종 훈련생을 선발하고 있는데 소정의 교육 및 훈련 과정을 이수하면 민간 항공사 등에 진출할 수 있습니다. 고객의 생명을 책임지고 있는 만큼 강인한 정신력과 건강한 신체를 소유한 사람이 지원하면 좋은 직업입니다. 어렵고 힘든 직업인만큼 월평균 임금도 높은 편에 속합니다.

약사

약사는 의사의 처방전이나 인정받은 제조법으로 아픈 환자들에게 약을 지어주고 생활에 필요한 상비약 등을 판매하는 직업입니다. 공공기관에 근무하는 약사들은 마약이나 부정의약품 등을 검사하는 역할도 담당하고 있습니다. 꼼꼼하면서도 순발력 있으며 민첩한 어린이, 친구가 아플 때 걱정해주고 남을 배려하는 마음이 남다른 어린이들이 도전해 보면 좋은 직업입니다. 약사가 되기 위해서는 약학대학에 진학하여 6년간의 교육과정을 이수해야 하며 국가자격증시험에 합격해야 합니다.

키자니아 약사 체험

은행원

은행원은 고객을 상대로 공과금 수납, 금전 예치, 환전 및 지불 등의 업무를 담당하는 사람입니다. 손상되어 사용하기 어려운 화폐를 교환해 주거나 위(변)조 화폐를 감별, 처리하는 일을 맡기도 합니다. 정확한 계산 능력으로 급변하는 경제 상황에 잘 대처할 수 있는 민첩성을 가진 사람이 도전해 보면 좋은 직업입니다. 또 돈을 다루는 직업이기 때문에 정직함과 책임감이 반드시 뒤따라야 하며 아무리 힘들어도 고객에게 친절하게 응대할 수 있는 서비스 정신도 함께 갖춘 사람이 좋습니다. 각종 텔레뱅킹과 인터넷뱅킹 등 전자금융의 발달로 은행원의 비중이 축소되고 있기는 하지만 많은 사람들이 선망하는 직업 중 하나입니다.

키자니아 은행원 체험

석촌호수

🏠 서울특별시 송파구 잠실본동 · ☎ 02-410-3397

대중교통 지하철 잠실역 2번 출구, 석촌역 8번 출구

서울 도심에 그 면적이 21만 7850제곱미터나 되는 호수가 있다는 것 혹시 알고 계시나요? 롯데월드와 키자니아 등 아이들을 위한 재미있는 볼거리, 놀거리가 지천인 서울 잠실에 위치한 석촌호수가 바로 그곳입니다. 왕벚나무가 가로수 둘레길을 장식하고 있어서 가을에는 단풍이 봄철에는 벚꽃이 흐드러지게 피는 장관을 연출합니다. 약 2.6킬로미터의 둘레길은 송파소리길의 한 부분으로 우레탄보드가 깔려 있어 오래 걸어도 발목이 아프지 않아 아름다운 경치를 보며 산책하기 위해 많은 시민들이 매일 이곳을 방문하고 있습니다.

석촌호수를 따라 걷는 송파소리길

31.63킬로미터, 약 8시간 소요

석촌호수 … 송파구청 앞 … 평화의 문 광장 … 얕은 다리 … 성내 8교 … 성내 4교 … 거여고가사거리 … 장지공원 … 장지천 입구 … 탄천합수부 … 광명교 하단 … 양재천합수부 … 청담교 하단 … 잠실대교하단 … 잠실철교하단 … 성내천 우측재방길 … 여성축구장 입구 … 청룡교 … 몽촌토성 … 곰말다리 … 올림픽회관 … 평화의 문 … 송파구청

석촌호수가 포함된 송파소리길 코스는 상당히 길기 때문에 하루 만에 다 돌아보기는 힘듭니다. 코스를 중간중간 잘라서 여러 날에 걸쳐 돌아보는 방법을 추천합니다. 송파소리길 모두 다 아름답지만 특히 탄천합수부에서 양재천합수부에 이르는 코스와 성내천 우측 제방길에서 올림픽공원 평화의 문에 이르는 길, 그리고 석촌호수 길은 산책 삼아 오후를 즐기기에 너무 좋은 길입니다. 벚꽃 하얗게 흩날리는 날 따사로운 햇살을 받으며 사랑하는 가족들과 석촌호수 송파소리길을 걸어보세요. 행복은 바로 우리 곁에 있습니다.

삼전도비

삼전도비는 인조가 병자호란 당시 남한산성에서 항전하다가 결국 항복을 한 후 삼전도에서 무릎을 꿇고 굴욕적인 화친을 맺었던 상황에 대해 자세하게 기록한 비석입니다. 청나라의 지시로 만들게 된 비석이라 굴욕적인 내용을 담고 있는 것이 특징입니다.

아픔을 간직한 비석, 삼전도비

치욕적인 의미를 담은 비석이라 하여 한때는 1985년(고종 32년)에 땅속 깊이 매몰되기도 했습니다. 그러나 일제에 의해 1913년에 다시 세워졌으며 이후 1956년 문교부가 국치의 기록이라는 이유로 다시 매몰했고 1963년에 다시 세워지는 등 우여곡절을 겪다가 2010년 4월 정확한 고증을 거쳐 원래 있던 자리인 석촌호수 근처에 새롭게 자리하게 된 것입니다.

비록 치욕적인 내용을 담고 있는 비석이지만 역사의 살아 있는 교훈이 되어주므로 아이들과 함께 자세하게 공부해 보도록 합시다.

흥겨운 삼현육각 가락에 어깨춤이 저절로
국립국악박물관

교과서 여행 난이도 - 초등학생 이상

관련 교과

3학년 음악 16. 덩더꿍 우리가락
- 풍물놀이나 사물놀이를 할때의 연주 자세와 궁채, 열채 잡는 방법을 알아보자.

3학년 음악 6. 두꺼비집이 여물까
- 꽃별의 해금연주 '도라지'를 감상해보자.

4학년 음악 22. 새노래
- 대취타를 감상해보자.

4학년 음악 24. 사이좋은 악기형제
- 사물놀이 삼도 농악가락을 들어보자.

관람 정보

🏠 서울특별시 서초구 서초동 700 ☎ 02-580-3130 www.gugak.go.kr (국립국악원)

자가용 • 국립국악원 주차장 무료 이용 가능

대중교통 • 버스 • 초록버스(지선) 5413번 • 파랑버스(간선) 142번, 406번, 1500-2(용인-분당-사당) 국립국악원 앞 하차

관람 안내

| 관람시간 | 09:00-18:00 (월요일 및 1월1일 휴관) | 입장료 무료 |

※ 일요일은 체험실과 영상실을 운영하지 않으니 참고하세요.
※ 국립국악박물관은 증축공사관계로 2012년 7월 31일까지 임시휴관할 예정입니다.

교과서 연계학습 📖 이렇게 공부해요

관련 교과 4학년 음악 22. 새노래 • 대취타를 감상해보자.
학습 과제 • artsmuseum.org를 방문하면 대취타를 비롯한 각종 국악음악을 동영상으로 감상할 수 있습니다.

빠른 비트의 대중가요를 들으며 자라는 초등학생들에게나 발라드나 트로트를 들으며 자라온 부모님들 세대에게나 국악을 편안하게 접하기란 쉽지 않은 일일 것입니다. 국립국악박물관은 이런 이들에게 국악을 더 대중적이면서 친근하게 다가갈 수 있도록 소장하고 있는 3,000여 점의 유물들 중에서 450여 점을 전시하고 있습니다. 유아와 초등학생들을 위한 영상과 체험 장소도 마련되어 있어 방문하는 학생들에게 즐거움을 선사합니다. 교육과정에서는 개정될 때마다 국악의 비중을 높이고 있습니다. 우리의 것을 이해하는 바탕 위에 새롭고 창의적인 것들을 만들어 낼 수 있는 기본이 마련될 수 있다고 믿기 때문입니다.

어렵게만 느껴지던 국악이지만 국립국악박물관에서 여러 가지 악기를 체험해 보고 직접 소리도 감상해 보고 다양하고 재미있는 영상물도 관람해 보며 더욱 친근하게 다가갈 수 있는 계기를 마련할 수 있을 것입니다.

흥겨운 삼현육각 가락에 어깨춤이 저절로 국립국악박물관

무동을 통해 본 삼현육각

김홍도의 무동

일반 서민들의 삶을 주로 그렸던 조선 후기의 풍속화가 김홍도의 그림 중에는 '무동'이라는 그림이 있습니다. 무동의 흥겨운 춤사위 옆으로 반주를 맞추는 악공들이 자리하고 있습니다. 피리를 연주하는 악공 두 명을 제외한 나머지 네 명의 악공들은 모두 서로 다른 악기를 연주하고 있습니다. 지금 이들이 연주하는 반주를 삼현육각이라고 합니다.

삼현육각은 조선시대에는 민간 음악의 주류를 형성하던 반주였습니다. 피리, 대금, 해금 등 선율을 나타내는 악기 3개를 삼현이라 하고 총 6개의 악기로 연주하기 때문에 육각이라고 불렀습니다. 합하여 삼현육각입니다.

삼현육각은 과거 우리나라의 거의 모든 음악에 사용할 만큼 대중적인 인기를 누리던 음악이었습니다. 현대에 이르러 전수자가 거의 없어 사라질 위기에 처했으나 다행히 몇몇 귀한 분들의 노력으로 오늘날에 이르고 있습니다.

삼현육각에 사용된 악기

좌고

무동에서부터 시계 방향으로 악공들이 앉아 있습니다. 그중 제일 첫 번째 악공이 연주하는 악기가 좌고입니다. 좌고는 현재의 궁중음악에서도 사용되는 악기로 대에 걸어 놓고 앉아서 치며 소리를 냅니다. 소리의 울림이 넓고 깊어 고급스러운 음색을 만들어내는 역할을 담당합니다. 조선 후기 화가 신윤복이 그린 〈무악도〉에도 좌고가 등장합니다.

장구

좌고 옆으로 갓을 쓴 연주자가 잡고 있는 악기가 바로 장구입니다. 장구 장단은 교과

  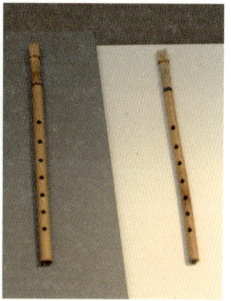

좌고(왼쪽), 장구(가운데), 향피리(오른쪽)

서에도 자주 등장하며 수업시간에 직접 쳐보는 활동도 해볼 수 있습니다. 그만큼 장구는 대중적으로 넓게 사용된 악기였습니다. 장단에 맞추어 오른손은 채로 치고 왼손은 손으로 쳐서 소리를 냅니다. 경쾌하며 박자감 넘치는 소리는 듣는 이로 하여금 흥겨운 어깨춤을 절로 추게 만들어 줍니다. 장구의 생김새를 가만히 살펴보면 중심이 되는 허리 부분이 가느다란데 허리가 가늘다고 하여 '세요고'라고 부르기도 했습니다.

향피리

이제 장구 치는 악동 옆으로 두 명의 같은 악기를 연주하는 사람들을 봐주세요. 두 사람이 들고 있는 악기를 향피리라고 부릅니다. 향피리는 고려시대까지는 7개의 구멍으로 이루어진 악기였으나 조선시대에 와서 8개의 구멍을 가진 악기로 변했습니다. 음색은 어두운 편이지만 서정적으로 애잔한 소리를 내어 큰 울림을 주는 악기이기도 합니다. 음량이 크기 때문에 전체적인 음악을 이끌어가는 역할을 담당하는 악기입니다.

대금

정악과 민속음악에 널리 쓰인 악기였습니다. 울림이 크고 음색이 아름다워 여러 가지 악기들과 잘 조화를 이룹니다. 대금은 지금까지도 널리 연주되고 있습니다.

정악대금

흥겨운 삼현육각 가락에 어깨춤이 저절로 국립국악박물관

정악대금 외에도 일반인들이 대중적으로 배울 수 있는 개량된 대금도 있어 널리 보급되어 쓰이고 있습니다. 구슬프고 청아한 음색은 '천상의 소리'라는 별칭이 붙을 정도로 아름답습니다. 드라마나 영화에서도 청아한 선비가 밝은 달밤에 홀로 대금을 부는 장면이 많이 나왔습니다. 대금은 단독 연주만으로도 분위기를 압도하는 매력을 지닌 악기이기 때문입니다.

해금

서양에 바이올린이 있다면 우리나라에는 해금이 있습니다. 고려시대에 처음 우리나라에 소개되었으며 이 이후 궁중음악과 민속음악에 이르기까지 두루 연주되는 악기입니다. 지속적으로 떨리는 애잔한 선율은 오늘날 국악에 익숙하지 않은 사람이 처음 접해도 감동을 줄만큼 아름답습니다. 앵앵거리고 깡깡 울리는 소리를 낸다고 하여 '깡깡이'나 '앵금이'라는 이름으로 불리기도 했습니다.

대취타

대취타는 어떤 음악일까요?

부는 악기인 취(吹)악기와 때리는 악기인 타(打)악기로 연주하는 음악이라는 뜻에서 대취타(大吹打)라고 부릅니다. 태평소, 나발, 나각, 북, 장구, 징, 자바라 등의 악기를 사용했으며 그중 유일하게 선율을 내는 악기는 태평소입니다. 태평소의 선율이 대취타의 행진하는 느낌을 장중하게 이끌어줍니다. 행렬 때마다 연주하던 음악이므로 아마 어린이들도 각종 드라마나 텔레비전 음악 방송 등을 통하여 접한 경험이 있을 것입니다. 국악박물관에서 대취타 연주를 감상해 보고 대취타를 연주할 때 사용하는 악기들을 실제로 관찰해 보며 입체적으로 공부해 봅시다.

대취타의 대표 선율악기 - 태평소

태평소의 원조는 중동 지역의 대표 악기 '스루나이'입니다. 태평소가 우리나라에 소개된 것은 고려시대 때였습니다. 종묘제례악과 불교 음악, 굿 등의 의식에 널리 이용한 악기였지요. 선율을 내는 악기지만 다른 악기들과는 달리 음색이 웅장하고 밝은 느낌을 주어 대취타 연주에 잘 어울립니다.

국악사실

국악사실에서 볼 수 있는 암각화에는 당시 고래잡이를 나가던 선사시대 사람들의 모습이 생동감 있게 묘사되어 있습니다. 그물을 쳐서 고래를 잡는 모습, 작살로 고래를 모는 모습, 새끼를 등에 업고 헤엄치는 고래들, 다양한 동물들을 사냥하는 사람들, 고래를 잡으러 배를 타고 바다로 나가는 모습 등 당시 사람들이 어떻게 살았는지를 상당히 실감나게 묘사한 울주군 반구대 암각화입니다.

이 암각화의 왼쪽 상단 부분은 무엇인가를 입에 대고 부는 사람을 묘사하고 있습니다. 마치 오늘날 피리를 불고 있는 모습과 비슷합니다. 또 음악 소리에 맞추어 춤

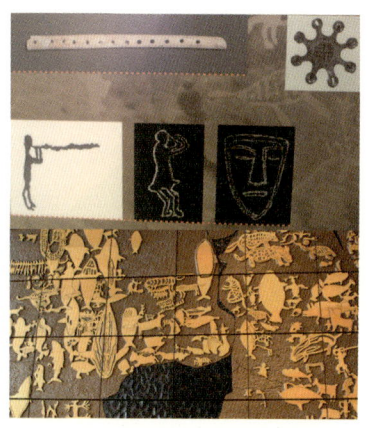

고대제천의식과 음악(위), 울산장생포고래박물관에 전시된 울주군 반구대암각화(아래)

을 추는 사람도 보입니다. 선사시대 사람들도 오늘날 사람들처럼 고래잡이나 사냥과 같은 중요한 의식이 있을 때 악기를 연주하고 여흥을 즐겼음을 짐작하게 해주는 부분입니다. 함경도 서포항에서 발견된 동물 뼈를 갈아 만든 관악기이며 청동기시대 전역에 걸쳐 출토된 청동방울도 고대 사람들의 음악 활동을 짐작하게 해주는 유물입니다.

토우

토우는 말 그대로 흙으로 빚어서 만든 흙 인형입니다. 그 어느 시대보다도 신라시대 때

악기를 연주하고 있는 토우

다양하고 재미있는 모양의 토우가 많이 발견되었습니다. 토우는 장식용품의 의미도 있었지만 죽은 사람의 무덤에 부장품으로 묻기 위해 만들기도 했습니다. 죽어서도 살아생전 삶의 모습들을 다양하게 누리라는 의미를 담은 토우에는 삶의 희로애락이 담겨 있습니다. 특히 악기를 연주하고 있는 토우들이 많은데 신라 사람들의 삶에 그만큼 음악이 각별한 의미가 있음을 이야기해주는 것이라 하겠습니다.

퀴즈를 풀며 국악에 한 발짝 더 다가가는 국악영상체험실

국악영상체험실에서는 국악에 대한 재미있는 퀴즈도 풀고 삼현육각이 주제로 등장하는 김홍도의 그림 〈무동〉을 보며 실제 악기 소리도 듣고 악기에 대한 공부도 함께 할 수 있습니다. 또 여러 가지 국악기의 소리를 들어보고 연주 장면도 감상해 볼 수 있습니다.

직접 국악기를 체험해 보는 국악체험실

이제 모든 전시실을 둘러보았다면 실제 국악기를 체험해 보는 시간입니다. 장구와 가야금, 거문고를 직접 연주해 볼 수 있어서 아이들에게 국악을 느낌으로 체험할 수 있게 하는 좋은 기회가 됩니다. 또 노래방 기계를 통해 직접 국악을 불러볼 수 있는 체험도 해볼 수 있어서 좋습니다. 국악체험실 바로 옆에는 입체 영상실이 있습니다. 입체 영상을 통해 국악에 대한 이해를 도와주는 공간입니다.

국악영상체험실에서 퀴즈를 풀어보자.

주변 교과서 여행지

예술의전당 한가람미술관

🏠 서울특별시 서초구 서초동 700 • ☎ 02-580-1300

국립국악박물관 옆으로는 예술의전당이 있습니다. 도보로 3분 정도면 이동할 수 있기 때문에 국립국악박물관과 연계하여 관람할 수 있습니다. 마음에 드는 공연이 있다면 감상해도 좋고 시원한 분수 물줄기 앞에서 오후의 여유를 즐기는 것도 괜찮을 것이고 온 가족 모두가 볼 만한 오페라가 있다면 미리 예매해서 구경하러 가는 것도 좋을 것입니다. 예술의전당에는 작은 규모지만 한가람미술관이라는 전시장도 있습니다. 아이들을 위한 다양한 전시회뿐만 아니라 수준 높은 전시들을 자주 유치하여 미술을 사랑하는 사람들에게 큰 즐거움을 선사해 주는 곳이랍니다.

여기를 추천해요.

장꼬방 묵은김치찌개 전문

🏠 서울특별시 서초구 서초1동 1438-8 • ☎ 02-522-0035

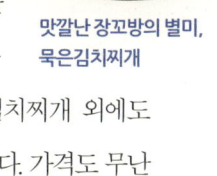

맛깔난 장꼬방의 별미, 묵은김치찌개

국립국악박물관의 지척에 있는 묵은김치찌개 전문점입니다. 신선하고 좋은 재료로 맛깔나게 끓여낸 김치찌개 맛을 보기 위해 점심시간이면 줄서서 먹어야 할 정도로 소문난 맛집입니다. 전북 부안의 청정농산물만을 사용하기 때문에 식감이 너무 좋습니다. 아이들과 함께 여행을 다니면 분위기가 가정적인 밥집이 간절한데 이곳은 바로 그런 욕구를 채워주는 곳입니다. 반찬은 어묵볶음, 볶은 김치, 물김치, 파래김, 쌈채소 등으로 단출한데 밥과 반찬은 얼마든지 추가 요금 없이 더 가져다 먹을 수 있습니다. 묵은김치찌개 외에도 숯불에 구워주는 장꼬방구이(돼지숯불구이)와 달걀말이 역시 별미입니다. 가격도 무난하여 인기가 높습니다. 발레파킹을 해주기 때문에 주차 걱정도 덜 수 있는 곳입니다.

흥겨운 삼현육각 가락에 어깨춤이 저절로 국립국악박물관 | 171

세종대왕 동상 지하에는 어떤 공간이 숨어있을까?
세종이야기
충무공이야기

관련 교과
5-1 사회 3. 유교전통이 자리 잡은 조선
- 조선의 문화와 과학 발전을 위해 노력한 인물에 대해 알아보자.

5-1 사회 3. 유교전통이 자리 잡은 조선
- 임진왜란이 일어나게 된 원인과 조선 수군의 활약에 대해 알아보자.

교과서 여행 난이도 - 유치원생~초등학생

관람 정보

🏠 서울특별시 종로구 세종대로 지하 175 • ☎ 02-399-1114~6 • www.sejongstory.or.kr

자가용 • 세종로 주차장(유료) 지하 2층 1구역에 주차한 후 연결통로를 따라 이동
　　　　　(주차요금은 10분에 500원)

대중교통 • 버스

| 간선(파랑) • 161, 200, 260, 270, 271, 300, 370, 406, 420, 270, 471, 601, 705, 720 |
| 광역(빨강) • 9602, 9701, 9702, 9705, 9709, 9710 |
| 지선(초록) • 0212, 1012, 1020, 1711, 7012, 7019, 7023 |

• 지하철 • 1호선 종각역 1번 출구, 광화문 방향 도보 350m • 3호선 경복궁역 6번 출구, 세종로 방향
• 5호선 광화문역 7번 출구, 세종문화회관 방향 도보 200m

관람 안내

| 관람시간 | 매주 화요일~ 일요일 10:30~22:30 (야간 이용 가능) | 입장료 무료, PDA MP3 무료 대여 가능 |

※ 매주 월요일 휴관

세종이야기, 충무공이야기

대한민국 국민이라면 누구나 존경하는 인물로 꼽는 두 사람이 있습니다. 바로 조선이 낳은 성군 세종대왕과 역사에 오래 남을 명장 이순신 장군입니다. 광화문에는 이 두 분을 기리고 업적을 널리 알릴 수 있는 전시관이 최근 문을 열어 화제입니다. 세종이야기와 충무공이야기는 각각 광화문 사거리에 우뚝 서 있는 세종대왕상과 충무공 이순신 장군상과 인접한 지하 공간에 비밀 공간처럼 숨어 있습니다. 아이들을 위한 다양한 체험공간과 입체영상실, 세련된 디자인과 열린 공간 구성 등 독창성으로 가득한 전시실, 야간 개장 등은 기존 박물관에 대한 고정관념을 깨기에 충분합니다. 특히 야간개장을 하기 때문에 늘 시간에 쫓기는 맞벌이 부부에게 희소식입니다. 또 일방적인 기획이 아닌 서울시민들에게 아이디어를 공모 받아 만든 공간이기에 그 의의가 더 크다고 할 수 있습니다. 세종대왕과 충무공 이순신은 대한민국에서 가장 추앙받는 분이기에 외국인 관광객들도 끊이지 않고 방문하는 광화문의 새로운 명소로 자리 잡았습니다.

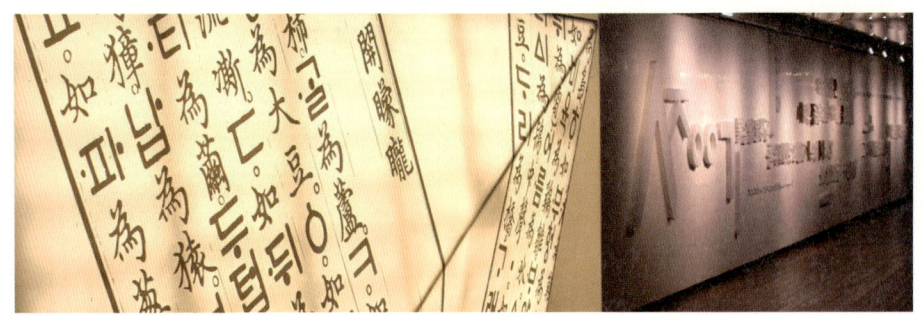

현대적인 디자인의 세종이야기

세종이야기 충무공이야기의 재미있는 체험

외국인을 위한 한글 붓글씨 쓰기 체험

외국인들을 위해 한글로 이름을 써보는 붓글씨 체험입니다. 외국인들이 즐겁게 체험하는 모습을 옆에서 지켜볼 수 있습니다. 체험은 외국인뿐만 아니라 내국인도 가능합니다. 문방사우를 제대로 갖추고 낙관까지 찍어볼 수 있어서 아이들에게 인기가 높습니다. 외국인들이 쓴 글씨는 기념으로 벽에 전시되는 행운을 누려볼 수 있으며 내국인은 체험한 후 작품을 집으로 가져갈 수 있습니다. 삐뚤빼뚤한 글씨지만 땀 흘리며 한 글자 한 글자 쓰려고 노력하는 아이들의 모습이 너무나 사랑스럽습니다.

외국인을 위한 한글 붓글씨 체험

수군무기 체험

임진왜란 당시에 주로 사용하던 수군들의 무기인 현자총통과 승자총통을 직접 사용하여 스크린에 등장하는 왜구의 군함을 격퇴하는 게임입니다. 현자총통은 대형 화포로 철환이나 대형화살을 발사하는 데 사용했습니다. 조선 전기부터 사용했으며 임진왜란 당시 주요 무기로 사용했습니다. 반면 손으로 쏘도록 만든 승자총통은 비교적 작고 화력은 약하지만 조작이 간편하고 개인이 휴대할 수 있어서 널리 사용했습니다. 가상 전쟁이지만 아이들은 간접적으로 무기를 사용해 보면서 임진왜란 당시 긴박했던 상황을 짐작할 수 있습니다. 많은 아이들이 좋아하는 체험 중 하나입니다.

왜구의 군함을 격퇴하는 무기 체험

판옥선 체험(닻 올리기, 판옥선 조립하기, 노 젓기)

이순신 장군이 직접 해상 전투 시에 탔던 판옥선을 체험해 보는 코너입니다. 판옥선을 조립하고 닻을 올리는 체험부터 노를 저으며 가상 모니터에서 직접 움직이는 모습을 관찰해 보는 체험까지 다양하게 즐길 수 있습니다.

판옥선 조립하기

세종이야기

조선의 성군 세종대왕은 백성들을 몹시 사랑했습니다. 세종대왕이 추진했던 대부분의 정책들은 백성들의 행복한 삶을 위해서였습니다. 훈민정음을 창제한 까닭도 백성들이 문자를 몰라 억울하게 고초를 겪는 일이 없도록 하기 위해서였습니다. 세종대왕의 애민정책을 살펴보며 백성들을 사랑한 세종대왕의 업적을 알아봅시다.

노인공경

당시 조선시대에는 여든 살이 넘는 노인들을 모시고 잔치를 베푸는 '양로연'이라는 제도가 있었습니다. 많은 승정원 관료들이 천인들은 참석하지 못하게 하자고 건의했으나 세종대왕은 "노인을 공경하는 데 높고 낮음이 어디 있겠는가. 신분이 낮은 자라 할지라도 참여하여 즐기도록 하라"라고 말씀하셨다고 합니다. 세종대왕의 애민사상을 엿볼 수 있는 대목입니다.

결혼지원정책

결혼하여 가정을 꾸리고 싶으나 가난하여 가정을 꾸리지 못하는 사람들을 위해 세종대왕은 친족들에게 결혼 준비를 돕도록 하거나 관청에서 결혼 준비를 할 수 있도록 도울 것을 명령하셨습니다. 곤궁함의 정도가 깊은 사람들에게는 곡식도 나누어 주었습니다. 단 한 명의 백성이라도 제 몸처럼 아끼고 사랑한 세종대왕의 성군다운 면모가 드러나는 부분입니다.

백성을 사랑한 세종대왕

노비의 출산휴가제도

세종대왕은 노비라는 이유로 제대로 쉬지도 못하고 일자리에 복귀해야 하는 노비들을 가엾게 여겨 출산 1개월 전부터 쉬게 해주는 등 모두 합하여 130여 일이라는 긴 시간을 쉴 수 있도록 해주었습니다. 이는 오늘날보다 더 파격적인 복지정책입니다. 게다가 4년 뒤에는 남편에게까지 1개월의 출산 휴가를 주어 아내의 산후 조리를 돕도록 했습니다. 미래를 내다보는 혜안을 가진 훌륭한 군주가 아닐 수 없습니다.

자랑스러운 한글 이야기

세종이야기 전시관에는 한글을 공식 문자로 채택한 찌아찌아족 이야기를 전시하고 있습니다. 전 세계에는 아직도 자국의 문자를 갖지 못한 나라들이 많습니다. 찌아찌아족도 얼마 전까지는 문자가 없던 민족이었습니다.

한글을 공식 문자로 채택한 찌아찌아족은 원래 인도네시아 술라웨시 주 부톤 섬의 바우바우 시에 속한 소수민족입니다. 찌아찌아족은 찌아찌아족만의 고유한 언어를 표기할 문자를 다방면으로 찾기 시작했습니다. 라틴어와 아랍어, 영어 등 다양한 문자들이 거론되었으나 결국 찌아찌아족이 선택한 문자는 한글이었습니다. 찌아찌아족은 2009년 8월에 한글을 공식 문자로 채택하였으며 지금 현재 찌아찌아족 어린이들은 한

글로 표기된 찌아찌아어를 배우고 있답니다. 찌아찌아족 어린이들이 배우고 있는 교재는 훈민정음학회에서 직접 편찬한 책입니다.

충무공이야기

임진왜란이 일어났을 때 우리에게 이순신 장군이 없었더라면 어떻게 되었을까요? 상상만으로도 힘겨운 일입니다. 임진왜란 당시 이순신은 조선을 구한 영웅이었으며 훗날 후손들이 그를 기억하는 이유이기도 합니다.

거북선

이순신은 전라좌수사에 오르자마자 전함을 건조하고 화포와 화약을 준비했으며 군사 훈련을 하는 등 전쟁 준비에 박차를 가했습니다. 조정에서는 전쟁이 일어날 예감을 하지 못했으나 이순신은 이미 이를 예감하고 있었던 것입니다. 이순신이 심혈을 기울여 만들어 낸 거북선을 완성한 지 한 달도 채 되지 않은 어느 날 왜구가 침략했다는 소식을 접하게 됩니다. 순식간에 왜구는 승승장구하며 가는 곳마다 승전보를 울렸고 전쟁 준비에 소홀했던 관군들은 속수무책으로 당하고 있을 수밖에 없었습니다.

이에 이순신은 드디어 전투를 감행했습니다. 먼저 옥포에서 첫 승리를 거둔 후 당포해전에서도 승리를 거두었고 한산도에서는 학이 날아가는 모양새를 본떠 만든 '학익진 전법'으로 역시 대승을 거두었습니다. 이순신이 한산도에서 왜군을 격파한 '한산도대첩'은 행주대첩, 진주대첩과 함께 임진왜란 3대 대첩으로 손꼽는 대승이었습니다.

공을 세운 자에게는 반드시 이를 시기하는 자가 있게 마련이었으니 이순신은 서인들에 의하여 모함을 당해 삭탈관직을 당하고 백의종군으로 전쟁에 참여하게 되는 수모를 겪었습니다.

조선을 살린 명장, 충무공 이순신 장군

이순신을 대신해 수군통제사가 된 원균은 전쟁에 대비하지 않고 빈둥거리다가 왜군에게 참패를 당하고 말았습니다. 이에 선조는 교지를 내려 다시 이순신을 수군통제사로 임명했습니다. 이순신은 남아 있는 배 10여 척과 200여 명도 안 되는 군사들을 데리고 명량에서 적군 31척을 격파했습니다. 이 해전이 바로 그 세계적으로도 이름이 알려진 명량대첩이며 명량대첩에서의 승리로 조선은 다시 전세를 역전시킬 수 있었습니다. 명량해전에 대한 전투 장면은 충무공이야기 4D 입체 영상관에서 감상하실 수 있습니다. 그러나 승리에 대한 기쁨도 잠시, 이순신 장군은 1598년(선조 31년) 새벽, 노량 앞바다에서 있었던 노량해전에서 왜군이 최후의 발악으로 날린 유탄에 맞아 그만 전사하고 말았습니다. 비록 노량해전은 승리로 끝났으나 전투가 끝난 후 이순신 장군의 죽음을 접한 군사들은 비통해 하며 목 놓아 울었다고 합니다. 명장의 죽음은 온 백성들의 슬픔이었습니다. 선조는 이순신의 장례를 나라에서 치르게 해주었으며 '충무'라는 시호와 좌의정이라는 벼슬을 내렸고 후에 광해군 때 다시 영의정으로 추증되었습니다.

　　미래를 내다보고 이에 대비할 줄 알았으며 백성들을 내 몸처럼 사랑하고 아꼈던 명장 이순신은 오늘날까지 많은 사람들의 가슴속에 불꽃처럼 살아 있습니다.

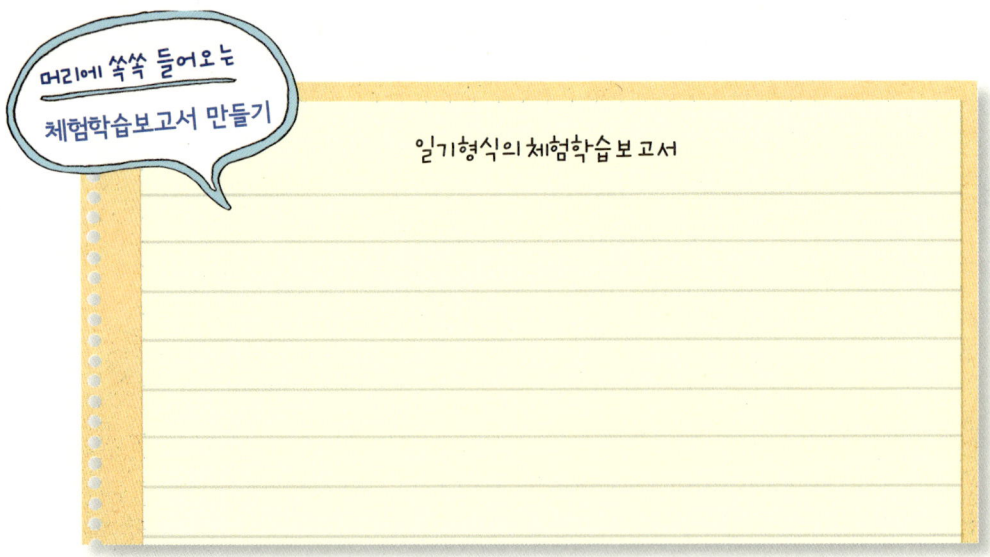

광화문 세종이야기와 충무공이야기 전시관을 가다.

날짜 2011. 3. 6. 일요일
날씨 이제는 봄이다.

　광화문 세종이야기와 충무공이야기 전시관을 갔다. 지난번에 방문하려고 했는데 서울시티투어버스 시간에 맞추느라 가지 못했던 것을 이번에야 가게 된 것이다. 첫 방문이었는데 다른 곳과 중복되는 체험이 있어 아쉬움이 컸지만 전체적으로는 괜찮았다.
　가장 처음으로 해본 것은 외국인들을 대상으로 하는 훈민정음 붓글씨 체험이었다. 외국인 대상이지만 내국인도 체험할 수 있다. 주욱 둘러보니 내가 쓴 글씨가 가장 멋진 것 같았다. 다음으로는 4D 영상을 시청했다. 이순신의 명량해전을 담은 영상이었다. 이순신이 전사하기 바로 전에 치른 해전이었으며 전 세계 전쟁 역사에서 길이 남을 만한 명승부였다고 전하는 전투이다. 백의종군하여 원균이 다 잃어버리고 남겨 놓은 10여 척의 배로 적의 31척의 함대를 격파한 명량해전. 그 내용도 감동적이었지만 4D 영상으로 보니 감동이 배가 되었다. 충무공이야기 전시관에는 다양하고 재미있는 체험들이 기다리고 있었다. 가장 재미있었던 체험은 대포 쏘기 체험이었다. 너무 재미있어서 줄을 서서 몇 번이나 체험을 했다.
　세종이야기 전시관에서는 가장 먼저 디지털 탁본 뜨기 체험을 했다. 탁본 도서를 선택하고 탁본 뜨기를 누른 뒤 화면 근처에 대고 넓게 문지르면 탁본이 된다. 탁본 보기를 누른 후 출력하기를 누르면 출력도 된다. 출력한 탁본은 안내 데스크에서 찾을 수 있다. 컴퓨터로도 탁본을 할 수 있다니 정말 신기했다. 탁본한 책의 종류는 『용비어천가』, 『훈민정음언해본』, 『석보상절』, 『월인천강지곡』, 『삼강행실도』이다. 즐겁고 알찬 전시관인데 무료로 이용할 수 있어서 더욱 좋았다. 이런 전시관이 많이 생기면 좋겠다. 다음에 방문한다면 더욱 꼼꼼하게 둘러보고 싶다.

일기형식의 체험학습보고서

PART 04 캠핑 & 트레킹

식물도 배우고 트레킹도 하고 **과천서울대공원 산림욕장 트레킹**	182
고구려의 기상이 살아온다 **아차산**	190
병자호란의 아픔을 간직한 **남한산성 성곽 트레킹**	200
세계문화유산 수원화성을 따라 걷는 **성곽 트레킹**	210
전원의 아름다움이 느껴지는 곳 **노을 캠핑장**	220
북악산 성곽 길을 따라 걷는 **서울 역사 여행**	226

식물도 배우고
트레킹도 하고
과천서울대공원 산림욕장 트레킹

교과서 여행 난이도 - 초등학교 4학년 이상

관련 교과
5-1 과학 3. 식물의 구조와 기능
• 잎의 구조를 알아보자.
5-1 과학 3. 식물의 구조와 기능
• 우리 고장의 식물원을 가보고 관찰보고서를 써보자.

관람 정보

🏠 경기도 과천시 대공원 광장로 102(막계동 159-1) ☎ 02-500-7338
● grandpark.seoul.go.kr

| 자가용 | ● 서울대공원 주차장 이용 ● 소형(승용차) 4,000원, 경차 2,000원 |
| 대중교통 | ● 지하철 ● 4호선 대공원(서울랜드)역 2번 출구 |

관람 안내

삼림욕장 트레킹 코스

(가 구간)	호주관 뒤쪽 ⋯ 남미관 샛길까지 2.2km, 60분 소요, 선녀못이 있는 숲, 아카시아나무 숲, 자연과 함께 하는 숲, 얼음골 숲, 못골산막, 송촌산막이 있음.
(나 구간)	남미관 샛길 ⋯ 저수지 샛길까지 총 1.7km, 50분 소요, 생각하는 숲, 쉬어가는 숲, 원앙이 숲, 얼음골 산막, 청계산막이 있음.
(다 구간)	저수지 샛길 ⋯ 맹수사 샛길까지 총 1.4km, 30분 소요, 독서하는 숲, 밤나무 숲, 망경산막, 밤골산막이 있음.
(라 구간)	맹수사 샛길 ⋯ 산림전시관까지 총 1.6km, 35분 소요, 사귐의 숲, 소나무 숲이 있음.

산림욕장 개장시간 ● **평일** 09:00 ~ 18:00, **토 · 일 · 공휴일** 09:00 ~ 18:00
동물원, 리프트, 코끼리 열차를 모두 이용할 계획이라면 패키지 상품으로 구입하는 것이 좋습니다.

요금 안내

서울대공원 동물원 입장 요금을 내면 삼림욕장 이용가능
어른 3,000원, **청소년** 2,000원, **어린이** 1,000원

과천서울대공원 산림욕장

걷는 것은 우리의 몸과 마음을 건강하게 합니다. 우리가 평소에 눈여겨보지 않았던 자연과 마주하며 작은 생명의 소리에도 귀 기울일 줄 아는 품성도 길러줍니다. 걷고 오르는 힘든 과정을 통해 인내하는 법, 어려운 문제에 직면했을 때 스스로 문제를 해결하는 방법도 배우게 됩니다. 그래서 저는 아이들과 등산을 하며 이 많은 것들을 가르치지 않아도, 말로 설명해주지 않아도 스스로 익혀나가는 과정을 관찰하며 참 행복한 마음이 들었습니다.

서울근교에서 대중교통을 이용해 아이들과 손쉽게 찾을 수 있는 트레킹 코스로

자연과 함께하는 행복한 산행

저는 과천서울대공원 산림욕장 코스를 추천합니다. 7킬로미터 정도 되는 다소 긴 구간으로 총 2시간 30분 정도 걸리는 코스입니다. 그러나 가파른 산길도 없고 길이 잘 정비되어 있는데다가 구릉진 능선을 따라 살짝 오르고 내리는 길을 반복해서 걷는 구간이므로 힘들지 않게 가족 산행을 시도해 보기에 적합한 곳입니다. 다만 코스가 길기 때문에 등산이나 걷기에 어느 정도 자신 있는 초등학교 4학년 이상의 아이들에게 추천합니다.

쉽게 따라하는 산림욕장 트레킹

과천서울대공원 분수대

과천서울대공원은 교통편이 좋아서 자가용으로 가도 되지만 지하철로 이동해도 불편함이 없는 곳입니다. 삼림욕장 트레킹이 어려운 어린아이들의 경우 서울랜드와 동물원이 있어 여가 활동을 즐기기에 더할 나위 없이 좋습니다. 삼림욕장으로 가기 위해서는 대공원역에서 내려 직진하면 분수대를 만납니다. 분수대에서 바로 보이는 건물에서 코끼리 열차를 타고 동물원 입구에서 내리는 방법과 오른쪽으로 돌아 리프트를 타고 동물원 입구에서 하차하는 두 가지 방법으로 삼림욕장에 갈 수 있습니다. 갈 때는 리프트, 돌아올 때는 코끼리 열차를 타고 돌아올 계획이라면 동물원, 코끼리 열차, 리프트 세 가지를 묶어 패키지 요금으로 구입하면 할인 혜택을 받을 수 있습니다.

〈가 구간〉 탐방

선녀못이 있는 숲 서울대공원이 조성되기 전에는 연못이 있던 장소였습니다. 낮에는 아낙들의 빨래터로, 밤에는 사람들의 눈을 피해 몰래 목욕하던 장소로 사용되었습니다. 삼림욕장이 조성된 지금은 이 주변을 쉼터로 만들고 시비를 만들어서 선녀못이 있던 장소임을 많은 사람들에게 알려주고 있습니다.

얼음골 숲 다른 곳보다 공기가 더 시원하게 느껴지는 곳입니다. 봄이 와도 얼음이 녹지 않는 곳이기도 합니다. 계곡이 다른 곳보다 넓고 깊어 삼림욕 효과가 높아지는 곳이니 이곳을 지나칠 때는 숨 한 번 크게 들이쉬고 마음껏 맑은 공기가 주는 행복한 기분을 만끽해보세요.

> **호주관 뒤쪽**
> 남미관 샛길까지 2.2킬로미터로 60분 걸리며, 선녀못이 있는 숲, 아카시아나무 숲, 자연과 함께하는 숲, 얼음골 숲, 못골 산막, 송촌 산막이 있는 구간입니다.

〈나 구간 탐방〉

본격적으로 삼림욕을 즐기며 사색하고 쉬어가기도 하며 자연을 만끽하는 구간입니다. 맨발로 걷는 숲에서는 신발을 잠시 벗고 흙이 주는 생명력을 온몸으로 느껴 보세요. 산책하는 길 구석구석에는 비밀스러운 시 한 편도 숨어 있습니다. 걷다가 잠시 길을 멈추고 시 한 편 음미하며 걷는 것도 또 다른 행복을 전해줄 것입니다.

> **남미관 샛길**
> 저수지 샛길까지 1.7킬로미터로 50분 걸리며, 생각하는 숲, 쉬어가는 숲, 원앙이 숲, 얼음골 산막, 청계 산막이 있습니다.

숲이 주는 휴식

포근한 이끼가 융단처럼 덮혀 있는 길

식물도 배우고 트레킹도 하고 과천서울대공원 산림욕장 트레킹

토실토실 사랑이 익어가는 밤나무 숲

저수지 샛길

맹수사 샛길까지 1.4킬로미터로 30분 걸리며, 독서하는 숲, 밤나무 숲, 망경 산막, 밤골 산막이 있습니다.

<다 구간 탐방>

숲길 트레킹도 이제 막바지에 도달해 가는 즈음해서 잠시 머리를 식힐 겸 준비해 간 책을 펼쳐놓고 독서하는 숲에서 읽다가 가는 것도 좋을 것입니다. 활자 한 자 한 자 읽을 때마다 머릿속을 스쳐가는 상쾌한 공기에 저절로 지식이 무르익을 것입니다.

아이들과 밤꽃 향기 가득한 날 혹은 밤알이 영글어 소리 내어 떨어지는 날에 손 마주 잡고 걸어보세요. 행복은 우리 가족의 차지가 될 것입니다.

<라 구간 탐방>

다양한 식물이 군락을 이루며 각각 저마다의 이름표를 달고 서 있기 때문에 아이들과 함께 식물 이름을 공부하며 걷다 보면 어느새 삼림욕장 출구에 도착해 있을 것입니다. 크게 쭉쭉 뻗은 나무들이 많아서 숲이 주는 매력을 느낄 수 있습니다.

맹수사 샛길

산림전시관까지 1.6킬로미터로 35분 걸리며, 사림의 숲, 소나무 숲이 있습니다.

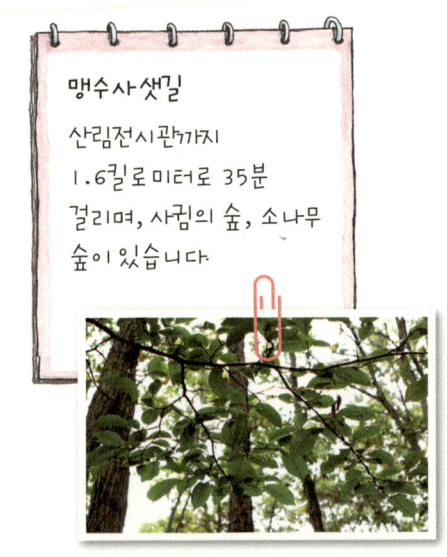

 **주변 교과서 여행지** — 동물원

🏠 경기도 과천시 대공원 광장로 102 • ☎ 02-500-7338

넓은 부지에 다양하게 조성된 동물들의 보금자리는 살아 있는 생명의 소중함을 일깨워 주는 중요한 공간입니다. 생김새와 사는 환경이 모두 다른 동물들을 관찰하면서 동물에 대한 이해도를 높이고, 물개쇼나 돌고래쇼 같은 재미있는 공연도 즐길 수 있어서 아이들에게 매우 유익한 시간이 될 것입니다.

주변 교과서 여행지

국립현대미술관

🏠 경기도 과천시 광명로 313 • ☎ 02-2188-6000 • www.moca.go.kr

작은 공간에 소담하게 담아내는 질그릇 같은 느낌의 미술관도 보는 재미가 남다르지만 국립현대미술관은 규모면에서 월등하게 크기 때문에 야외 조각공원에서부터 출발하는 여러 가지 미술작품들을 더욱 예술적인 감각으로 만날 수 있어서 좋습니다. 걷다가 지친 몸과 마음을 아름다운 미술 작품들과 함께하며 쉬는 기분으로 관람할 수 있는 공간입니다. 국립현대미술관 안에는 어린이들의 미술 작품이 전시되어 있는 어린이 미술관과 한국을 대표하는 거장 백남준의 비디오아트 '다다익선'을 만날 수 있어 아이들에게는 더욱더 뜻 깊은 장소가 되어줄 것입니다.

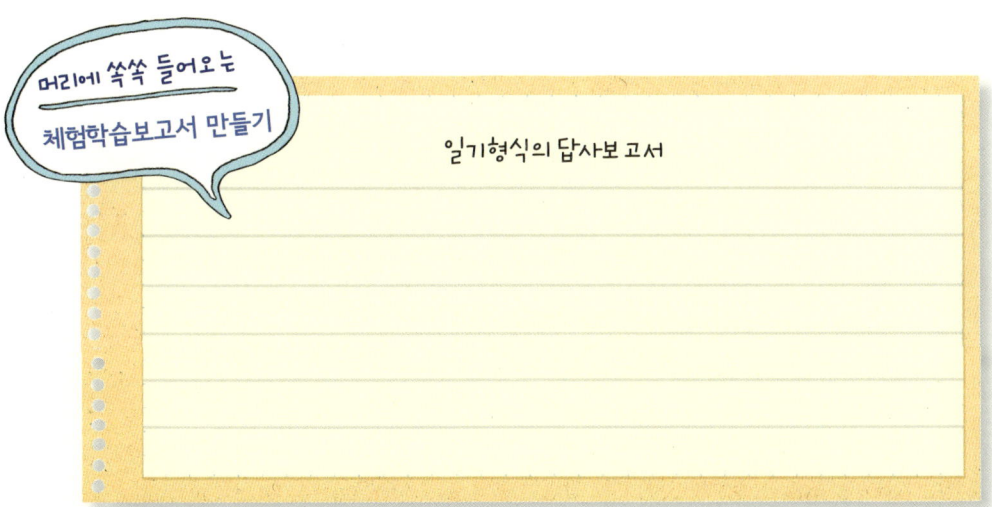

머리에 쏙쏙 들어오는 체험학습보고서 만들기

일기형식의 답사보고서

다음 보고서를 참고해서 체험학습보고서를 작성해 보세요.

서울대공원 삼림욕장

체험날짜	2011년 10월 15일 토요일
날씨	조금 쌀쌀했지만 기분은 상쾌해

답사 지역 가는 방법 지하철 대공원역에 내려서 2번 출구로 나오면 서울대공원 삼림욕장에 갈 수 있어요.

답사 코스 서울대공원 삼림욕장 출구에서부터 솔나무 숲-사귐의 숲-밤나무 숲-독서하는 숲-원앙이 숲-맨발길-약수터-쉬어가는 숲-생각하는 숲-얼음골 숲-자연과 함께하는 숲-아카시아나무 숲-선녀못이 있는 숲-다람쥐 광장-입구를 거쳤어요. 이 구간을 거치지 않고 출구에서 시작해서 생각하는 숲과 얼음골 숲 근처까지 가고 이정표가 나오면 남미관 샛길(0.2킬로미터)을 따라서 곧장 동·식물원으로 가면 빨라요. 입구에서부터 오는 방법도 있지만 오르막이 많아서 힘들어요. 출구에서부터 남미관 샛길로 안 가고 끝까지 가는 길은 끝에 오르막이 뭉쳐서 나오는 경우가 있어 끝이 조금 힘들어요.

답사내용과 느낀 점 출구에서부터 올라가는 길은 계단이 많아 힘들었지만 뒤에 내리막길이 있어 편했어요. 부드러운 흙길이 오르막에 지친 다리를 풀어 주는 것 같았어요. 조금 험하고 가파른 길을 지나면 솔나무 숲이 나오고 좀 더 오래 걷다 보면 지도와 이정표, 그리고 사귐의 숲이 나와요. 사귐의 숲에서 기다보면 밤나무 숲과 조그만 의자와 쉼터, 밤나무가 나와요. 저는 밤도 주웠는데 갓 딴 것이라 그런지 아주 컸어요. 그래서 집에 가져가려고 주머니에 넣었지요. 동생들에게 보여 주면 좋아할 것 같았어요. 동생들이 싸울지도 모른다는 것을 기억하지 못하고 말이에요. 문득 생각났어요. 그래서 밤을 두 개 더 가지고 가서 싸우지 않게 하려고 바지 주머니에 밤 두 개를 더 담았어요.

더 가다보면 독서하는 숲이 나와요. 잠시 쉬었다 가다 보면 얼마 안 되서 원앙이 숲이 나와요. 독서하는 숲에서 원앙이 숲까지는 금방 갈 수 있어요. 왜냐하면 거리가 짧거든요.

맨발 길은 맨발로 가는 길이지만 맨발로 가지 않아도 되요. 사람들도 대부분 맨발이 아닌 신발과 양말을 신은 채로 맨발 길을 지나 약수터와 쉬어가는 숲으로 향해요.

쉬어가는 숲 안에 약수터가 있어요. 쉬어가는 숲과 약수터에서 좀 많이 가다 보면 생각하는 숲이 나와요. 얼음골 숲은 생각하는 숲과 쉬어가는 숲의 거리와 그 거리의 절반을 합한 만큼 걷다 보면 나오는데 쉬어가는 숲과 생각하는 숲의 거리만큼 오면 이정표가 있고 남미관 샛길은 그곳에서만 갈 수 있어요. 그냥 남미관 샛길로 가지 않고 옆에 편한 길로 가면 얼음골 숲에 갈 수 있어요. 얼음골 숲은 다른 곳보다 아주 시원해요. 얼음골 숲과 자연과 함께하는 숲 사이는 아주 길어서 대략 2학년의 보통 걸음 걸이로 30분 정도 걸려요.

자연과 함께하는 숲에서 걷다 보면 아카시아나무 숲이 나와요. 아카시아나무 숲에서 쉬지 않고 걷다 보면 선녀못이 있는 숲이 나와요. 힘을 내서 조금 오래 걷다 보면 입구와 동물원 정문이 나온답니다.

힘들었지만 다람쥐가 많이 살고 있어서 좋았어요. 식물과 동물을 관찰하며 걷다 보면 시간 가는 줄 모르는 즐거운 체험이 될 거예요.

고구려의 기상이 살아온다
아차산

교과서 여행 난이도 - 초등학생 이상

관련 교과
5-1 사회 1. 하나된 겨레
· 삼국의 발전과정에 대하여 알아보자.

관람 정보

🏠 서울특별시 광진구 광장동 370 아차산 • ☎ 02-450-7782 • www.gwangjin.go.kr/achasan

자가용 • 아차산 주차장 이용(유료)

대중교통 • 버스 • 2호선 강변역에서 워커힐 아파트 방면 01번 마을버스 이용, 130번, 300번, 370번, 9301번 아차산 생태공원 정류장 하차
• 지하철 • 5호선 광나루역 1번 출구(도보 약 15분 소요)

관람 안내

가족과 함께하는 아차산 등산코스 소개

1코스	아차산 생태공원-소나무 숲-아차산성길-낙타고개-친수계곡-아차산관리사무소-만남의광장(약 1시간 30분 소요)
2코스	만남의광장- 소나무 숲-낙타고개-고구려정-해맞이광장-아차산정상-대성암-낙타고개-친수계곡-만남의광장(약 2시간 소요)
3코스	만남의광장- 아차산 관리사무소-친수계곡-고구려정-아차산정상-용마산정상-뻥튀기골입구(약 2시간 30분 소요)
4코스	만남의광장- 소나무 숲-낙타고개-고구려정-대성암-아차산정상-제4보루성터-긴고랑입구(약 2시간 30분 소요)

삼국의 치열한 격전지였던 아차산

아차산은 서울시 광진구와 경기도 구리시에 걸쳐 뻗어 있는 산입니다. 크고 웅장한 산은 아니지만 한강을 조망하는 탁월한 전망과 비교적 평탄하고 수월한 등산로를 가진 산이라 가족 여행자들이 즐겨 찾기에 손색없는 장소입니다. 최근에는 10여 년 전 아차산에서 남한에서는 보기 힘든 고구려 유적인 아차산 고구려 보루군이 발굴되면서 한강 유역을 놓고 벌였던 고구려, 백제, 신라의 치열했던 역사 현장을 공부해 볼 수 있는 소중한 장소로 주목받고 있습니다. 아이들과 등산을 한다면 1시간 30분 정도의 적당한 트레킹 시간에 숲길 탐방을 할 수 있는 아차산 생태공원과 백제의 성곽 건축 기술을 찾아볼 수 있는 아차산성길을 통과하는 1코스를 추천합니다.

바보온달과 평강공주

바보온달과 평강공주 이야기는 워낙 유명한 일화이기 때문에 아직까지도 많은 사람들의 입에 오르내리고 있습니다. 우리가 알고 있는 바보온달과 평강공주 이야기는 『삼국사기』가 원전입니다.

　온달은 홀어머니를 모시고 사는 가난한 평민이었습니다. 너무도 가난해서 하루하루 끼니를 구걸해서 먹어야 할 정도였습니다. 마음은 곱고 착했지만 얼굴이 너무나 못생기고 우스꽝스러워서 사람들은 그에게 '바보온달'이라는 이름을 붙여주었습니다. 평원왕의 어린 딸은 어린 시절 너무나 자주 울음을 터뜨려 주변사람들을 고생시켰습니다. 그럴 때마다 평원왕은 이렇게 이야기했다고 합니다.

　"그만 울어라. 자꾸 울면 바보온달에게 시집보내 버린다. 뚝!"

　평강공주는 신기하게도 그때마다 울음을 뚝 그쳐서 그 후로도 공주가 울 때마다 평원왕은 바보온달에게 시집보내겠다는 말을 하곤 하였습니다. 어느덧 세월은 흘러 울보 평강공주의 나이도 열여섯 살이 되었습니다. 평원왕은 공주를 귀족 집안인 상부 고씨에게 시집보내려 하였습니다. 그때 평강공주는 이렇게 말했습니다.

　"아버님께서 어릴 적부터 저에게 온달에게 시집보낸다고 말씀하셨습니다. 저는 늘 이 언약을 철석같이 믿으며 자랐습니다. 하오니 저는 고씨에게 시집가지 않겠나이다."

　평원왕은 크게 분노하였습니다.

　"뭐라, 감히 이 아비의 말을 어긴단 말이냐. 너는 내 딸이 아니니 당장 나가거라."

바보온달과 평강공주

　공주는 큰 결심을 한 듯 많은 패물을 모아 몸에 지니고 궁을 빠져 나갔습니다. 온달의 집에는 마침 온달이 없었습니다. 평강공주와 마주친 온달의 어머니는 비록 눈먼 장님이었지만 느낌으로 그녀가 귀한 집에서 자란 처녀임을 알아차렸습니다.

　"이같이 귀한 분이 이렇게 누추한 곳에는 어쩐 일로 오셨습니까. 우리 온달이는 착하고 부지런한 아이이기는 하나 아가씨처럼 귀한 분께는 어울리지 않는 아이이니 돌아가시지요."

평강공주와 어머니가 이야기를 하는 동안 온달은 나무 짐을 한 짐 지고 돌아오는 중이었습니다.

온달은 선녀처럼 아름다운 평강공주를 보고 그 자리에 얼음처럼 굳어 멈추어 섰습니다. 온달은 순간 평강공주와 눈이 마주쳤습니다. 얼굴이 완전히 붉어진 온달은 고개를 숙이며 못본 척하고 지나치려 하였습니다.

"온달, 온달 님이십니까?"

"그렇습니다."

"온달 님의 아내가 되고자 찾아왔습니다. 받아주십시오."

온달은 너무 놀라서 뒤로 몇 발짝 물러섰습니다.

"뉘신지요. 당신은 분명 저를 홀리려고 온 여우가 분명하군요. 이렇게 비천한 저에게 어찌 그런 말씀을 하십니까. 당장 물러가세요."

온달은 뒤도 돌아보지 않고 방으로 들어가 버렸습니다. 다음 날 온달은 집 앞에서 쭈그리고 앉아 밤을 샌 평강공주를 발견했습니다. 그 모습이 너무도 애처로워 더 이상은 온달도 공주의 고집을 꺾지 못하였습니다. 공주는 궁에서 가져온 패물을 팔아 논과 밭, 집, 소와 말을 마련하였습니다. 온달에게는 무예와 글을 배우게 하였으며 부지런히 말을 키워 전쟁에 나가도 충분할 만큼 좋은 말로 키워 놓았습니다. 온달은 점점 몰라 볼 만큼 놀라운 무예 솜씨를 갖추어 가기 시작했습니다.

고구려는 해마다 3월 3일에 사냥 의식을 갖습니다. 평원왕은 사냥 대회 내내 줄곧 놀라운 사냥 솜씨를 발휘하고 있는 한 장수에게 눈길이 쏠려 있었습니다.

"네 이름은 무엇이냐?"

사냥 대회가 끝나고 평원왕은 그를 따로 불러 물었습니다.

"온달이라 하옵니다."

"허허, 네가 그 바보온달이란 말이냐? 네 말이 아주 좋구나. 저 말은 누가 기른 것이냐?"

"제 아내가 저를 위하여 기른 것이옵니다."

"말을 키우는 솜씨가 놀랍구나. 네 아내의 이름은 무엇이냐?"

"폐하의 따님 평강공주님이옵니다."

평원왕은 놀라움을 금치 못했습니다. 평원왕은 그 길로 온달을 부마로 삼았습니다. 온달은 여러 전쟁에 참여하여 큰 공을 세우게 됩니다.

평원왕이 죽고 영양왕이 즉위하자 온달은 신라와의 일전을 치르기 위하여 전쟁터로 나갔습니다. 당시 신라는 워낙 고구려의 큰 위협이 되었기에 온달은 다음과 같이 결연한 의지를 밝혔습니다.

"빼앗긴 한강 유역을 되찾기 전에는 결코 돌아오지 않을 것입니다."

온달은 결국 아단성 밑에서 신라군과 장렬하게 싸우다가 전사합니다. 신라에 대한 원통함 때문인지 그를 묻은 관은 움직일 생각을 하지 않았으나 평강공주가 찾아와 관을 어루만지자 비로소 관이 움직였다고 합니다. 이 아단성에 대해서는 많은 말들이 있습니다. 아차산이라 보는 설과 단양의 온달산성으로 보는 설들이 그것입니다.

 교과서 깊이 알기

온달이 한강 유역을 차지하려고 한 까닭은 무엇인가요?

한강 유역은 삼국 최대의 격전지였습니다. 한강 유역을 차지한 나라는 모두 전성기를 누렸습니다. 4세기경 한강 유역을 차지했던 백제, 5세기경 한강 유역을 차지했던 고구려, 6세기경 마지막으로 한강 유역을 차지했던 신라는 모두 최대의 전성기를 구가하며 삼국을 호령했습니다. 한강 유역은 예부터 큰 강을 끼고 있어 물이 풍부했으며 넓고 기름진 평야를 끼고 있는 곡창지대로 사람들이 생활하기에 이로운 곳이었습니다.

그러나 무엇보다 한강 유역을 차지한다는 것은 중국으로 가기 위한 수로를 확보하는 것으로 중국과 교류하여 경제적인 이득을 취할 수 있어 나라의 발전을 도모하기에 유리한 위치를 차지하는 것을 의미하는 것이었습니다. 한강 유역을 되찾는 것은 곧 나라의 경제적 발전과 국제적인 입지를 드높일 수 있는 길이었기 때문에 삼국은 한강을 사이에 두고 치열한 격전을 벌였던 것입니다. 실제로 한강 유역을 차지한 국가는 중국과의 교역에서 많은 이득을 취할 수 있었습니다.

못다 한 이야기 　　**아차산성에서 막을 내린 한성 백제의 마지막**

"백제 때문에 큰일을 도모할 수 없으니 걱정이다."

고구려 장수왕의 시름은 깊었습니다. 선대왕인 광개토대왕이 개척해 놓은 광활한 북방영토를 굳건히 세우고 이제 남쪽으로 뻗어나갈 때인데 여전히 강력한 힘을 과시하며 한강 유역을 차지하고 있는 백제는 큰 걸림돌이 아닐 수 없었습니다.

그때 승려 도림이 앞으로 나섰습니다.

"백제 왕은 바둑을 좋아한다고 들었습니다. 신이 고구려에서 쫓겨난 것처럼 위장하여 백제 왕의 신임을 사고 그 후 차차 일을 도모해 보는 것이 어떻겠습니까."

장수왕은 시름에 찬 표정을 거두고 그제야 만면에 미소를 머금으며 무릎을 쳤습니다. 도림은 왕명을 받들어 백제로 몰래 잠입했습니다. 바둑을 좋아하는 개로왕에게 바둑으로 접근할 생각이었던 것입니다. 이 계획은 적중하여 개로왕의 마음을 단번에 사로잡았습니다.

"그대의 바둑 실력은 과인의 마음까지 흔드는군. 앞으로 힘든 일이 있거나 원하는 것이 있다면 언제든 말하게. 바둑을 잘 두는 그대를 내 벗으로 삼을 수 있어 마음이 흡족하네."

개로왕은 본디 현명하고 용맹한 왕이었으나 바둑으로 마음을 휘어잡는 도림 앞에서는 꼼짝을 할 수가 없었습니다. 도림은 완전히 개로왕의 마음을 사로잡았다고 생각했을 때 본격적으로 속내를 털어놓았습니다.

"지금 대왕의 궁궐은 너무나 낡고 초라하여 백성들에게 왕실의 위엄이 서지 않사옵니다. 성을 더 높이 쌓고 궁궐을 새롭게 지어 위엄을 세우고 대왕의 권위를 드높이소서."

개로왕은 평소 마음이 가 있던 승려 도림의 말을 충언으로 받아들였습니다. 도림의 말을 따라 개로왕은 백성들을 동원한 큰 공사를 시작했습니다. 그렇지 않아도 농사 짓느라 힘들었던 백성들은 공사로 고달픔이 이루 말할 수가 없었습니다. 더군다나 궁궐을 지나치게 크고 화려하게 짓느라 국고도 모두 탕진하고야 말았습니다. 고을 곳곳에서 백성들의 원성이 자자하자 도림은 고구려로 몰래 도망쳤습니다.

"대왕, 지금이옵니다. 어서 백제를 치시옵소서."

돌아온 도림에게 보고를 받은 장수왕은 드디어 출정을 명합니다.

"드디어 때가 왔다. 어서 백제를 치러가자! 백제에게 억울하게 돌아가신 증조부의 (고국원왕) 원수를 이제야 갚겠구나."

궁궐을 짓느라 경황없이 고구려 군을 맞은 백제는 마침내 위례성을 내어주고야 말았습니다. 개로왕은 한때 부하였던 고구려 장수 재증걸루에게 아차산성 아래에서 목을 내주고 찬란했던 위례성 시대를 마감했습니다.

주변 교과서 여행지 · 서울시민안전체험관

🏠 서울특별시 광진구 능동 18 · ☎ 02-2049-4000 · safe119.seoul.go.kr

대중교통 · 버스 · 지선버스(2221번, 3216번, 4212번)어린이대공원정류장에서 하차
· 지하철 · 7호선 어린이대공원역 1번 출구 도보 5분 거리, 5, 7호선 군자역 6번 출구 도보 10분 거리

관람 안내

1. 예약제로 운영되니 반드시 예약을 하고 방문해야 합니다.

1월~3월	전년 11/1일 09:00부터 예약 가능	휴관일 매주 월요일 및 1월 1~2일 토요일과 공휴일 정상 운영	입장료 무료
4월~6월	금년 2/1일 09:00부터 예약 가능		
7월~9월	7월~9월 ☞ 금년 5/1일 09:00부터 예약 가능		
10월~12월	10월~12월 ☞ 금년 8/1일 09:00부터 예약 가능		

2. 체험관 이용은 만 4세(48개월) 이상만 가능 : 예약은 인터넷 홈페이지 또는 전화(02-2049-4000)
3. 체험관은 1일 3회(10:00, 13:00, 15:00)운영하며, 1회당 약 1시간 40분 소요됩니다. 매주 화요일과 목요일에는 4회차(19:00) 운영합니다.

소방 체험 / 연기피난 체험

서울시민안전체험관은 국내 최초의 재난체험관입니다. 언제 닥칠지 모르는 재난과 재해에 효과적으로 대비할 수 있는 능력은 행복하고 건강한 삶을 살아가기 위한 기본 바탕이라는 믿음으로 화재, 지진, 풍수해, 응급 처치, 소화기 사용법을 어린이들이 체험할 수 있도록 만들었습니다. 소방관 아저씨께서 친절하게 인솔하며 재난 대피 요령을 자세하게 설명해 주기 때문에 다른 어느 체험관보다 더 현장감 있고 실제 생활에도 도움이 되는 내용들로 가득합니다. 진지하게 체험에 임하다 보면 어느 순간 재난에 대한 현실적인 고민하게 되며 대처 요령을 배우며 자신감도 생길 것입니다.

> 머리에 쏙쏙 들어오는
> 체험학습보고서 만들기

학교에서 주는 보고서 양식에 맞춰
체험학습보고서 써보기

다음 보고서를 참고해서 체험학습보고서를 작성해 보세요.

가족행사 참여 결과 보고서

체험명	아차산 가족산행
체험날짜	2011년 10월 2일~3일
체험내용	고구려, 백제, 신라 삼국의 격전지이자 고구려인들이 만든 보루유적이 남아있는 아차산으로 떠난 가족산행.

답사내용과 느낀 점 오랜만에 등산을 가기로 결정하고 장소를 살펴보던 중 초등학생이 올라도 무난하게 오를 수 있다는 아차산으로 가보기로 했다. 2시간 정도면 아차산 정상까지 도착할 수 있다. 엄마는 서울의 여러 산들 중 북한산 다음으로 아차산이 좋으시단다. 그 이유는 등산을 하면서 아름다운 한강을 함께 보며 걸을 수 있기 때문이라고 하셨다. 처음에는 계단이 많이 나와서 헉헉대며 올라갔지만 차츰 전망이 좋아지면서 엄마가 하신 말씀이 무슨 말씀인지 이해가 갔다. 해가 쨍하게 비치는 날에는 멀리 우리집까지 내려다보일 것 같았다. 고구려가 이곳에 보루를 만든 이유를 또 알것 같았다. 이곳에다 초소를 만들면 눈 앞에 백제의 도성인 풍납토성이 보이고 적의 동태를 살피기에 안성맞춤일 것 같았기 때문이다. 어서 빨리 보루가 다 복원되어 일반 시민들도 관람할 수 있는 날이 왔으면 좋겠다.

날씨가 조금 흐릿해서 아주 멀리까지 보이지는 않았지만 뿌듯하고 신나는 하루였다.

아차산성을 따라 걷는 등산로와 아차산에 핀 꽃

도토리마을

🏠 서울특별시 광진구 광장동 246-10 • ☎ 02-456-9693

도토리 음식 전문점입니다. 식사 시간에는 늘 손님들로 북적입니다. 얼음이 사각사각하게 씹히면서 각종 야채와 어우러진 시원한 도토리물묵채밥과 나무 소반에 담겨 나오는 도토리묵비빔밥이 별미입니다. 도토리만두국도 속이 꽉 차서 씹히는 맛이 일품이며 독특한 도토리수제비도 인기메뉴입니다. 등반 후에 너무 부담스러운 고기류보다는 몸에 좋고 맛도 좋은 웰빙 음식을 드시고 싶은 분들께 추천하고 싶은 식당입니다.

도토리마을의 도토리물묵채밥

병자호란의 아픔을 간직한
남한산성 성곽 트레킹

교과서 여행 난이도 - 초등학교 5학년 이상

관련 교과
5-1 사회 3. 유교전통이 자리 잡은 조선
• 병자호란과 북벌론에 대하여 알아보자.

관람 정보

🏠 경기도 광주시 중부면 남한산성로 784-16 • ☎ 031-743-6610
• www.namhansansung.or.kr

대중교통 • 버스

시내버스 13번, 13-2번 탑승하여 광지원 남한산성 입구 역에서 하차 후 15-2로 환승

시내버스 9번 탑승하여 남한산성로터리에서 하차

시내버스 52번 탑승하여 남한산성 남문 매표소에서 하차

• 지하철 • 8호선 산성역 2번 출구 시내버스 9번 승차 • 5호선 마천역 1번 출구 남한산성으로 가는 등산로 시작(남한산성 서문까지 1시간 소요)

관람 안내

등산코스

1코스 거리 3.8km	**소요 시간** 80분 • 산성종로(로터리) – 북문(0.4km) – 서문(1.1km) – 수어장대(0.6km) – 영춘정(0.3km) – 남문(0.7km) – 산성종로(로터리 0.7km)
2코스 거리 2.9km	**소요 시간** 60분 • 산성종로(로터리) – 영월정(0.4km) – 숭열전(0.2km) – 수어장대(0.6km) – 서문(0.7km) – 국청사(0.1km) – 산성종로(로터리0.9km)
3코스 거리 5.7km	**소요 시간** 120분 • 역사관 – 현절사(0.1km) – 벌봉(1.8km) – 장경사(1.5km) – 망월사(1.1km) – 지수당(1.0km) – 관리사무소(0.2km)
4코스 거리 3.8km	**소요 시간** 80분 • 산성종로(로터리) – 남문(0.7km) – 남장대터(0.6km) – 동문(1.1km) – 지수당(0.5km) – 개원사(0.3km) – 산성종로(로터리0.6km)
5코스 거리 7.7km	**소요 시간** 200분 • 역사관 – 동문(0.6km) – 동장대터(1.1km) – 북문(1.6km) – 서문(1.1km) – 수어장대(0.6km) – 영춘정(0.3km) – 남문(0.7km) – 동문(1.7km)

교과서 연계학습 　이렇게 공부해요

관련 교과(개정교육과정반영) 5-1 사회 3. 유교전통이 자리 잡은 조선
- 병자호란과 북벌론에 대하여 알아보자.

학습 과제 • 남한산성에서 병자호란과 관계있는 유적과 역사인물 등을 조사하여 친구들에게 소개하는 글을 써보자.

흔히 남한산성을 두고 '천혜의 요새'라고 부릅니다. 높은 산세를 끼고 둘러싸여 있는 성곽을 따라 걸어보면 그 험준함과 근엄함은 적들이 감히 범접하지 못할 기상을 느끼게 해줍니다. 남한산성은 흔히 우리가 병자호란과 함께 연관지어 생각하기 쉽지만 남한산성의 방어적 장점은 삼국시대로까지 거슬러 올라갑니다. 이미 남한산성은 삼국시대 백제에게 한강과 더불어 가장 중요한 군사적 요충지로 여기던 곳이었습니다.

여행지로서 남한산성은 초등학생 이상 등산을 어느 정도 해본 아이들이라면 어렵지 않게 오를 수 있으므로 인내심을 기르고 리더십을 키워주는 성곽 트레킹 장소로 적당합니다. 1~4코스는 비교적 적당한 등산 코스로 초보자들이 선택하기 알맞습니다.

남한산성 성곽길

그러나 성곽을 따라 걸으면서 남한산성 구석구석을 둘러보고 싶은 분들은 5코스를 추천합니다. 다만 아이들의 경우 체력 안배를 잘해야 하기 때문에 체력적으로 충분히 단련된 아이들이 시도하는 것이 좋겠습니다.

남한산성을 지키는 방어시설

성문 성의 안과 밖을 연결하는 문입니다. 공격적인 방어를 하기 쉬운 위치에 주로 설치하였습니다. 남한산성의 성문은 동문인 좌익문, 서문인 우익문, 남문인 지화문, 북문인 전승문 이렇게 네 개의 문이 있으며 이 중에서 남문이 가장 화려하고 웅장합니다.

유일하게 현판이 남아있는 지화문(남한산성의 남문)

여장 성벽의 낮은 담을 여장이라고 부릅니다. 적의 화살이 날아오면 몸을 가릴 수도 있고 여장에 뚫린 구멍으로 화살이나 총을 쏘기도 했습니다. 다른 말로는 성가퀴라고도 부릅니다. 여장이 존재하지 않았다면 공격과 방어의 기능이 상당히 약해졌을 거예요.

남한산성의 여장

치(치성) 치는 성벽에 적이 접근하는 것을 관측하고 적군을 측면에서 공격할 수 있도록 성벽의 일부를 장방형으로 돌출해 쌓은 성벽의 일부로 남한산성에는 모두 다섯 개가 설치되어 있습니다. 그중 제2남옹성치는 남장대 바로 앞에 설치되어 있으며 남한산성에서 설치된 치 중 그 규모가 가장 큽니다. 본래 남한산성은 산세가 험준하고 성벽의 굴곡이 심해 치가 별도로 필요할 정도는 아니지만 남쪽은 다른 곳과 견주어

제2남옹성치

굴곡이 약해 방어력을 높이기 위해 치를 설치했다고 합니다. 수원화성에서도 치를 발견할 수 있는데 수원화성은 평지에 쌓은 성이라 더욱 견고하고 높게 치를 만들어 웅장한 느낌을 자아냅니다.

옹성 적이 성 안으로 진입하는 것을 막기 위해 성문 앞쪽에 반원형 혹은 사각형의 성벽을 만든 것입니다. 남한산성에는 모두 다섯 개의 옹성이 있는데 성문을 방어하기 위한 시설은 아니기 때문에 엄밀히 말하면 옹성의 기능보다는 치의 기능이 더 월등하다고 하겠습니다. 또 남한산성의 옹성들은 연주봉 옹성을 제외하고 다른 옹성은 원성 축조 시에 쌓은 것이 아니라 병자호란 이후에 적의 화포 공격에 대응할 목적으로 축조되었다는 것이 특징입니다.

적의 진입을 막는 옹성

장대 성 안에서 가장 높아 관측이나 지휘하기에 쉬운 곳에 설치한 시설입니다. 방향에 따라 동·서·남·북장대라 불렀으며 수원화성의 화성장대와 남한산성의 수어장대가 유명합니다. 남한산성에 있는 5장대들은 현재 서장대인 수어장대를 제외하고는 모두 소실되어 그 터만 남아 있습니다.

수어장대(왼쪽), 비밀 통로인 암문(오른쪽)

암문 성 안에 있는 비밀스러운 통로입니다. 적에게 들키지 않으면서 드나들기 편리한 곳에 설치한 문이었습니다. 전쟁에 필요한 물자를 날랐으며 적에게 포위당했을 때는 몰래 병사를 내보내 구원병을 요청하기도 했습니다. 남한산성은 이러한 암문이 많습니다. 모두 열여섯 개이며 우리나라의 성에서 가장 많은 수입니다.

남한산성의 전설

매바위 전설

매바위 위에 앉아있는 매

남한산성 트레킹 길에 반드시 들르게 되는 수어장대 앞마당 한쪽에는 매바위라 불리는 바위가 서 있습니다. 이 매바위에는 당시 남한산성 축조 공사 책임을 맡고 있었던 이회 장군의 억울한 넋이 깃들어 있습니다.

이회 장군은 당시 남한산성 동남쪽을 책임지고 있었습니다. 워낙 꼼꼼했던 이회 장군은 하나하나 살피며 공사를 진행하느라 그만 공사를 진행하기로 했던 기간을 넘기고 말았으며 공사 비용도 턱없이 모자라는 상황에 이르렀습니다. 이 같은 상황이 되자 항간에는 이회 장군이 술과 여자에 빠져 돈을 흥청망청 낭비했기 때문이라는 소문이 퍼지기 시작했습니다. 이 소문을 들은 나라에서는 이회 장군을 참수형에 처할 것을 명했습니다. 억울하게 죽음을 당하게 된 이회 장군은 죽기 전에 다음과 같은 말을 남겼다고 합니다.

"내가 죽은 뒤 아무런 일도 일어나지 않으면 죄가 있는 것이다."

이회 장군이 처형당하자 이회 장군의 목에서 매가 튀어나와 근처를 돌며 슬피 울다가 날아갔습니다.

수어장대 앞에 우뚝 서 있는 매바위

사람들은 뒤늦게야 이회 장군이 억울한 죽음을 당했다는 것을 알게 되었고, 후에 확인해 보니 이회 장군이 축조한 남한산성은 아주 견고하게 쌓아져 있었습니다.

임금의 곤룡포를 받은 서흔남 이야기

임금의 곤룡포를 받은 서흔남

남한산성관리사무소 앞에 있는 묘비 주인공에 대한 이야기입니다. 세월이 흘러가면서 마모가 심하지만 묘비 속 주인공의 이름인 서흔남(徐欣男)은 육안으로도 알 수 있습니다. 병자호란이 발발하여 남한산성으로 피난 온 인조는 무사히 한강을 건너기는 했으나 어두워진 시각에 남한산성을 올라야만 하는 어려움에 직면하게 되었습니다.

이때 한 총각이 나막신을 신고 산을 오르는 것을 보고 인조는 총각에게 자신을 업고 산성에 들어가게 해줄 것을 간청했고 총각은 인조의 명을 따라 인조를 업고 무사히 산성까지 들어갔습니다. 나중에 정신을 차리고 보니 총각이 나막신을 거꾸로 신고 올랐다는 사실을 알게 된 인조는 그 까닭을 물었습니다.

"나막신을 바로 신고 가면 적들에게 들킬까봐 마치 산을 내려간 것처럼 보이게 하기 위해 거꾸로 신고 올랐습니다."

이 총각의 이름이 바로 서흔남입니다. 총각의 지혜로 목숨을 건진 인조는 총각에게 원하는 것이 무엇인지 물었습니다.

"입고 계신 옷이 갖고 싶습니다."

인조는 총각의 소원을 망설임 없이 들어주었고 총각은 인조가 하사한 곤룡포를 죽기 전까지 목숨처럼 소중하게 보관하였다고 합니다.

> 머리에 쏙쏙 들어오는
> 체험학습보고서 만들기

산행일기 쓰기

다음 보고서를 참고해서 체험학습보고서를 작성해 보세요.

엄마와 함께한 남한산성 성곽길 트레킹

체험날짜	2011년 11월 21일 월요일, 안개 자욱한 날 조금 쌀쌀함.
산행코스	5코스 • 거리 : 7.7km, 소요 시간 : 200분 역사관 – 동문(0.6km) – 동장대터(1.1km) – 북문(1.6km) – 서문(1.1km) – 수어장대(0.6km) – 영춘정(0.3km) – 남문(0.7km) – 동문(1.7km)

아침에 남한산성에 오르기 시작했을 때는 안개가 무척 심했으나 곧 걷히며 서서히 아름다운 단풍들이 모습을 드러냈다. 가을 산에 단풍을 빼놓으면 섭섭하다. 우리는 연신 감탄사를 연발하며 산을 올랐다. 이곳은 예로부터 한강 유역을 방어하던 역사가 깊은 곳이어서 그런지 곳곳에 재미있는 시설물들과 의미 있는 유적들을 많이 만날 수 있었다. 방어 시설들 중 유독 암문이 눈에 많이 띄었는데 엄마 말씀으로는 우리나라 성들 중 암문의 수가 가장 많은 성이 바로 남한산성이란다.

적들의 눈을 피해 비밀스럽게 외부 세계와 소통할 수 있었던 공간인 암문, 산행 도중 만나서 그런지 더 신비스러웠다. 북문에 이르러서는 허리도 못 펼 만큼 힘들었지만 수어장대에 이르러서는 발걸음이 가벼워졌다. 인조가 병사들을 호령하던 수어장대에서 나도 당시 급박했던 시간으로 되돌아가 본다. 조금 더 멀리 내다보는 시각을 가졌더라면 전쟁도 없었을 텐데 하는 아쉬움도 남지만 그만큼 개인의 신념을 유지한다는 것은 중요한 일이었을 것이다. 엄마도 그 부분을 참 아쉬워하셨다.

산행은 남한산성 안내 책자에 나온 대로 3시간 30분 정도 걸렸다. 오랜만에 남한산성을 걸어서 그런지 뿌듯한 마음이 들었다. 아빠가 함께하지 못해 아쉬웠지만 다음 기회에는 온 식구들이 다 같이 한 번 더 오고 싶다. 눈 내리는 설경도 무척 아름답다는데 동생들이 좀 더 커서 아이젠을 신고 겨울 등반을 시도해 보는 것도 좋을 것 같았다. 오늘 하루는 정말 보람 있는 하루였다.

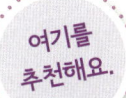
여기를 추천해요.

재넘어주막

🏠 경기도 광주시 중부면 산성리 401-1 • ☎ 031-748-3404

닭백숙과 오리백숙 등이 맛있는 음식점입니다. 주문하면 즉석에서 만들기 때문에 시간이 좀 걸리지만 진한 국물에 담백한 백숙 한 점 베어 물면 산행의 피로가 말끔하게 사라집니다. 콩나물국밥과 감자전처럼 간단하게 먹을 수 있는 음식들도 맛깔나 단골손님도 많습니다.

재넘어주막의 감자전

오복순두부

🏠 경기도 광주시 중부면 산성리 413 • ☎ 031-746-3567

30년 된 항아리에 이 집만의 특별한 비법이 담긴 간수를 보관하여 순두부를 만드는 데 사용하며 조미료를 전혀 사용하지 않는 웰빙 음식을 만드는 것이 이 집만의 자랑입니다. 열여덟 시간 불린 콩을 갈아 안면도에서 받아온 간수를 넣고 주먹처럼 뭉쳐 두부를 만드는데 고소하고 담백한 맛은 남한산성 근처에서도 소문난 맛을 자랑합니다. 아침 일찍 산행하기 전에 오복순두부 한 그릇 먹고 산에 오르면 몸도 마음도 함께 건강해지는 느낌입니다.

오복순두부의 먹음직스러운 순두부

세계문화유산인 수원화성을 따라 걷는
성곽 트레킹

교과서 여행 난이도 - 초등학교 4학년 이상

관련 교과
6-1 읽기
6. 타당한 근거
- 조선시대 실학자 정약용에 대하여 친구들과 이야기하여 보자.

5-2 사회
1. 조선사회의 새로운 움직임
- 화성을 짓는데 이용된 과학기술을 알아보자.

관람 정보

🏠 경기도 수원시 팔달구 행궁로 11 ☎ 031-290-3600 hs.suwon.ne.kr

대중교통 • 버스

시외버스(수원-잠실) • 1007번 좌석버스 05:00부터 8~12분 간격 운행 • 타는 곳 – 수원역, 화서문, 경기경찰청, 수서역, 잠실역, 석촌역, 가락시장 • 내리는 곳 – 종로

시외버스(수원-강남, 양재) • 3000번 좌석버스 06:00부터 20분 간격 운행 • 타는 곳 – 수원역, 팔달문, 장안문, 한일타운, 파장동, 양재역 앞, 강남역 • 내리는 곳 – 종로

• **지하철** • 1호선 수원역에서 11번, 13번, 36번, 39번 버스

관람 안내

	트레킹 코스 안내(3시간 소요)
1코스	화성행궁 ⋯ 서장대 ⋯ 장안문 ⋯ 방화수류정 ⋯ 연무대 ⋯ 봉돈 ⋯ 재래시장
2코스 (총길이 약 5.52km)	팔달문 ⋯ 서남각루(서남암문) ⋯ 서장대 ⋯ 화서문 ⋯ 서북공심돈 ⋯ 장안문 ⋯ 방화수류정 ⋯ 연무대 ⋯ 동북공심돈 ⋯ 창룡문 ⋯ 봉돈

요금 안내

구분	개인			단체(20인 이상)		
	어른	청소년 및 군인	어린이	어른	청소년 및 군인	어린이
수원화성 관람료	1,000원	700원	500원	700원	500원	300원
화성행궁 관람료	1,500원	1,000원	700원	1,200원	800원	500원
화성, 박물관 통합관람료	3,500원	2,000원	600원	2,000원	1,200원	400원

교과서 연계학습 📖 이렇게 공부해요

관련 교과 5-2 사회 1. 조선사회의 새로운 움직임 • 화성을 짓는데 이용된 과학기술을 알아보자.
학습 과제 • 수원화성을 걸으며 우리나라 성곽의 시설물들에 대하여 친구에게 알리는 편지를 써보자.

세계문화유산인 수원화성을 따라 걷는 성곽 트레킹

민수에게

민수야, 안녕? 나 금별이야. 평소 성곽에 대해 관심이 많은 너에게 수원화성에 대해 이야기해주기 위해 편지를 쓴다. 우리나라에 이렇게 멋진 문화유산이 있다는 것 그 자체만으로도 감동적이었지만 또한 화성 안에 숨은 이야기들을 함께 공부하면서 더 큰 자부심을 느끼게 되었단다. 나와 함께 화성을 걸으며 화성에 얽힌 재미있는 이야기들을 함께해보자.

수원화성에서 만날 수 있는 정조대왕상

민수야, 너 정조대왕에 대해서 잘 알고 있지? 정조는 영조와 더불어 조선 후기 문화혁명이라 부를 만한 르네상스 시대를 연 훌륭한 임금님이었어.

정조는 수원화성을 건축한 분이신데 정약용의 재능을 높이 사서 화성을 건축할 때 정약용이 중국의 실학 서적을 통해 고안한 거중기를 사용하여 짓도록 했어. 기존의 방식대로 지었다면 10년이 걸렸을 건축물을 2년 반만에 완공할 수 있어서 백성들이 부역을 감당해야 하는 부담도 덜 수 있었고 성을 축조하는 데 드는 많은 비용도 절감할 수 있었지. 먼 미래를 내다보는 혜안을 가진 두 분이 만나 오늘날 우리는 빛나는 세계적인 건축물인 화성을 만날 수 있는 거야.

자, 이제 화성의 중심 사방팔방 잘 통한다는 의미에서 팔달문이라는 이름이 붙은 그 팔달문으로 출발해보자.

화성 걷기의 시작, 팔달문

세손 시절 정조는 아버지 사도세자의 죽음을 눈앞에서 목격하면서도 아무런 힘을 쓸 수가 없었단다.

보물 제402호 팔달문

아버지를 잃고 온갖 죽음의 위협에 시달려야 했던 정조는 결국 무사히 왕위에 올랐고 왕위에 즉위하면서 제일 먼저 본인이 사도세자의 아들임을 만천하에 알렸지. 왕이기 이전에 정조대왕은 지극한 효성을 가진 한 사람의 아들이었단다.

치열한 정치 싸움 속에서 많은 반대가 있었지만 정조는 아버지 사도세자의 무덤을 수원의 화성으로 옮기고 자주 찾아뵙기 위해 거처할 장소인 행궁을 세웠단다. 그리고 마침내 정조가 꿈꾸었던 새로운 도읍지 수원화성을 정조 20년에 완성하기에 이르러.

화성은 일제강점기와 한국전쟁으로 많은 부분이 파괴되었지만 당시 화성의 축조 과정을 상세하게 기록한 『화성성역의궤』라는 책이 남아 있어 오늘날 원형에 가깝게 복원할 수 있었던 거야.

팔달문에서 걷기 시작했다면 차들이 쌩쌩 달리는 수원 시내 풍경과 만나게 될 거야. 여기저기 뻗어나간 길들과 그 길 위에 사람들과 차들을 보면 팔달문 근처가 예전에도 교통의 요지였음을 어렵지 않게 알 수 있을 거야.

화성에는 이렇게 팔달문처럼 커다란 문이 네 개가 있어. 북문인 장안문, 남문인 팔달문, 동문인 창룡문, 서문인 화서문이 그것인데 그중 장안문과 팔달문이 가장 크고 화려하단다.

서남각루와 서남암문

팔달문에서 가파른 급경사를 올라가면 서남암문이 나오고, 암문에서 조금 더 걸어가면 서남각루가 나온단다. 암문은 적이 알지 못하도록

서남암문

설치해야 하는데 서남 암문은 상당히 크기가 크고 눈에 잘 띄는 이색적인 암문이야. 게다가 암문에서 걸어 나가면 성 밖으로 빠져나가는 길이 나오는 게 아니라 주변을 감시하고 휴식을 취하던 각루가 나오지. 조금 의외의 공간이지만 색다른 건축물의 모양새가 감상하는 재미를 톡톡히 안겨 주는 곳이야.

서장대와 서노대

수원 시내가 한눈에 보이는 서장대(위), 다연발 화살인 쇠뇌를 쏘기 위해 설치된 서노대(아래)

화성의 포루 중 가장 중무장한 포루였던 서포루를 지나 걷다 보면 정조가 능행을 위해 자주 행차했던 화성행궁과 수원 시내가 파노라마식으로 펼쳐 보이는 화성에서 가장 전망이 좋은 서장대에 이르게 돼. 서장대에 오르기 전에 '효원의 종'이라는 공간이 있는데 종을 치면서 소원을 빌 수 있는 곳이니 원한다면 꼭 한번 체험해 보렴. 서장대에 올라서면 수원 시내가 손바닥 안에 잡힐 정도로 훤히 눈에 들어와. 백리 안쪽에 모든 움직임을 이 서장대 위에서 파악할 수 있었을 거야.

서장대를 둘러보고 뒤편으로 가면 한 면을 틔워 돌계단을 설치한 시설물이 나오는데 이것이 바로 서노대야. 서장대보다 좀 더 높은 위치에서 명령을 받아 다연발 화살인 쇠뇌를 쏘기 위해 설치한 곳이라고 해.

화서문

수원화성의 네 개의 문 중 화서문은 규모가 작고 소박한 편이야. 완벽한 옹성의 형태를 띠고 있다기보다는 한쪽 면이 틔여 있는 것이 특징이기도 하지. 하지만 양쪽으로 치, 각

루, 포루, 공심돈과 같은 방어 시설들이 포진해 있어서 자체 방어력을 높였어. 화서문은 현재 보물 제403호로 지정되어 있단다.

서북공심돈

화서문 바로 옆에 독특한 방어 시설이 세워져 있어. 바로 서북공심돈이야. 공심돈이라는 시설물은 처음 들어보지? 화성에는 세 개의 공심돈이 있는데 현재 남공심돈은 아직 복원되지 않았고 동북공심돈과 서북공심돈만 남아 있는 상태야. 우리나라 성곽에서는 화성에 최초로 도입한 시설물이기도 해. 다른 포루들과는 달리 망루가 높은 곳에 있고 매우 높게 벽을 올렸지? 내부에 들어가 보면 가운데는 텅 비어 있고 올라갈 수 있도록 되어 있단다. 각층마다 난 구멍으로 바깥을 엿보며 공격할 수 있게 되어 있는 화성만의 독특한 건축물이야.

장안문

다닥다닥 붙어 있는 포루와 적대를 지나면 드디어 장안문에 이르게 돼. 장안문에 이르면 드디어 절반을 걸어온 셈이야.

밖에서 보는 장안문은 팔달문처럼 옹성으로 둘러싸여 있어서 외관이 웅장하고 화려해 보여. 화성은 정조의 계획 도시이기 때문에 성곽의 기본적인 방어 시설들을 교과서적으로 충실하게 이행하여 만들었단다. 장안문을 둘러싸고 있는 이중문인 옹성도 바로 성을 철통처럼 방어하기 위한 시설물 중 하나야.

화홍문과 방화수류정

장안문을 지나면 드디어 화성에서 가장 아름다운 건축물 중 하나인 화홍문을 만나게 돼. 총 일곱 개의 수문 위에 세운 누각인데 수문 아래로 떨어지는 물줄기가 아름답기 그지없단다. 주변 풍광이 아름답기 때문에 이곳에서는 늘 많은 사람들로 붐비지. 화홍문에서 걸어 올라가 이르게 되는 방화수류정은 내려다보이는 풍광도 아름다워 감탄을 자아내게 만든단다. 당시에는 주변을 감시하던 누각이었겠지만 지금은 화성을 방문하는 많은 사람들에게 편안한 휴식처를 제공해 주고 있어. 자, 이제 국궁 체험을 할 수 있는 연무대를 지나 동북공심돈까지 가보자.

봉돈

팔달문에서 장안문에 이르기까지 우리가 보았던 방어 시설물들은 동장대에서 다시 팔달문에 이르는 반대편 길에서도 반복되니 생략하기로 할게. 다만 한 가지 눈에 띄는 시설물은 '봉돈'이라는 시설물이야. 나라에 긴급한 일이 생겼을 때 불이나 연기를 피워 알리던 시설물이지. 봉돈은 N서울타워 앞에서도 볼 수 있어.

　봉돈에서 걸어나와 동남각루에 내려서면 드디어 세 시간에 걸친 여정이 끝난단다. 성곽 트레킹은 역사 속 이야기와 건축물의 의미를 하나하나 실타래처럼 풀어내는 재

화성 건축의 백미,
화홍문과 방화수류정

미가 있어 걷는 내내 행복해지는 느낌을 얻을 수 있지. 화성 트레킹 길은 그늘이 없기 때문에 본격적으로 더위가 시작되기 전 초록으로 물드는 봄철이나 단풍 가득한 가을날에 방문하면 더 행복한 걷기 여행을 할 수 있을 거야.

민수야, 우리 다가오는 봄에 함께 화성으로 걷기 여행 떠나보지 않을래?

불이나 연기를 피워 소식을 알리던 봉돈

서울에서 친구 금별이가

못다 한 이야기

백성을 사랑한 정조의 화성 건축 이야기

성을 짓는다고 나라에서 공고가 나면 늘 백성들은 울상이었습니다. 농사일도 해야 하고 집안일도 해야 하고 바쁜데 나랏일에 불려나가 강제로 노역을 해야 했고 아무런 대가도 지불받지 못했기 때문이었지요. 강제 동원과 노동력 착취로 인한 백성들의 시름은 성의 높이만큼이나 쌓여갈 수밖에 없었답니다. 그러나 정조는 달랐습니다. 동원된 백성들에게 품삯을 지불했으며 석수나 목수 등 전문가들에게는 더 높은 품삯을 지불했다고 합니다.

또 멀리서 일하러 온 일꾼들을 위해 장안문과 팔달문 주변에 임시 거처를 정해 머무르도록 해주었으며 일꾼들이 질병에라도 걸리면 쉬게 해주고 치료 기간 중 일을 하지 못하더라도 일정 금액의 대가를 지불해 주었습니다.

보통 성을 축조한다고 하면 모두들 어떻게든 부역에서 벗어나고자 했지만 정조가 화성을 축조할 때는 전국에서 구름떼처럼 인부들이 몰려들었다고 하니 백성을 사랑하는 정조의 성품이 어떠했을지는 짐작이 가고도 남습니다.

주변 교과서 여행지

화성행궁

🏠 경기도 수원시 팔달구 행궁로 11 • ☎ 031-290-3600 • hs.suwon.ne.kr

화성행궁은 정조가 아버지 사도세자의 묘를 참배하기 위해 수원으로 행차할 때 머물기 위한 거처입니다. 우리나라에는 여러 행궁들이 있지만 화성행궁이 규모와 건축미로 보았을 때 단연 으뜸입니다. 화성을 축조하고 행궁을 만들었다는 것은 왕권강화를 위한 정조의 의중이 깊이 담겨 있음을 의미합니다. 그래서인지 오늘날의 화성행궁도 그 위엄이 그대로 느껴질 정도입니다. 화성행궁에서는 다양한 체험활동과 공연을 감상할 수 있습니다. 수원화성을 방문했다면 화성행궁도 잊지 말고 방문해보세요.

화성행궁 전경

> 머리에 쏙쏙 들어오는
> 체험학습보고서 만들기

트레킹하며 돌아 본 성곽건축물에 대해
알게된 점을 적고 느낀 점을 추가하여 정리하기

여기를 추천해요.

보영만두

🏠 경기도 수원시 장안구 영화동 282-2 ☎ 031-242-9076

장안문 앞에는 수원에서 가장 유명한 만두가게가 있습니다. 평일에도 어김없이 줄을 서서 먹어야 하는 곳으로 일찌감치 장안문 앞에 주차를 하고 천천히 걸어가 여유 있게 기다렸다가 먹는 것이 좋습니다. 쫀득쫀득한 군만두에 쫄면 한 그릇이면 세상 부러울 것이 없을 정도로 맛있는 음식점입니다.

전원의 아름다움이 느껴지는 곳
노을캠핑장

관련 교과
6-1 체육 5. 여가활동
• 신나는 캠핑을 즐겨보자

관람 정보

🏠 서울특별시 마포구 월드컵로 243-60(월드컵공원 내) • worldcuppark.seoul.go.kr

이용 안내

- 오토캠핑유무: X
- 전기시설: O (전기를 사용할 수 있는 구역과 사용할 수 없는 구역이 나눠져 있습니다.)
- 화장실: O • 설거지 시설: O • 샤워실: X • 매점: O (각종 캠핑장비 대여도 가능)
- 주의사항: 밤 10시 이후에는 캠핑장 입장이 불가합니다. • 정숙시간: 밤 11시~아침 7시

교과서 여행 Tip 노을 캠핑장 이용 Tip

1. 예약은 인터넷 홈페이지에서 가능합니다.
2. 동계기간(12~4월)은 휴장합니다.
3. 주말예약은 예약 시간이 오픈되자마자 마감되는 경우가 많으니 서둘러 예약하는 것이 좋습니다.
4. 매점, 식수대, 화장실이 가까운 A구역은 인기가 많으므로 더욱더 서둘러야 합니다.
5. 화덕과 테이블은 캠핑장에 구비되어 있습니다.
6. 캠핑초보자는 인터넷 캠핑동호회에 가입하여 다양한 캠핑팁을 활용하는 것이 좋습니다.

  추천캠핑카페 – 캠핑퍼스트 http://cafe.naver.com/campingfirst

캠핑, 우리 아이 리더십을 길러주는 즐거운 여가 생활

주 5일제 근무가 확대되면서 여가 생활에 대한 관심이 부쩍 늘어나고 있습니다. 과거 우리의 여행 문화는 어른들만의 유흥 문화가 주류를 이루었다면 최근 여행 문화의 흐름을 주도하고 있는 것은 가족 중심의 단란한 가족 문화 형성에 있습니다. 그 흐름의 중심에 바로 캠핑 문화가 있습니다. 휴일이 비교적 길지 않은 우리나라

에서 가볍게 캠핑 장비를 꾸려 마음 편하게 떠날 수 있는 장소가 있다면 그곳이 바로 가족에게는 천국이 됩니다.

캠핑이 아이들에게 주는 이로움은 큽니다. 일단 캠핑은 안락하고 편안한 여행과는 달리 많은 노력을 기울여 집도 지어야 하고 생활에 필요한 다양한 공간들도 만들어야 합니다. 그 과정에서 아이들은 문제를 해결하는 능력을 기를 수 있습니다. 또 가족과 함께 협동하며 어려움을 헤쳐 나가는 슬기로움도 얻습니다. 가족과 함께할 때 느끼는 즐거움, 행복함은 덤입니다. 삭막한 빌딩들로만 가득할 것 같은 서울 속에서도 밤하늘에 떠 있는 별을 보며 캠핑을 즐길 수 있는 공간이 있다면 믿을 수 있겠습니까? 그중 한곳이 바로 전원의 아름다움을 느낄 수 있는 노을캠핑장입니다.

캠핑의 꽃, 바비큐 제대로 즐기기

캠핑장에서 식사를 준비할 때 바비큐를 빼놓으면 섭섭합니다. 노을캠핑장에는 화덕이 마련되어 있기 때문에 숯과 음식들만 준비해 가면 멋진 바비큐 파티가 가능합니다. 간단하게 준비해서 멋진 저녁 식사가 될 수 있는 노하우를 공개하면 다음과 같습니다.

- 반드시 참숯을 사용한다. - 강원도와 경기도에는 참숯을 직접 만들어 파는 곳이 많으니 인터넷으로 검색하여 질 좋은 참숯을 구입해 사용하는 것이 좋습니다. 시중에서 파는 것을 잘못 구입하면 불이 금방 타올랐다가 꺼져버리고 그을음이 많이 생겨 건강에 좋지 않은 단점이 있기 때문입니다.
- 고기는 기름기가 적은 부위를 두껍게 썰어 준비한다. - 삼겹살 같이 기름이 많은 고기는 기름이 불꽃에 닿아 타오르기 때문에 고기가 쉽게 타기 쉬워 바비큐용으로는 적당하지 않습니다.
- 해산물은 호일에서 굽는다 - 해산물은 물기가 많아 불을 붙인 후 초반에 구우면 금방 불을 꺼뜨리게 만듭니다. 그래서 해산물은 불이 어느 정도 잘 타오르고 있을 때 굽기 시작하는 것이 좋습니다.
- 야채류는 미리 집에서 다듬어 지퍼백에 담아 준비해온다 - 취사장까지 이동해서 준비할 시간을 줄여줍니다.

- 반찬은 최대한 간단히 밀폐용기 하나에 담아 준비한다. - 짐도 줄이고 나중에 되가져가기도 쉽습니다.

우리 식구들은 바비큐 파티를 할 때 집에서 가장 오래된 낡은 냄비를 늘 가지고 다닙니다. 한쪽에서는 고기를 굽고 다른 한쪽에서는 냄비를 걸어 준비해 온 야채와 샤브샤브용 재료들을 넣어 참숯 샤브샤

브를 만들어 먹습니다. 따뜻한 숯불 근처에서 보글보글 끓고 있는 샤브샤브와 노릇하게 익어 가는 고기를 맛보는 재미는 캠핑이 주는 가장 큰 즐거움 중 하나일 것입니다.

아이들을 위한 노을캠핑장 부대시설

자연물 놀이터

미취학 연령의 아이들부터 초등학생까지 다양하게 이용할 수 있는 넓은 공간입니다. 자연 목재를 이용해서 만든 나무 블록으로 자유자재의 다양한 건축물들을 쌓아 볼 수 있습니다. 미로놀이, 통나무 통과하기, 나무 볼 풀장도 아이들에게는 즐거운 놀이터가 되어줍니다.

노을공원 누에생태체험장

비단의 원료가 되는 누에의 한살이를 관찰해 보고 직접 누에고치에서 비단실을 뽑아보는 체험을 할 수 있는 체험 공간입니다. 1령의 누에부터 고치가 되기까지의 과정이 한 공간에 모두 모여 있기 때문에 아이들의 시선을 잡아끕니다.

하늘공원

노을캠핑장에 주차하고 도보로 이동할 수 있는 곳에 하늘공원이 있습니다. 가을철에 코스모스와 억새가 흐드러진 장관을 구경할 수 있는 곳이며 넓지 않아 가벼운 트레킹을 즐기기에도 아주 좋습니다. 원래 난지도는 쓰레기 산 위에 만들어진 공원이므로 고지대가 많아 걷기 힘들 수 있는데 전기자동차인 맹꽁이 자동차를 운영하기 때문에 트레킹이 힘든 분들은 편안하게 이동할 수 있습니다.

첫 출발은 쉽지 않지만 도전하다 보면 아이들의 인성 함양에 크게 기여할 수 있는 활동이 또한 캠핑입니다. 어른들끼리 흥청망청 마시고 즐기는 향락적인 캠핑이 아니라 도전하고 문제를 해결해 나가며 가족과의 사랑을 쌓는 건강한 캠핑 문화가 정착되고 있는 만큼 망설이고 계신 분들이 있다면 주저 마시고 도전해 보세요. 행복한 추억이 한아름 쌓일 것입니다.

가을이 아름다운 하늘공원 전경

노을캠핑장으로 가을캠핑을 떠나다.

날짜 2011년 10월 29일 토요일
날씨 하늘은 높고 바람은 상큼해

참 오랜만에 캠핑을 했다. 캠핑간다는 소식을 듣자마자 나는 너무 기뻐 후다닥 베란다로 달려 나갔다. 베란다에 캠핑갈 때 사용하려고 고이 모셔둔 배드민턴 라켓을 꺼내기 위해서다. 직장일이 너무 바빠서 늘 얼굴보기 힘들었던 아빠와 캠핑가서 배드민턴을 함께 쳐보는 것이 요즘 나의 가장 큰 소망이다. 아빠는 배드민턴 라켓을 꺼내든 내 모습을 보더니 껄껄껄 웃으셨다. 우리가 오늘 떠날 캠핑장은 서울에 있는 노을캠핑장이라고한다.

"서울에 무슨 아름다운 자연이 있어서 캠핑을 떠나요? 이왕이면 좀 먼 곳으로 가시지."

동생 왕별이는 아무래도 서울에서 서울로 캠핑을 떠나는 것이 못내 못마땅한 모양이다. 노을캠핑장에 도착한 우리는 또 한번 깜짝 놀랐다. 짐을 수레에 싣고 텐트를 칠 장소까지 날라야 한다는 것이다. 무거운 짐을 낑낑거리며 나르고 나니 텐트를 치기도 전에 피로가 몰려왔다. 그러나 막상 캠핑장에 도착하고나서는 너무 좋아 우리 모두 와~ 하고 탄성을 질렀다. 서울에도 이런 곳이 있었나 싶게 정말 예쁜 풍경이 한눈에 들어왔다.

"밤에 야경은 더 예쁘다."

아빠는 한쪽 눈을 찡긋하신다. 야경을 볼 생각을 하니 또 한번 가슴이 설렜다. 기분이 좋아진 우리는 엄마, 아빠를 도와 텐트를 치고 타프 치는 것도 도와드렸다. 타프가 다 쳐지는 동안 엄마는 부지런히 저녁 식사 준비를 하셨다. 화로대에 장작을 지피고 철망을 얹어서 맛있는 샤브샤브도 만들어주셨다. 밖에 나와서 먹으니 정말 꿀맛이었다. 저녁을 먹고 나서 우리 가족은 노을캠핑장 주변을 산책했다. 아빠가 가르쳐주신 비밀장소에 도착해보니 정말 그림 같은 서울 야경이 한눈에 들어왔다. 날씨가 좀 쌀쌀하긴 했지만 오랜만에 가족끼리 캠핑을 오니 정말 행복했다. 내일은 아까 오면서 봐둔 자연물 놀이터에서 신나게 놀아야겠다.

일기형식의 체험학습보고서

북악산 성곽길을 따라 걷는 서울 역사 여행

교과서 여행 난이도 - 초등학교 4학년 이상

관련 교과
5-1 사회 3. 유교전통이 자리 잡은 조선
• 도성과 궁궐의 건축을 통해 조선의 유교적 특징을 알아보자.

관람 정보

☎ 말바위 안내소 02-765-0297, 숙정문 안내소 02-747-2152, 창의문 안내소 02-730-9124

- www.bukak.or.kr

가는 길 • 첫 번째 방법 • 지하철 3호선 – 안국역 2번 출구로 나와 종로 02번 버스로 환승하여 종점에서 하차한 후 도보로 와룡공원까지 가서 서울성곽길을 따라 20분 정도 걸으면 성곽길의 시작점인 말바위 안내소가 나옵니다.

- 두 번째 방법 • 지하철 4호선 – 혜화역 1번 출구로 나와 종로 08번 버스로 환승하여 종점에서 하차한 후 도보로 와룡공원까지 가서 서울성곽길을 따라 20분 정도 걸으면 성곽길의 시작점인 말바위 안내소가 나옵니다.

관람 안내

- 하절기(4월~10월) 오전 9시~오후 3시까지 입장 가능
- 동절기(11월~3월) 오전 10시~오후 3시까지 입장 가능
- 퇴장시간은 오후 5시까지입니다.
- 휴관일: 매주 월요일(월요일이 공휴일인 경우 화요일에 휴관)
- 탐방시간: 2시간 내외 소요

북악산 성곽 길 탐방 코스

1. 와룡공원-말바위 안내소(630m) • 탐방시간: 20분
2. 말바위 안내소-숙정문(400m) • 탐방시간: 15분
3. 숙정문-촛대바위(460m) • 탐방시간: 15분
4. 촛대바위-곡장(240m) • 탐방시간: 15분
5. 곡장-청운대(550m) • 탐방시간: 20분
6. 청운대-백악마루(430m) • 탐방시간: 20분
7. 백악마루-돌고래쉼터(1290m) • 탐방시간: 30분
8. 돌고래쉼터-창의문(300m) • 탐방시간: 25분

요금 안내

- 입장료 : 무료

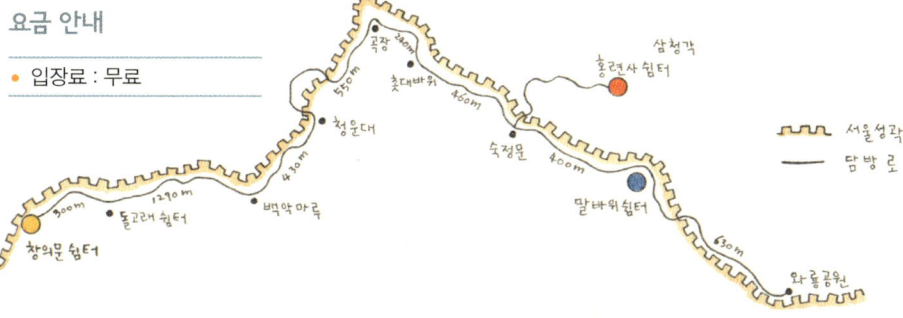

북악산 성곽길을 따라 걷는 서울 역사 여행

교과서 여행 Tip

❶ 어른들은 신분증을 반드시 지참하세요.
북악산 성곽길은 군사보호구역에 속하므로 신분증이 없이는 입장할 수 없습니다. 반드시 신분증을 지참하세요. 어린이는 보호자와 함께 입장할 수 있습니다. 말바위 안내소와 창의문 안내소에서 출입 허가증을 발급해 줍니다.

❷ 문화해설사와 함께 탐방해보세요!
• 말바위 안내소: 10시, 14시   • 창의문 안내소: 10시, 14시
하루 두 차례 문화해설사와 함께 북악산 성곽길 탐방이 가능합니다. 유익한 해설을 통해 아이들에게 제대로 된 교과서 여행을 함께할 수 있는 기회를 열어 주세요. 문화해설은 무료로 진행됩니다. 별도의 예약없이 집결지에서 출발 시간에 맞추어 바로 출발하게 됩니다.

북악산 서울성곽 전면개방

얼마 전까지만 해도 북악산 서울성곽길은 민간인이 쉽게 접근할 수 없었던 곳이었습니다. 1·21사태 때 청와대와 인접해 있던 북악산 서울성곽에서 간첩들과 군인들 사이에 총격전이 벌어지며 이곳이 특정경비지구로 지정되어 일반인의 출입이 전면 금지되었습니다.

교과서 깊이 알기

1968년 1월 13일 북한의 특수부대원 31명이 청와대 습격과 정부요인 암살 지령을 받고, 1월 18일 자정을 기해 휴전선 군사 분계선을 넘어 야간을 이용하여 수도권까지 잠입한 일이 있었습니다. 그러나 이들은 청운동 세검정 고개의 창의문을 통과하려다 비상근무 중이던 경찰의 불심검문으로 정체가 드러나자, 검문경찰들에게 수류탄을 던지고, 기관단총을 무차별 난사하였으며, 그곳을 지나던 시내버스에도 수류탄을 던져 귀가하던 많은 시민들이 죽거나 다치게 하는 끔찍한 일을 벌였습니다.

이 사건으로 많은 시민들이 인명 피해를 입었으며, 그날 밤 현장에서 비상근무를 지휘하던 종로경찰서장 총경 최규식이 무장공비의 총탄에 맞아 순직하였습니다.

　　순직한 최규식 총경의 비석이 지금 현재 창의문 앞에 남아 있어 당시 역사적 사실을 증언해주고 있습니다.
　　1·21 사태로 말미암아 북악산 서울 성곽 길은 민간인이 출입할 수 없는 군사보호 지역으로 지정되었으나 단계적인 개방정책을 통해 서서히 시민들에게 공개되었으며 마침내 2007년 7월 1일에 전면적으로 개방되었습니다.

　　그러나 서울성곽은 그 자체만으로 역사적 가치가 높은 곳이기에 서울시와 민간 단체를 중심으로 조금씩 성곽의 훼손된 부분을 원래대로 회복해가며 시민들의 품으로 서울성곽을 돌려주고자 하는 움직임이 일었고 마침내 북악산 서울성곽길은 시민들의 품으로 돌아갔습니다.
　　다른 어느 구간보다 더 많은 아픔을 간직하고 있는 곳이기에 코스 중간중간 사연이 얽힌 볼거리들이 많은 것이 북악산 서울 성곽 길의 특징입니다.

말바위 안내소 가는 길

북악산 서울성곽은 승용차로 가기 힘든 곳입니다. 시내에 주차하면 주차비도 비쌀 뿐만 아니라 차를 주차해 놓은 곳으로 돌아가려면 택시를 타고 이동해야 하므로 차라리 대중교통으로 편안하게 이동할 것을 권합니다. 북악산 서울성곽길 탐방은 크게 두 코스로 나뉩니다. 말바위 안내소에서 출발하는 코스와 창의문에서 출발하는 코스가 그것입니다.
　　지하철 혜화역 1번 출구로 나가면 08번 버스를 타는 정거장

G선 08번 버스 종점부터 말바위 안내소 가는 길이 시작된다.

이 나옵니다. 작은 마을버스입니다. 까마득한 오르막길을 훌쩍 뛰어넘어 마을버스는 종점에 도달합니다. 마을버스에서 내려 오른쪽으로 돌아가면 주차금지 표지판이 보이고 까마득한 계단이 보입니다. 터벅터벅 올라가다 보면 어느새 출발점인 와룡공원 표지판이 보일 것입니다. 이곳부터 사실상 북악산 성곽길은 시작됩니다.

말바위 안내소 ┈▶ 숙정문

말바위 전망대 풍경

말바위 안내소에 가면 이곳에서 비로소 신분증을 제출하고 탐방신청서를 작성합니다. 신원확인이 모두 완료되면 북악산 성곽길을 출입할 수 있는 패찰을 받을 수 있습니다.

이곳에서는 서울성곽 스탬프 투어 숙정문 코

 교과서 깊이 알기

서울성곽은 언제 지어졌나요?

이성계는 조선의 도읍을 한양으로 옮기면서 한양을 둘러싸고 있는 평지와 산을 빙 둘러 약 18.2킬로미터에 달하는 성곽을 축조했습니다. 산이 아닌 곳은 토성으로, 산으로 둘러쌓은 지역은 석성으로 쌓아올려 도읍지인 한양의 방어력을 크게 높였답니다.

왜 서울성곽은 오늘날 많은 부분이 소실되었나요?

일제강점기가 되면서 일제는 여러 가지 건물을 짓는 과정에서 서울성곽을 관통하는 문 중 하나인 돈의문과 혜화문을 헐고 길을 내었습니다. 그 후로 서울성곽은 여기저기 무너지고 망가져서 일반 주택의 담장으로 사용되기도 하고 도로를 사이에 두고 뚝 끊어진 채로 유지되기도 하는 등 아픔의 세월을 보내야만 했답니다. 그러나 오늘날 서울성곽은 다시 태어나고 있습니다. 시민 단체와 서울시의 노력으로 소실되었던 부분이 조금씩 복구되고 뜻을 함께하는 시민들이 적극적으로 찾아주고 있어 관심 속에서 안정을 찾아가고 있는 중입니다.

스에 해당하는 스탬프를 찍을 수 있습니다. 말바위 안내소를 통과하면 비로소 북악산 성곽길이 시작됩니다. 이곳부터는 지정된 장소가 아니면 사진촬영을 할 수 없으니 패찰 뒷부분에 사진촬영이 가능한 장소를 다시 한 번 확인해 주시기 바랍니다.

북악산 성곽길 사진촬영 가능장소: 숙정문, 촛대바위, 청운대, 백악마루, 백악쉼터, 돌고래쉼터

숙정문 ⋯▶ 촛대바위

숙정문

한양의 성곽을 통하는 문은 4대문인 흥인지문, 돈의문, 숭례문, 숙정문과 4소문인 혜화문, 광희문, 창의문, 소덕문이 있었습니다. 이 중 북쪽을 통과하는 문이었던 숙정문은 만들어진 지 18년 만에 폐쇄되고 맙니다. 풍수지리학적으로 지맥을 손상한다는 상소가 있었기 때문입니다. 게다가 물을 상징하는 음의 기운이 넘치는 문이라 하여 가뭄이 들 때는 이곳에서 비를 기원하는 기우제를 열었고 비가 많이 내릴 때는 문을 막아놓았습니다. 여러 가지 사연이 많은 숙정문이지만 성곽길과 함께하는 길 위에서 만나는 숙정문은 단정하고 고운 옛 자태 그대로를 뽐내고 있습니다.

촛대바위 ⋯▶ 곡장

경복궁을 비롯한 서울 도심의 모습을 한눈에 전망할 수 있는 곳에 촛대바위가 있습니다. 촛대바위는 일제강점기 때 민족말살정책의 일환으로 쇠말뚝을 박았던 곳입니다. 말뚝이 붙어 있던 자리에 놓인 지석의 모양이 촛대모양처럼 생겼다고 해서 촛대바위라 불리는 이곳은 조금 더 올라가 청운대에 이르러 내려다

촛대바위 전경

북악산 성곽길을 따라 걷는 서울 역사 여행

보면 그 모양이 더욱 또렷하게 보입니다. 촛대바위를 지나면 계단은 더 가팔라집니다. 촛대바위를 제외한 나머지 지역들은 모두 군사 지역이기 때문에 사진촬영은 할 수 없습니다.

곡장 ⋯⋯› 청운대

15분 정도 가파른 산길을 계단을 타고 오르면 전망 좋은 곳에 있는 곡장을 만날 수 있습니다. 곡장은 성곽의 방어 시설 중 하나로 적의 공격에 대비하기 위해 성곽의 일부분을 돌출시켜 만든 시설물입니다. 각진 모양으로 만들면 치라고 하는 시설물이 되고 둥근 모양으로 돌출해 만들면 곡장이라고 하는 시설물이 됩니다. 곡장을 지나 청운대에 오르면 서서히 인왕산 자락의 아름다움이 눈에 들어오기 시작합니다.

청운대 ⋯⋯› 백악마루

청운대에 올라서(왼쪽), 북악산 정상 백악마루(오른쪽)

청운대를 지나 백악마루로 가는 길에는 1·21 사태 때 총탄을 맞은 소나무를 만날 수 있습니다. 총탄을 맞은 곳은 빨간 점으로 표시되어 있는데 그 수가 많아 당시 급박했던 상황을 짐작케 해줍니다. 총알이 박힌 흔적을 더듬어보며 아이들과 함께 이야기를 나누나 보면 어느새 북악산의 정상인 백악마루에 도착해 있을 것입니다. 북악산의 다른 말이 바로 백악입니다. 원래 북악이라는 이름은 경복궁 뒤에 있고 남산과는 반대로 북쪽에 있다 하여 붙은 이름입니다. 이곳에 서면 서울 성곽과 북한산은 물론이고 서울시내 전체를 한눈에 볼 수 있습니다.

백악마루 ⋯⋯› 돌고래쉼터 ⋯⋯› 창의문

백악마루에서 창의문까지 가는 길은 가파른 내리막길입니다. 안전하게 나무 계단으로 이루어져 있지만 경사가 심하기 때문에 조심해야 합니다. 조금 길다 싶을 만큼 지루하게 이어진 나무 계단 길을 내려가면 드디어 창의문이 모습을 드러냅니다. 창의문에서 말바위 안내소에서 받았던 출입증을 반납하면 드디어 북악산 성곽길 탐방 코스는 끝이 납니다.

짧지 않은 코스지만 다채롭게 변화하는 서울시 한복판에서 숲의 향기를 느끼며 등산을 할 수 있는 소중한 산책길입니다. 동시에 역사의 현장을 생생하게 증언하고 있는 다양한 상징물들을 만날 수 있어 아이들에게는 매우 유익한 장소가 되어 줄 것입니다.

길의 마지막, 창의문

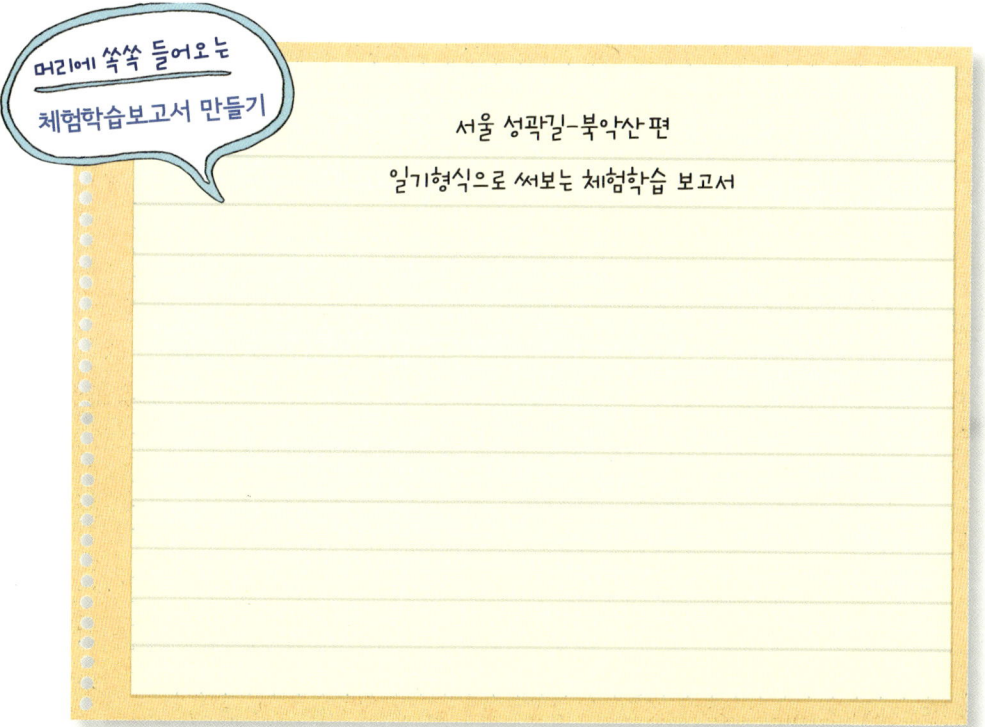

머리에 쏙쏙 들어오는 체험학습보고서 만들기

서울 성곽길-북악산 편
일기형식으로 써보는 체험학습 보고서

다음 보고서를 참고해서 체험학습보고서를 작성해 보세요.

서울 성곽길-북악산 편

탐방 날짜	2011년 2월 24일 목요일
날씨	바람이 시원하게 이마의 땀을 식혀줘요.

누나와 동생과 함께했던 북악산 성곽 길걷기

평소에 가고 싶었던 북악산 성곽길을 드디어 갈 수 있게 되었다. 누나랑 동생, 엄마와 함께 아침 먹고 서둘러 출발했다. 이번 성곽 여행은 대중교통편을 타고 가기로 결정! 먼저 지하철로 혜화역까지 이동했다.

4호선(지하철)인 혜화역 정류장에서 성곽길이 시작되는 와룡공원 입구까지 가려면 G선 버스인 08버스를 타야 한다. 자그마한 08번 마을버스에서 내리면 100미터 정도 되는 노을계단을 올라 와룡공원에 도착한다. 말바위 안내소에서 신분증을 보여드리고 탐방 신청서를 작성한 뒤 안내소에서 나누어 주시는 번호표를 목에 걸었다.

말바위 안내소에서 5분 정도 걸으면 숙정문(肅靖門)이 나온다.

숙정문 다음 코스는 촛대바위다. 촛대바위는 커다란 바위 위에 조그만 돌이 있고 그 위에 촛대처럼 생긴 돌이 있어 "촛대바위"라고 부른다. 북악산 성곽길은 군사 지역이기 때문에 사진은 지정된 장소에서만 촬영할 수 있다. 중요한 성곽 시설 중 하나인 곡장을 찍을 수 없어서 아쉬움이 컸다. 그래서 촛대바위를 지나 곡장을 지나치고 우리는 청운대로 향했다. 그런데 청운대로 가는 길은(오르막길) 경사도가 60도쯤 되어 보였다. 다행히 헉헉거리면서 다 올라왔다.

청운대(青雲臺, 해발 249미터)에서 사진을 찍고 1·21사태 총알 소나무를 보러 갔다. 총알 소나무를 보니 두려운 느낌도 들고 단단히 정신을 차려야겠다는 생각도 들었다. 총알 소나무를 지나 창의문까지 가까운 거리인 백악마루(북악산 정상, 342미터)로 향했다.

백악마루로 올라가는 길은 그다지 험하지 않는데 다 올라가니까 비석에 백악대(白岳臺)라고 써 있었다. 백악마루(白岳臺)에서 내려오고 창의문 쪽으로 가파른 내리막길이 나타났다. 엄마는 다리가 후들후들 떨린다고 하셨다. 2분 후, 100미터를 다 내려오니 창의문이 보였다. 사진을 찍고 번호표를 반납하고 북악산 서울성곽 탐방은 마쳤다.

　성곽길을 걸어 보니 북악산, 인왕산, 남산, 낙산은 높아서 도성(도읍)을 감싸고 있어 적들이 잘 쳐들어오지 못할 것 같은 느낌이 들었다. 엄마 말씀이 성은 방어와 공격이 쉬운 험준한 지형에 쌓아야 좋다고 하셨는데 사실인 것 같다. 북악산 성곽길 탐방은 힘들었지만 완주하고 나니 가슴이 뿌듯했다. 다음에는 인왕산 코스에 도전하고 싶다.

여기를 추천해요.

사동면옥

🏠 서울특별시 종로구 관훈동 29-21 · ☎ 02-735-7393

　인사동에서 37년 동안 만두를 빚어온 사동면옥은 인사동 토박이에게는 꽤 알려진 맛집입니다. 속이 꽉 차고 구수한 만두를 빚는 모습은 사동면옥 입구에 들어서면서부터 훤하게 들여다보여 신뢰감을 줍니다. 사동면옥에서 가장 맛깔난 메뉴들은 만두를 주제로 한 메뉴들입니다. 특히 쌀쌀한 날 인사동 거리를 돌아다니다가 두 손 호호 불며 들어가 먹는 뜨끈한 만두 전골맛은 별미입니다. 인사아트프라자 골목 옆길에 있어서 주의 깊게 찾아야 합니다.

사동면옥의 속이 꽉 찬 만두

PART 05 도시

근대화의 격동기에서 현대사까지 한눈에 보는 **인천 여행**	238
세계 속의 강화도 자랑스러운 **강화도 여행**	252
조선왕조의 숨결이 살아 숨 쉬는 **여주 여행 1편**	264
조선왕조의 숨결이 살아 숨 쉬는 **여주 여행 2편**	274
용인의 **삼색 박물관 여행**	282
세계문화유산 조선왕릉을 가다 **구리 여행 – 동구릉**	294
고구려의 옛 모습을 엿보다 **구리 여행 – 고구려대장간마을**	304

근대화의 격동기에서 현대사까지 한눈에 보는
인천 여행

교과서 여행 난이도 - 초등학생 이상

관련 교과
5-2 사회 2. 새로운 문물의 수용과 자주독립
• 조선의 개항과정과 근대화를 위한 노력을 알아보자.

개항의 살아 있는 역사, 인천

우리나라 근대사의 격동기를 가장 아프게 겪어낸 인천은 다른 나라와 왕래가 빈번했던 문화와 경제 교류의 중심지였습니다. 그래서 인천에는 다른 도시에서는 볼 수 없는 이국적이며 독특한 교류의 흔적들이 많이 남아 있습니다. 개항을 한 후에 일제강점기와 광복을 거쳐 한국전쟁에 이르기까지 시대의 아픔과 역사의 흔적을 고스란히 간직한 인천은 교과서 여행에서는 빼놓을 수 없는 중요한 여행지입니다.

"엄마, 인천은 언제부터 사람들에게 알려졌어요?"

샛별이는 인천 여행을 간다는 말에 들떠서 벌써 몇 분째 인천과 관련된 책을 뒤적이는 중입니다.

"샛별이가 인천의 역사에 대해 궁금해 하는구나. 엄마도 몹시 궁금하니까 우리 같이 연구해 보는 건 어떨까?"

"그런 거라면 문제없어요. 첫 시작은 아마 백제부터일 거예요."

평소 역사 공부라면 자신 있는 금별이가 바로 대답했습니다.

"미추홀 이야기 말이야?"

"그래. 고구려에서 갈라져 나와 미추홀과 위례성에 각각 나라를 세운 온조와 비류에 대한 이야기, 우리가 너무 잘 알고 있는 이야기지."

은별이는 어깨를 으쓱합니다.

"실마리가 보이는걸? 좋아. 그럼 우리 말이 나온 김에 인천의 역사에 대해 자세히 알아볼 수 있는 여행지를 골라서 다음 여행 코스에 넣어보는 것은 어떨까?"

"좋아요."

아이들은 각자 인천시청 홈페이지 및 여행 리플릿 등을 참고하여 인천의 역사에 대해 알아볼 수 있는 장소들을 뽑았습니다. 아이들이 뽑은 장소는 '인천광역시립박물관' 그리고 엄마가 뽑은 장소는 근대 역사의 현장을 도보로 즐길 수 있는 '인천 도보 여행'이었습니다. 금별, 은별, 샛별 남매의 궁금증을 해결해줄 수 있는 보물 같은 장소로 함께 여행을 떠나볼까요?

인천광역시립박물관

관람 정보

🏛 인천광역시 연수구 청량로 160번길 26 (옥련동 525) ☎ 032-440-6750~1
- museum.incheon.go.kr

대중교통 • 버스
- 시내버스 6번, 6-1번, 8번, 65-1번 이용 축현초등학교 정류장에서 하차 후 도보 5분
- 시내버스 16번 이용 송도유원지 정류장에서 하차 후 도보 10분
- 인천국제공항버스 111-2번 이용 송도유원지 정류장에서 하차 후 도보 10분
- 지하철   1호선 동막역 하차 후 시내버스 6-1번, 8번, 901번 이용 송도유원지 정류장에서 하차 후 도보 10분. 1호선 주안역 하차 후 시내버스 65-1번 이용 축현초등학교 정류장에서 하차 후 도보 5분

요금 안내

구분	개인	단체(20인 이상)
성인	400원	200원
군인	200원	100원
노인(65세 이상)	무료	무료
어린이, 청소년(18세 이하)	무료	무료

인천광역시립박물관 전경(위)과 조수간만의 차를 극복하기 위해 만들어진 인천항 수문식 도크 모형(아래)

인천광역시립박물관은 우리나라 최초의 공립박물관이라는 큰 의미와 역사를 지닌 곳입니다. 서해 바다가 한눈에 내려다보이는 장소에 고인돌 형상을 하고 있는 인천광역시립박물관은 인천의 시작부터 현대에 이르기까지 인천의 발달 과정을 한 장소에서 체험할 수 있으며 아이들을 위한 다양한 무료 박물관 체험 프로그램도 잘 갖추고 있습니다. 백제 온조왕의 백제 건국기를 담은 글 속에 인천은 '미추홀'이라는 지명으로 등장합니다. 비록 온조의 백제에 합류되기는 하지만 비류가 왕국의 건설을 꿈꾸었을 만큼 인천은 과거에도 매력적인 땅이었던 것 같습니다.

인천은 지리적으로 무역을 활성화할 수 있는 매우 중요한 위치에 있었으나 조수간만의 차가 10미터가 넘어 배가 항구에 닿기 불리한 지형적 단점을 가진 곳이기도 했습니다. 이런 악조건을 극복하기 위해 1918년 조수간만의 차를 극복한 근대적 갑문식 항만시설을 갖춘 시설을 인천항에 도입하게 되었답니다. 인천광역시립박물관에 가면 이 놀라운 수문식 도크의 작동 원리를 실제로 경험해 볼 수 있습니다. 인천항에 가면 실제 배가 들어오고 나가는 과정을 볼 수 있지만 박물관에서도 간접적으로 체험할 수 있어 흥미롭습니다.

인천차이나타운

관람 정보

🏠 인천광역시 중구 선린동,북성동 인천차이나타운 • ☎ 032-810-2851 • www.ichinatown.or.kr

- **대중교통** • 버스

  2번, 23번, 45번 승차 후 인천역에서 하차하면 차이나타운을 만날 수 있습니다.
  동인천에서 일반버스 3번, 12번, 24번 대한서림 앞(승차) → 인천경찰청(하차) → 도보
  마을버스 517번 동인천역 왼쪽(승차) → 인천경찰청(하차) → 도보
  인천공항에서 306번 승차 후 인천역에서 하차하면 차이나타운을 만날 수 있습니다.

- **지하철** • 1호선 인천역 하차, 역 광장 건너편이 바로 차이나타운 입구입니다. 국철 동인천역에서 광장 건너편으로 길을 건너 자유공원을 오르면 산 반대편으로 차이나타운을 만날 수 있습니다.

1883년 인천은 개항을 시작했습니다. 이때 지금의 인천차이나타운 자리에 청나라 사

늘 사람들로 북적이는 인천차이나타운

람들의 집단 거주 지역이 생기면서 상거래를 주로 하던 청나라 상인들이 정착하기 시작했는데 바로 이 일이 인천차이나타운의 시초가 되었습니다.

차이나타운을 여행할 때는 도보 여행을 권합니다. 인천시에서 개발한 여러 가지 도보 여행 코스가 있지만 인천의 역사도 함께 느껴 보기 위한 코스로 두 시간 정도 걸리는 다음과 같은 여행 코스를 소개합니다

여행의 재미를 더해주는 차이나타운 즐길 거리

스카이힐

제3패루를 지나 자유공원을 올라가는 길에 조성된 계단입니다. 재미있는 그림들이 그려져 있어 작은 굽이굽이 도심 한복판 골목을 여행하는 이채로움을 느낄 수 있습니다. 아이들과 함께 만리장성, 진나라 신하들, 중국 무술하는 꼬마 아이들의 그림 앞에 사진을 남겨 보는 추억을 만들어 보세요.

차이나타운 인근 도보 여행 코스

동인천역 ▶ 홍예문 ▶ 자유공원 ▶ 제물포구락부 ▶ 인천 역사 자료관(옛 시장 공관) ▶ 삼국지 벽화거리 ▶ 차이나타운 ▶ 인천역 ▶ 월미도 (약 2시간 소요)

삼국지 벽화거리

청일 조계지 계단을 올라가서 밑으로 난 길 양쪽의 벽면에는 『삼국지』의 중요 장면을 설명과 함께 타일로 제작하여 장식한 벽화가 나옵니다. 『삼국지』는 워낙 대중들에게 잘 알려진 이야기이기 때문에 『삼국지』를 읽고 자

차이나타운 스카이힐에서 진시황이 되어보자

란 부모님들 세대에게는 흥미로운 벽화가 아닐 수 없지요. 벽화의 수가 80여 장이나 되어 두런두런 이야기하며 거닐다 보면 하루해가 짧게 느껴질 정도입니다.

인천 개항장 역사문화탐방

개항장은 지금의 인천 중구청 일대를 이르는 말입니다. 제물포조약에 의거하여 조선이 세계에 문호를 개방하면서 근대 문물이 이곳으로 흘러들어 왔습니다. 개항장에는 당시 사용하던 건물들이 그대로 남아 있어 마치 과거로 돌아간 듯한 느낌을 자아냅니다. 당시 사용하던 각국의 영사관, 은행건물 등 서양의 근대 건축물들 중 이미 사라진 건물도 있지만 남아 있는 건물들은 현재에도 다양한 용도로 실제 사용되고 있어 구경하는 재미가 쏠쏠합니다.

삼국지 벽화거리

개항장 추천 도보여행 코스

인천역 … 차이나타운 제1패루 … (구)공화춘 … 한미수교100주년 기념탑 … 맥아더 동상(자유공원) … 홍예문 … 중구청(구 인천부청사) … (구)일본제1은행 … 제18은행 … 제58은행 … 청일 조계지 경계단 … 한중문화관

 교과서 깊이 알기

제물포조약

1876년 조선은 강화도조약이라는 불평등 조약에 의거하여 개국을 단행합니다. 갑작스러운 개국으로 조선 정부는 급진적으로 선진문물을 받아들이려 하는 '개화파'와 개화를 거부하는 '수구파'로 나뉘어 첨예하게 대립하게 됩니다. 이 와중에 창설된 '별기군'은 개화된 문물을 받아들여 창설된 신식군대였습니다. 신식군대가 지나치게 우대를 받자 구식군대들의 불만은 쌓여갑니다. 13개월간 군료가 밀

렸으며 겨우 지급된 1개월치 군료에는 겨와 모래가 섞여 있는 상황이 벌어지기도 했습니다. 차별대우에 대한 불만이 최고조에 달한 구식군대는 난을 일으켰고 명성황후는 구식군대의 난을 피해 궁녀 옷을 입고 도망쳐 겨우 생명의 위협에서 벗어날 수 있었습니다.

청나라는 임오군란을 진압하는 데 3,000여 명의 군사를 지원하여 결정적인 공을 세웠고 이 일을 빌미로 임오군란의 배경으로 지목된 대원군을 청나라로 압송해 갑니다. 일본은 임오군란으로 많은 피해를 입게 되는데 이에 일본은 피해보상을 요구하는 제물포조약을 강압적으로 진행시켜 결국 성립되고 맙니다. 일본과 맺은 제물포조약의 중요 내용은 다음과 같습니다.

제1항 지금으로부터 20일을 기하여 조선국은 흉도를 체포하고 수괴를 가려내 중벌로 다스릴 것.
제2항 일본국 관리로 피해를 입은 자는 조선국이 융숭한 예로 장사를 지낼 것.
제3항 조선국은 5만원을 지불하여 일본국 관리 피해자의 유족 및 부상자에 지급할 것.
제4항 흉도의 폭거로 인하여 일본국이 받은 손해 그리고 공사(公使)를 호위한 육·해군의 군비 중에서 50만원을 조선이 부담하되, 매년 10만원씩 5년에 걸쳐 완납 청산할 것.
제5항 일본 공사관에 군인 약간 명을 두어 경비하게 하며, 병영의 설치·수선은 조선국이 책임을 지고, 만약 조선국의 병·민이 법률을 지킨 지 1년 후에 일본 공사가 경비가 필요하지 않다고 인정할 때에는 철병을 해도 무방함.
제6항 조선국은 일본에 대관(大官)을 특파하고 국서를 보내어 일본국에 사죄할 것.

일본은 이와 함께 조선 내에서의 상업활동을 보장받기 위해 별도로 '수호조규속약(修好條規續約)'이라는 것을 체결하였습니다. 이 속약 안에 인천과 관련된 규정이 나옵니다. 내용은 다음과 같습니다.

> 첫째, 부산·원산·인천 각 항의 간행이정(間行里程)을 금후 확장하여 사방 각 50리 (조선 리법에 따름)로 정하고, 2년 후를 기하여 다시 각 100리로 할 것.(항구의 크기를 확장·확정하여 그 안에서 일본인이 자유롭게 활동 할 수 있게 하기 위함)
>
> (이하 생략)

개항장에서 만나는 근대 건축물

중구청

중구청은 구 일본 영사관으로 사용하던 건축물입니다. 개항장 한가운데 우뚝 솟아 있는 중구청 건물은 해방 이후 1985년까지 인천시청으로 사용되기도 했습니다. 수평으로 된 긴 띠창과 거튼월 기법의 유리창이 특색 있는 건물입니다. 개항장 누리 길을 도보 여행하다보면 어느 코스로 돌아도 쉽게 눈에 띄는 건물이기도 합니다.

세월이 느껴지는 중구청건물

인천개항박물관

1899년에 건립된 일본은행입니다. 조선의 금괴와 사금의 매입 업무를 단행했던 곳으로 현재 인천개항박물관이라는 이름으로 개관하여 일반인들에게 공개되고 있습니다. 반원형 돔을 설치하고 좌우대칭을 이루는 르네상스 형식의 건축기법을 도입하여 도심 속에 아름다운 느낌을 더해주고 있습니다. 박물관 내부에는 인천의 개항과 관련된 다양한 자료들이 전시되어 있습니다.

일본 제1은행으로 사용되었던 인천개항박물관

인천아트플랫폼

창고건물이 새로운 예술공간으로 다시 태어나다

개항 이후 인천항의 물류운송 업무가 증가하면서 만들어진 적벽돌의 창고 건축물들이 인천아트플랫폼으로 태어났습니다. 지역 예술인들의 창작 및 공연 장소로 활용되고 있으며 아울러 개항장의 역사까지 느낄 수 있는 복합문화공간입니다. 개항장에서 예술의 향기도 함께 느껴 보세요.

주변 교과서 여행지

재미난박물관

🏠 인천광역시 중구 사동 9-16번지 ☎ 032-765-0780 www.funkr.com

관람 요금 어른 6,000원, 만 24개월 이상 어린이 5,000원

재미난박물관

개항장의 근대 건축물 중 하나로 현재 중동우체국이며 과거 구 인천우체국이었던 곳의 길 건너편에 자리 잡고 있는 작은 박물관입니다. 규모는 작지만 개항장을 보고 느끼기에 아직 어린 미취학기 어린이들에게 아주 재미있는 체험 장소로 유명한 곳입니다. 직접 만지고 보고 듣고 실험하는 모습도 관찰할 수 있어서 매우 흥미롭습니다. 입장객들이 어느 정도 모이면 관장님께서 직접 오셔서 몇 가지 실험을 통해 재미있는 과학적 원리를 터득할 수 있는 강연도 해주십니다. 특히 가정에서는 값비싼 가격에 구입할 수 없었던 다양한 퍼즐과 장난감들을 만지고 조립해볼 수 있어서 한 번 입장하면 반나절은 너끈히 보낼 수 있는 즐거운 놀이 공간이 되어 주는 곳입니다.

송암미술관

🏠 인천광역시 남구 아암5길 35 (인천 남구 학익1동 587-146) • ☎ 032-440-6770
• songam.incheon.go.kr

관람 요금

구분	개인	단체(20인 이상)	무료
일반(19~64세)	400원	200원	18세 이하 65세 이상 및 장애인
군인	200원	100원	국가유공자와 동반보호자

고 이회림 회장이 평생을 걸쳐 국내외에서 수집한 고미술품을 송암미술재단으로 환원하면서 개관한 미술관입니다. 현재 인천광역시립송암미술관으로 등록되어 있습니다. 청동기시대 토기옹관부터 원삼국시대의 노형토기, 고려청자, 조선백자 등 조상들의 역사와 전통을 느낄 수 있는 아름다운 작품들을 많이 전시하여 마치 작은 미술관이 아니라 큰 규모의 박물관에 온 느낌을 자아냅니다.

송암미술관에 전시되어 있는 흥선대원군 이하응의 탁자와 의자

겸재 정선의 〈노송영지도(老松靈芝圖)〉나 정조 임금이 그린 〈연화도(蓮花圖)〉, 오원 장승업의 〈화조도(花鳥圖)〉와 같은 귀한 그림들도 소장하고 있어 관람하는 재미와 감동을 더해 줍니다.

한중문화관

🏠 인천광역시 중구 항동 1가 1-2번지 • ☎ 032-760-7860 • www.hanjung.go.kr

개항장 누리길을 도보로 모두 돌아보고 청일 조계지 경계단을 통해 내려오면 한중문화관을 만나실 수 있습니다. 이곳은 한중 간의 역사와 문화 교류의 중심 역할을 담당

하는 곳으로 한중 문화 교류의 중심지인 차이나타운 입구에 건립되어 있습니다. 한중문화관에서는 아이들을 위한 중국 의상체험, 탁본체험 등 다양한 체험과 각종 교육 프로그램을 접할 수 있어 매우 유익합니다.

한중문화관에서 중국 의상체험하기

> 머리에 쏙쏙 들어오는
> 체험학습보고서 만들기

예쁜 미술관답사 소책자만들기

다음 보고서를 참고해서 체험학습보고서를 작성해 보세요.

인천송암미술관을 다녀와서

① 미술관답사 소책자 표지만들기

예쁜 색지를 책자처럼 자르고 답사때 찍어온 사진을 인쇄하여 표지를 꾸밉니다.

② 겉장꾸미기

답사를 증명할 수 있는 입장권을 붙입니다. 관련 리플릿이나 자료가 있다면 중요내용을 오려서 붙여도 좋습니다.

③ 중요내용을 중심으로 내용쓰기

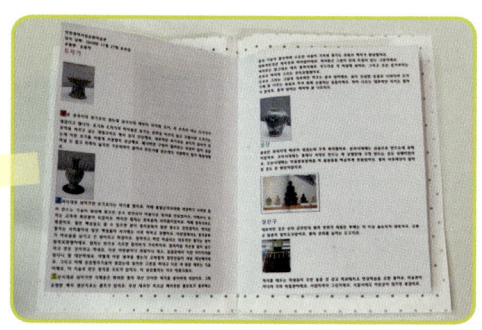

사진과 전시품에 대한 설명, 그리고 느낀 점을 덧붙이면 훌륭한 답사보고서가 완성됩니다. 미니책자처럼 휴대하기도 간편해서 모아놓고 답사한 장소를 머릿속에 정리하는데도 도움이 됩니다.

근대화의 격동기에서 현대사까지 한눈에 보는 인천 여행

여기를
추천해요.

쉐라톤인천호텔

🏠 인천광역시 연수구 송도동 6-9 · ☎ 032-835-1001
· www.incheonsheraton.com

인천공항과 가까운 송도국제신도시 내에 위치한 스타우드 계열의 신생호텔입니다. 깨끗한 객실과 품격 있는 서비스를 제공하면서도 합리적인 가격대를 유지하고 있습니다. 스타일을 갖춘 수영장도 쉐라톤인천호텔만의 매력이며 인근 관광지와 이동도 편리하여 외국인 관광객들이 많이 찾는 곳이기도 합니다.

스타일리시한 쉐라톤인천호텔의 수영장

원조신포닭강정

🏠 인천광역시 중구 신포동 1-12 · ☎ 032-762-5800

신포시장 입구에 있는 닭강정집입니다. 워낙 유명한 곳인데다가 맛까지 변함없어 주말이면 엄청난 인파로 붐빕니다. 빠르게 먹을 수 있는 방법은 미리 예약 주문 전화를 해두시는 방법뿐입니다. 전화로 대략 도착 시간을 알려 주시고 주문해 두시면 많이 기다리지 않고 매콤달콤한 인천의 명물 원조신포닭강정을 즐기실 수 있습니다. 신포시장 입구까지 늘어서 있는 긴 줄 너머로 커다란 무쇠 솥에서 엄청나게 튀기는 닭을 구경하는 재미도 쏠쏠합니다. 매콤한 양념에 갓 튀겨낸 닭을 넣고 접시로 비벼주는 모습도 이색적입니다. 기다리는 사람들의 표정에도 설렘이 가득합니다.

살아있는 인천을 느끼게 해주는 원조신포닭강정

향원

🏠 인천광역시 중구 중앙동4가 2-23 • ☎ 032-772-1688

입맛이 까다로운 편은 아니나 정말 맛있는 중국음식이라 자부하는 곳입니다. 아직까지 향원만큼 맛있는 중국음식을 만들어내는 곳을 솔직히 경험한 적이 없다고 하면 말을 다 한 셈이 아닐까요? 향원은 차이나타운 내에 있지는 않습니다. 그러나 인천 토박이들에게는 소문난 맛집이며 사람들이 자주 오가는 중심가에 있기 때문에 찾기는 그다지 어렵지 않을 것입니다. 일단 재료가 싱싱하고 가격도 안정적이며 무엇보다 불맛이 화끈하게 느껴집니다. 레스토랑 내부에 들어서자마자 느껴지는 바이랭규얼은 이국적인 느낌을 더해 줍니다. 추천 메뉴로는 생신이라든가 귀한 분들을 모신 모임이라면 전가복, 가족 모임이라면 얼큰한 사천굴짬뽕이나 담백한 굴짬뽕에 찹쌀탕수육(꿔바로우)을 들 수 있습니다.

해산물이 듬뿍 들어간 향원의
매콤한 사천굴짬뽕

십리향

🏠 인천광역시 중구 북성동2가 10-26 • ☎ 032-762-5888

차이나타운을 걷다 보면 유달리 많은 사람들이 줄서서 만두를 사먹는 가게가 있습니다. 커다란 화덕에서 구워 겉은 바삭바삭하고 속은 김이 모락모락 나는 맛있는 만두가게 십리향입니다. 한개 1,500원으로 가격은 비싸지만 감칠맛 나는 만두 본연의 맛을 느낄 수 있는 곳이기도 합니다. 이곳에서 파는 중국인들의 전통음식 월병도 정말 맛있습니다.

차이나타운의 명물 십리향의 화덕만두

세계 속의 강화도 자랑스러운
강화도 여행

교과서 여행 난이도-초등학생 이상
주요 유적지: 초등학교 4학년 이상

관련 교과

5-1 사회
1. 하나된 겨레
- 청동기 시대 사람들의 생활모습을 알아보자.

5-2 사회
2. 새로운 문물의 수용과 자주독립
- 강화도 조약의 의의와 체결과정을 알아보자.

6-2 사회
2. 새로운 세계에서 우리가 할 일
- 세계에 자랑할 만한 우리 문화에 대하여 살펴보자.

교과서 연계학습 — 이렇게 공부해요

관련 교과 6-2 사회 2.새로운 세계에서 우리가 할 일 • 세계에 자랑할 만한 우리 문화에 대하여 살펴보자.
학습 과제 • 책 내용을 조사학습 자료로 활용해보세요!

교과서 여행 Tip — 강화도 여행 추천코스

• 반나절 코스(4시간 코스)
　(역사여행을 중심으로) 강화고인돌공원 → 강화역사박물관 → 광성보
　(안보관광을 중심으로) 강화평화전망대 → 화문석문화관(체험) → 연미정

• 하루 코스
　(역사여행을 중심으로) 갑곶돈대 → 고려궁지 → 고인돌, 강화역사박물관 → 광성보 → 전등사
　(체험 및 역사탐방을 중심으로) 강화역사박물관 → 전등사 → 옥토끼우주센터 → 아르미애월드

강화도 첫 번째 탐방, 고려궁지

🏠 인천광역시 강화군 강화읍 관청리 163 • ☎ 032-930-7078

관람 안내

	개인	단체	개방시간
청소년, 군인	600원	500원	하절기(09:00~18:00)
어른	900원	700원	동절기(09:00~17:00)

　몽골의 침략에 대항하기 위해 세웠던 고려의 궁궐터, 그 39년간의 항전 기록들이 고스란히 담겨 있는 곳이 바로 고려궁지입니다. 고려궁지를 중심으로 고려는 39년간 몽골의 침략에 지속적으로 항전하였으며 1270년 몽골과 강화한 후 개경으로 환궁합니다. 이때 몽골이 내걸었던 조건은 궁궐터를 완전히 허물고 돌아가는 것이었습니다. 넓은 궁궐터는 그래서 지금 당시 규모의 7분의 1정도로 축소되어 남아 있습니다. 조선시대 병자호란 때 다시 이곳에 행궁을 지었으나 함락되고 그 후 강화유수부 건물로 대체되어 현재에 이르고 있습니다. 이마저도 병인양요 때 거의 대

세계 속의 강화도 자랑스러운 강화도 여행　253

역사의 아픔을 간직한 고려궁지

부분 불타고 동헌과 이방청 정도가 남아 있습니다. 그래서일까요. 아픔을 많이 겪은 곳이라서인지, 따사로운 햇빛마저도 이곳에서는 처연하게만 느껴집니다. 고려궁지를 방문한다면 저항하고 또 저항하고 또 저항해서 마침내 지켜낸 지금의 내 나라 내 땅에 대한 감사함도 함께 느껴봅시다. 과거의 이러한 힘이 있었기에 지금의 우리가 있습니다.

강화도 두 번째 탐방, 강화역사박물관

🏠 인천광역시 강화군 하점면 강화대로 994-19 (하점면 부근리 350-4, 고인돌공원 내)
• ☎ 032-934-7887 • museum.ganghwa.go.kr

관람 안내

	개인	단체	개방시간 09:00~18:00
어린이, 청소년, 군인	1,000원	800원	휴관일 매주 월요일,
어른	1,500원	1,200원	(매년 1월1일 / 설날, 추석날 당일)

새롭게 개관한 강화역사박물관

세계문화유산 강화지석묘를 비롯하여 외규장각과 같은 기록적인 전쟁문화유산을 가지고 있는 대한민국 역사문화의 산실인 강화도에 2010년 새롭게 개관한 역사박물관입니다. 갑곶돈대에 있던 강화역사관을 더욱 크고 세련되게 재개관하였으며 현대적인 건축 디자인과 다채로운 교육 프로그램으로 주목받고 있는 역사박물관이기도 합니다. 고려시대 강화도 내에서 벌어졌던 서양 열강들과의 치열한 전투장면과 역사적 사실에 대해 살펴볼 수 있는 전시관, 강화도에 대해 전반적인 학습을 할 수 있는 돔형 영상실은 강화역사박물관만의 자랑거리입니다.

강화도 세 번째 탐방, 강화고인돌공원

🏠 인천광역시 강화군 하점면 부근리 317 외 79필지

강화도 일대 고인돌유적지는 전남 화순, 순창의 고인돌 유적지와 더불어 유네스코가 지정한 세계유산입니다. 강화도 부근리 일대는 고인돌유적지를 모아 고인돌공원으로 만들어 보존하고 있을 정도로 많은 고인돌들이 발견되었지만 그중 단연 으뜸은 우리나라에서 가장 큰 규모를 자랑하는 사적 제137호인 강화지석묘입니다. 고인돌 공원에 있는 강화지석묘는 경기 지방을 비롯하여 중부 지방에서는 보기 드문 거대한 탁자식으로 만들어져 있습니다. 뚜껑돌의 길이 7미터가량이나 되며 너비 5.5미터나 되는 거대한 거석으로 청동기시대를 대표하는 유적입니다. 강화역사박물관에 가면 이 거대한 고인돌의 축조 과정을 모형과 설명을 통해 자세하게 공부할 수 있습니다.

사적 제137호 강화지석묘

강화도 네 번째 탐방, 강화평화전망대

🏠 인천광역시 강화군 양사면 철산리 산6-1 • ☎ 032-930-7062

관람 안내

어린이	1,000원	망원경 2분 관람 500원	이용시간 09:00~18:00 (연중무휴)
청소년, 군인	1,700원		
어른	2,500원		

강화군 양사면 철산리에 위치한 강화평화전망대는 민통선 안에 있으며 남한에서 가장 가까운 거리로 북한을 전망할 수 있는 강화도 최북단의 전망대입니다. 강화평화전망대는 민통선 내 군사 지역에 있으므로 가는 길에 신분증 검사를 반드시 통과해야

유빙이 장관인 겨울, 평화전망대 너머의 북한(가운데), 전망대(오른쪽)

하며 강화평화전망대를 제외한 나머지 민가 및 군사 시설은 촬영할 수 없습니다.

　봄, 여름이면 북한 주민들이 파릇파릇한 논에서 농사짓는 모습이, 가을이면 수확하는 모습이, 겨울이면 강줄기를 따라 거대한 유빙이 눈 쌓인 산 아래로 흘러가는 장관이 펼쳐지기도 합니다. 1층 통일염원소에는 이곳을 방문한 국민들이 한 장 한 장 써서 걸어놓은 통일을 염원하는 쪽지들을 볼 수 있으며 스스로 통일을 염원하는 글귀도 써서 걸 수 있습니다.

강화도 다섯 번째 탐방, 광성보

🏠 인천광역시 강화군 불은면 덕성리 833 • ☎ 032-930-7070

광성보는 고려가 몽골의 침입에 대비하기 위하여 돌과 흙을 섞어 해협을 따라 길게 성을 쌓은 것에서부터 출발했습니다. 이후 광해군 때 새로 고쳐 지었으며 숙종 때 비로소 지금의 모습을 갖추게 되었다고 전합니다.

　이곳에서는 1871년 신미양요의 가장 치열했던 전투가 있었습니다. 광성보에 남아 있는 쌍충비는 신미양요 때 광성보전투에서 순절한 중군 어재연(1823~1871년) 외 59명의 순절비각으로 당시 치열했던 전투 상황을 짐작케 해줍니다. 광성보를 따라 걷다 보면 아름다운 용두돈대와 더불어 강화해협 일대가 한눈에 들어옵니다. 가족의 손을 잡고 나들이하며 아름다운 풍경과 더불어 가슴 시리게 아팠던 신미양요 당시 이야기도 나누어 보시기 바랍니다.

 교과서 깊이 알기

광성보 속 숨어 있는 이야기 - 병인박해, 병인양요, 신미양요

병인박해(1866년)

조선 후기 고종을 대신하여 섭정을 실시했던 흥선대원군은 외교정책에서 쇄국정책(서양과 수호하지 않고 통상을 거부하는 정책)을 실시하였습니다. 이 시기와 맞물려 흥선대원군은 천주교도들을 대량으로 학살하는 사건을 일으키게 되는데 이 사건이 바로 병인박해입니다. 사건의 발달은 러시아의 남하정책에서 시작되었습니다. 막무가내로 뻗어나가는 러시아의 세력에 위협을 느낀 흥선대원군은 대책을 강구하게 되었고 이때 천주교도들은 한, 불, 영 3개국의 동맹을 체결하면 러시아 세력을 견제할 수 있을 것이라고 말하며 프랑스와의 동맹을 건의합니다. 천주교도들은 이 동맹을 계기로 포교활동의 자유를 얻을 수 있을 거라고 기대했습니다.

그러나 이 일은 흐지부지하게 끝을 맺게 되고 천주교도들의 어설픈 외교추진에 대한 비판의 목소리가 일었습니다. 이에 대원군은 천주교도 탄압을 결정하게 되었습니다. 1866년 천주교 탄압령이 공포되고 프랑스 선교사 열두 명 중 아홉 명이 학살되었으며 국내 신도 8,000명이 처형되는 일대의 사건이었습니다. 수많은 사람들이 죽었으나 조정에서는 이에 만족하지 않고 학살되지 않은 나머지 세 명의 선교사를 찾느라 수많은 사람들이 산속으로 도망 다녔으며 굶어죽은 사람들도 부지기수였습니다. 이때 탈출에 성공한 프랑스인 리델 신부가 중국 텐진에 있던 프랑스 해군 사령관 로즈 제독에게 이 사실을 알리면서 병인양요가 일어나게 됩니다.

병인양요(1866년)

프랑스는 조선의 선교사 탄압을 구실로 조선의 문호를 개방할 생각을 하게 됩니다. 리델 신부에게 조선의 상황을 전해 들은 극동함대 사령관 로즈 제독이 이끄는 8척의 군함을 강화도로 파견하여 강화읍을 점령하고 서울로 진격을 시도했습니다. 그러나 흥선대원군의 의지는 굳건하였으며 양헌수, 한성근이 이끄는 부대는 문수산성과 정족산성에서 프랑스군을 격퇴했습니다. 그러나 고려궁지터에 보관되어 있던 외규장각 도서와 많은 문화재들이 프랑스군에 의해 훼손되거나 약탈되고 말았습니다.

신미양요(1871년)

병인양요가 일어나기 직전 미국의 상선 제너럴셔먼호가 대동강에서 통상을 요구하다가 평양 주민과 충돌하여 제너럴셔먼호가 방화된 사건이 있었습니다. 당시 목격자들의 생생한 증언 및 기록에 따르면 조선 관리들은 당시 대동강으로 들어온 제너럴셔먼호 선원들에게 매우 친절하고 정중하게 조선의 통상금지정책에 대하여 설명하였으나 셔먼호는 이를 무시했으며 오히려 이들을 매우 거칠고 무례하게 대했다고 합니다. 이에 격분한 평양성 내 관민들이 분노하여 강변으로 몰려들자 이들에게 조총과 대포를 마구 쏘았으며 분노한 관민들은 돌팔매, 활, 소총으로 대항하였습니다. 셔먼호 승무원들은 강도, 약탈도 서슴지 않았고 조선인 일곱 명을 살해하고 다섯 명에게 중상을 입히는 등의 피해를 주었습니다.

이에 당시 평안도 관찰사였던 박규수는 셔먼호에 화공과 타격을 가했으며 승무원 스물세 명 전원이 사망하였습니다. 미국은 이를 구실로 로저스 제독이 이끄는 다섯 척의 군함을 강화도로 파견했습니다. 조선은 어재연 등이 이끄는 수비대를 앞세워 광성보와 갑곶 등지에서 미군을 격파하였으나 신미양요를 계기로 어재연 장군을 포함한 많은 장수들이 장렬하게 순국하여 아픈 역사의 한 장면을 기록하고 말았습니다. 신미양요 이후 대원군은 전국 각지에 척화비를 세우며 쇄국정책을 더욱 강화하였습니다.

"서양 오랑캐가 침범함에 싸우지 않음은 곧 화의하는 것이요, 화의를 주장함은 나라를 파는 것이다."

척화비의 내용입니다.

강화도 여섯 번째 탐방, 덕진진

🏠 인천광역시 강화군 불은면 덕성리 846

덕진진은 병인양요와 신미양요의 격전지였습니다. 1866년 병인양요 당시 양헌수의 군대는 덕진진을 거쳐 정족산성으로 들어가 프랑스 군대를 격파했습니다. 1871년 신미양요 때는 치열한 포격전 끝에 초지진에 상륙한 미국 군대에 의해 점령되기도 했으며 그

때 방어 시설 중 많은 부분들이 파괴되기도 했던 장소입니다. 덕진진에는 '바다의 관문을 지키고 있으므로, 외국 선박은 통과할 수 없다'는 뜻의 결연한 흥선대원군의 쇄국정책 의지를 담은 덕진진 경고비도 만나볼 수 있습니다. 강화해협을 바라보며 우뚝 서 있는 이 비석은 '바다의 척화비'라고도 불립니다.

손돌목 이야기

1232년 몽골이 2차 침략을 감행하자 당시 고려의 왕이었던 고종은 강화도로 도읍을 옮기고 결사항전을 다짐합니다. 고종은 사공 손돌의 배를 타고 개경을 빠져나와 강화도로 가던 중 현재의 대곶면 신안리와 강화도 광성진 사이의 해협이 협소한 목에 다다르게 되었습니다. 이 지형은 처음 이곳에 가는 사람에게는 뱃길이 없는 곳처럼 착각하기 쉬운 곳이어서 사공 손돌은 고종의 의심을 사게 되었습니다. 사공 손돌은 좀 더 나아가면 앞이 트인다고 설득하며 계속 노를 저었으나 의심이 더 심해진 고종은 신하들에게 손돌을 죽이라고 명하였습니다. 손돌은 죽음에 직면하자 바가지를 물에 띄우고 그것을 따라가면 뱃길이 트일 것이라 아뢴 후 참수되고 맙니다. 왕은 손돌의 안내대로 무사히 강화도에 도착할 수 있었고 뒤늦게 잘못을 뉘우친 왕은 후히 장사를 지내주고 뒤에 사당도 세워주었다고 합니다. 후손들은 이 뱃길목을 지금도 '손돌목'이라고 부릅니다. 손돌이 죽은 음력 10월 20일 쯤이면 거센 바람이 불어 이 바람을 '손돌이바람', 이 무렵의 추위를 '손돌이추위'라 부르기도 합니다.

 교과서 깊이 알기

강화도조약(1876년)
1873년 흥선대원군이 퇴진하고 드디어 고종이 친정을 시작했습니다. 고종이 정치 일선에 나서자 서서히 문호개방을 주장하는 통상개화론이 대두되기 시작했습니다.

바로 이즈음 강화도에서 운요호 사건(1875년)이 발발합니다. 조선의 문호를 열기 위한 일본의 의도적인 군사도발 사건이었습니다. 강화도 초지진에서 우리 수비대가 해안에 접근한 일본군함 운요호에 발포하자 일본은 이를 빌미로 조선의 문호개방을 강요하는 강화도조약을 체결하도록 강요했습니다. 강화도조약은 우리나라가 맺은 최초의 근대적 조약이었으나 주권을 심각하게 침해당한 불평등 조약이기도 했습니다. 강화도조약의 주요내용을 살펴보면 다음과 같습니다.

제 1관. 조선은 자주의 나라이며 일본과는 평등한 권리를 가진다.

제 5관. 조선국은 경기, 충청, 전라, 경상, 함경 5도의 연해 중 통상에 편리한 항구 두 곳을 택하여 개항하고 일본인의 왕래 통상함을 허락한다.

제 7관. 조선국 연해의 도서 암초는 종전에 조사를 거치지 않아 극히 위험하다. 일본국의 항해자가 자유로이 해안을 측량하도록 허가하여 그 위치와 깊이를 상세히 조사하여 지도를 만들어 양국 선객들이 위험을 피하고 안전을 도모할 수 있게 한다.

제 8관. 이후에 일본국 정부는 조선국이 지정한 항구에 때에 따라 일본국 상민을 관리할 관헌을 설치할 수 있다.

제 9관. 양국 국민은 각자 임의에 따라 무역한다. 양국 관리는 조금도 이에 관여하지 않을 것이며 제한을 설정하거나 금지하지 못한다.

제10관. 일본국 인민이 조선국 지정의 각 항구에 머무는 동안에 죄를 범한 것이 조선국 인민에게 관계된 사건일 때에는 모두 일본관원이 심판할 것이다.

옥토끼우주센터

🏠 인천광역시 강화군 불은면 두은리 1026번지 옥토끼우주센터 • ☎ 032-937-6917
• www.oktokki.com

우주에 대한 다양한 체험과 공부를 함께 할 수 있는 공간입니다. 특히 어린 연령대의 아이들이 재미있게 체험할 수 있는 다양한 공간이 많아 역사적인 배울 거리가 많은 강화도에서 어린 친구들이 여행의 재미를 느끼게 해줄 수 있는 곳이기도 합니다. 여름에는 물썰매와 보트타기, 겨울에는 눈썰매 같은 다양한 신체활동도 함께 즐길 수 있습니다. 우주비행사의 꿈을 키워가는 우리 아이들에게 즐거운 추억이 될 것입니다.

관람 안내

구분	요금	야간개장(7/17~8/21) 밤 10시까지	
유아(4세~5세)	13,000원	14,000원	오후 6시 이후 입장 연령대 구분 없이 입장료 10,000원
소인(6세~중학생)	15,000원	16,000원	
대인(고등학생~65세)	13,000원	14,000원	
경로 및 국가유공자	11,000원	12,000원	

강화도내 제휴 SK 주유소 8곳, 제휴 펜션 8곳에서 입장료 1,000원 할인권 제공(홈페이지에서 확인)

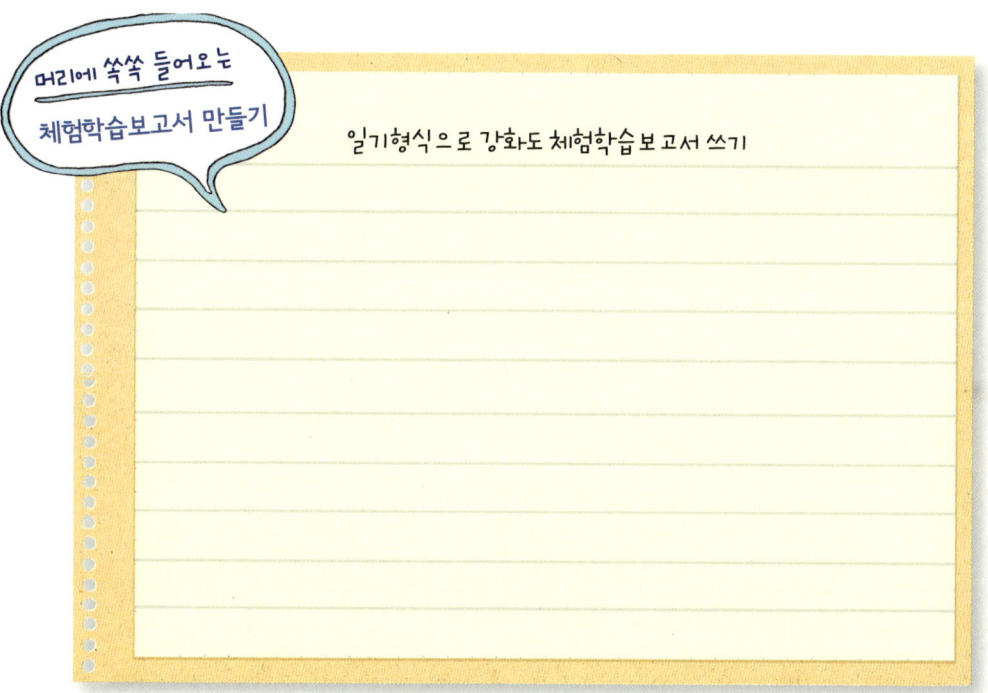

머리에 쏙쏙 들어오는 체험학습보고서 만들기

일기형식으로 강화도 체험학습보고서 쓰기

다음 보고서를 참고해서 체험학습보고서를 작성해 보세요.

오랜만에 떠난 강화도 여행

체험날짜	2011년 10월 16일 일요일	날씨	부드러운 가을바람이 솔솔

강화도를 무척 좋아하는데 참 오랜만에 강화도로 여행을 떠났다. 할아버지, 할머니를 모시고 떠난 여행이라 엄마는 예쁜 숙소를 미리 예약하셨다. 마침 강화도는 축제가 막 시작된 시기라 사람들로 북적거렸고 단풍도 조금씩 물들고 있어서 아빠차를 타고 드라이브하는 기분도 너무나 멋졌다. 가장 먼저 도착한 곳은 고려궁지였다. 고려궁지는 몽골의 침략에 대항하고 수전에 약한 몽골군을 막기 위해 가까운 섬인 강화도로 천도하여 황족과 황실을 위해 세운 궁궐이다. 이 궁궐의 내부에서 무신정권이 멸망했으며 팔만대장경이 제작되는 등 다양한 사건들을 겪었다. 몽골군이 퇴각하며 유명무실해졌던 이곳이 조선시대에는 강화유수부 건물로 사용되었다. 유수부는 오늘날로 치면 광역시에 해당한다. 그만큼 조선시대에도 군사적으로 중요한 곳이라는 것을 인정받았기 때문일 것이다.

고려궁지 안에서 눈여겨볼 만한 건물은 외규장각이다. 이곳은 병인양요 때 프랑스군에 의해 약탈의 대상이 되었는데 그때 바로 세계 최초의 금속활자본 『백문화상 초록불조 직지심체요절』을 빼앗겼다. 나라의 힘이 조금만 강했더라면 하는 아쉬움이 느껴지는 대목이다.

고려궁지를 나와 도착한 곳은 동생들과 내가 그토록 원했던 옥토끼우주센터!

1층에는 우주에 관한 체험이 있다. 중력 체험은 간혹 어지러운 사람이 있을 수도 있겠지만 적응이 되면 괜찮다. 하지만 인기가 높아서 기다리기가 조금 힘들 수 있으니 조심해야 한다. 실내 체험이 끝나면 야외 공원에서 신나는 잔디썰매와 보트타기를 체험해볼 수 있다. 요금이 조금 비싸지만 한 번 가면 나오기가 싫을 정도로 재미있는 곳이다. 옥토끼에서 하루 종일 놀았더니 무척 힘이 들어 바로 숙소로 가기로 했다. 저녁에는 예쁜 바다를 보며 바비큐 파티도 즐기고 밤늦도록 할아버지, 할머니, 엄마, 아빠와 수다도 떨며 즐거운 시간을 보냈다. 역시 여행은 즐거워! 내일은 또 어떤 일이 벌어질지 벌써부터 기대가 된다.

여기를 추천해요.

마리펜션

🏠 인천광역시 강화군 화도면 내리 2163-4 ☎ 032-937-9975
● www.maripension.com

강화도에는 아름다운 펜션들이 숙박업소의 대세를 이루고 있습니다. 특히 스파를 펜션에 도입한 스파펜션들이 이름을 높이고 있는데 그중 마리펜션은 대부분의 펜션들이 갖고 있는 인위적인 면들을 철저히 배제하면서 돋보이게 아름다운 건축 디자인과 세련된 서비스로 이름이 높습니다. 바다를 바라보며 테라스에서 스파를 즐기는 마리펜션은 객실마다 개인 바비큐장이 모두 따로 구비되어 있으며 각각의 테마를 달리한 실내 인테리어 역시 하나하나 세련되고 예뻐서 꼭 한 번 가보고 싶다는 생각을 갖게 만듭니다. 여름에는 가족들이 즐기기에 좋은 야외 수영장도 함께 마련되어 있으며 펜션 바로 앞으로 난 바다를 향한 산책길은 한적한 강화도의 아름다움을 즐기기에 안성맞춤입니다.

일미산장 숯불장어

🏠 인천광역시 강화군 선원면 신정리 316 ☎ 032-933-8585

더미리 장어구이촌에 위치한 일미산장 숯불장어구이집은 갯벌장어를 맛있게 요리하기로 유명한 집입니다. 양식한 붕장어를 다시 갯벌에 넣어 오랫동안 키우면 항생제와 같은 나쁜 기운이 다 빠져나가 살이 차고 단단해져서 맛이 좋아진다고 합니다. 몸에 좋은 갯벌의 기운을 한 번 더 받은 장어의 맛은 고소하고 담백한 맛 그 자체입니다. 반찬도 모두 강화도에서 재배되는 토종 재료를 이용하여 입맛을 돋웁니다.

일미산장 갯벌장어구이

조선왕조의 숨결이 살아 숨 쉬는 여주 여행 ①편

교과서 여행 난이도 - 초등학교 2학년 이상

관련 교과

2-2 바른생활 3. 아름다운 우리나라
· 세종대왕의 업적과 본받을 점에 대하여 말하여보자.

3-1 국어(읽기) 4. 마음을 전해요
· 독서감상문의 특성을 생각하며 한글을 만드신 세종대왕을 읽어보자.

4-2 국어(읽기) 5. 정보를 모아
· 내가 하고 싶은 현장체험학습을 생각하여 보고, 여러 가지 자료에서 정보를 찾아 정리하여보자.

5-2 사회 3. 우리 겨레의 생활문화
· 우리 조상들의 과학문화재에 대하여 알아보자.

6-2 과학 4. 계절의 변화
· 앙부일구의 원리를 알아보자.

여주 1박 2일 교과서 여행 코스

출발 ⋯ 명성왕후생가 ⋯ 세종대왕릉, 효종대왕릉 ⋯ 중식 ⋯ 여주세계생활도자관(도자기 체험) ⋯ 여성생활사박물관(천연염색, 다도 체험) ⋯ 석식, 숙박 ⋯ 신륵사 ⋯ 황포돛배 체험 ⋯ 목아박물관 ⋯ 중식 ⋯ 귀가

교과서 연계학습 — 이렇게 공부해요

관련 교과 2-2 바른생활 3. 아름다운 우리나라 • 세종대왕의 업적과 본받을 점에 대하여 말하여보자.
학습 과제 • 세종대왕의 업적에 대하여 알아보자.

교과서 여행 Tip — 여주 여행 이렇게 준비했어요!

- 참고한 사이트 • 여주군청 www.yj21.net • 문화재청 www.cha.go.kr
  • 조선왕릉 sejong.cha.go.kr
- 미리 읽은 책
  『박시백의 조선왕조실록 4』(황금시대를 열다, 세종 문종실록), 박시백 지음, 휴머니스트 출판사.
  『박시백의 조선왕조실록 13』(군약신강의 나라, 효종 현종실록), 박시백 지음, 휴머니스트 출판사.
  『한 권으로 읽는 조선왕조실록』 박영규 지음, 웅진지식하우스.
  『우리아이 첫 조선 왕릉 여행 1』(왕릉으로 보는 조선왕조 500년), 김명선 글, 최진연 사진, 삼성당.
  『쏭내관의 재미있는 왕릉기행』 송영진 글, 그림, 지식프레임.

영릉(英陵)과 녕릉(寧陵)

🏠 경기도 여주군 능서면 산83-1 • ☎ 031-885-3123
• sejong.cha.go.kr
대중교통 • 버스 • 서울고속버스터미널에서 여주행 고속버스를 타고 여주종합터미널에서 하차 후 버스정류장에서 54-2번 버스를 승차하여 세종대왕릉 정류장에서 하차.

조선왕조의 숨결이 살아 숨 쉬는 여주 여행 1편

세종대왕이 잠들어 있는 곳은 경기도 여주입니다. 세종대왕의 영릉을 따라 한적한 숲길을 걷다보면 어느새 효종의 능인 녕릉과 만날 수 있습니다. 이 두 곳을 중심으로 여주 여행의 작은 실마리를 풀어보도록 하겠습니다.

조선왕릉은 2009년 6월에 유네스코에 의하여 세계유산으로 지정되었습니다.

 교과서 깊이 알기

유네스코 세계유산에 등재된 우리나라의 유산

세계유산(문화유산, 자연유산) 해인사장경판전 • 종묘 • 석굴암·불국사 • 창덕궁 • 수원화성 • 고창·화순·강화 고인돌유적 • 경주역사지구 • 제주 화산섬과 용암동굴 • 조선왕릉 • 한국의 역사마을: 하회와 양동

인류무형구전 및 무형유산걸작 종묘제례 및 종묘제례악 • 판소리 • 강릉단오제 • 강강술래 • 남사당 • 영산재 • 제주 칠머리당영등굿 • 처용무 • 가곡 • 대목장 • 매사냥

세계기록 유산 훈민정음 • 조선왕조실록 • 직지심체요절(하권) • 승정원 일기 • 팔만대장경판 • 조선왕조의궤 • 동의보감 • 일성록 • 5·18민주화운동 기록물

유네스코가 인정한 조선왕릉의 가치는 그 미학적인 아름다움뿐만이 아니었습니다. 왕릉 곳곳에 치밀하게 잠재된 철학적인 의미, 그리고 무엇보다 600여 년의 세월이 흐르는 동안 아직까지도 돌아가신 조상을 위해 제사를 지내며 면면히 조선의 역사와 전통을 지키려 했던 후손들의 노력을 더 높이 평가했던 것입니다. 자, 이제 왕릉 속에 담긴 철학과 자연의 어우러짐을 차근차근 살펴보겠습니다. 먼저 사악한 기운을 막아준다는 홍살문을 지나면 역시 악한 기운을 막아주는 금천교를 만나게 됩니다. 금천교를 따라 세 갈래로 이어진 길은 고무래 정(丁)자의 형상을 하고 있는 정자각입니다. 정자각에서 바로 돌아가신 왕을 향한 제례가 행해집니다. 영릉은 다른 능과는 달리 정자각에 이르는 길에 세 갈래 길입니다. 원래는 혼령이 가는 길과 왕이 가는 길, 두 갈래 길로 이뤄진 '참도'인데 이곳은 세 갈래 길이라 해서 '삼도'라고 부른답니다. 심지어

세종대왕과 소현왕후의 합장릉인 영릉(英陵)(왼쪽), 정자각까지 이르는 길, 삼도(오른쪽)

길조차도 울퉁불퉁한 박석이 깔려 있는 다른 능과는 달리 쭉 뻗은 매끈한 바닥으로 되어 있습니다.

세종대왕릉은 세종대왕의 부인이었던 소현왕후와 함께 합장한 합장릉입니다. 세종대왕이 살아생전 가장 사랑한 소현왕후에 대해서는 잘 알고 계실 것입니다. 태종 대에 역모죄로 소현왕후의 아버지는 사약을 받았고 어머니는 관노 신세로 전락했습니다. 부모님 두 분 모두 화를 당하는 모습을 보면서도 참아내야 했던 소현왕후가 돌아가시자 세종은 소현왕후를 위하여 경복궁 내에 불당을 지어 그 영혼을 위로해 주었습니다.

세종대왕의 업적

훈민정음 창제

한결같은 마음으로 백성들을 사랑했던 세종대왕은 백성들이 글을 몰라 자꾸만 법을 어기게 되는 것이 안타까웠습니다. 법전의 몇 줄이라도 제대로 읽을 줄 알았다면 억울하게 형신을 받는 일도 없었을 테니까 말이에요. 세종대왕은 백성을 끔찍이 사랑하는 마음을 담아 훈민정음을 창제하였습니다. 최만리와 같은 신하들은 명분을 내세워 거듭 상소를 올리며 반대했지만 한글 창제에 대한 세종대왕의 굳은 의지를 꺾을 수는 없었답니다.

4군6진 설치

조선은 건국 초기부터 외세의 침략에 자주 시달렸습니다. 나라가 안정을 되찾고 왕실의 기강을 바로 세워 튼튼한 조선으로 거듭나기 위해서는 외세를 물리쳐 백성들의 삶의 안정을 찾아주는 것이 무엇보다 중요했습니다. 이에 세종대왕은 왜구와 여진족을 토벌하고 지금 현재 대한민국의 영토를 확보하였답니다. 지금의 대한민국 영토는 세종대에 와서 정착된 것입니다.

『농사직설』, 『팔도지리지』, 『향약집성방』, 『고려사』, 『신속육전』, 『삼강행실도』, 『훈민정음해례본』 등 방대한 도서 편찬

어릴 때부터 무수히 많은 책들을 읽고 다방면으로 조예가 깊었던 세종대왕은 백성들을 위한 여러 책들을 편찬하는 작업도 게을리 하지 않았습니다. 오늘날 남아 있는 수많은 서적들 중 세종대왕 대에 편찬된 책들은 내용면에서 그 빛을 발하고 있습니다.

조선의 독창적인 음악 세계 완성

모든 분야에 걸쳐 천재적인 창의성을 드러낸 세종대왕은 음악에 있어서도 예외가 아니었습니다. 우리에게 현재 자랑스러운 무형문화유산이자 유네스코의 세계유산으로 지정되어 있는 〈종묘제례악〉은 바로 중국 중심의 음악에서 벗어나 조선의 독창적인 음악 세계를 만방에 알린 세종대왕의 걸작품이랍니다. 속물적인 중국 음악 세계에서 벗어나 유교의 정통성을 따르며 정갈하고도 웅장한 조선만의 특유한 선율은 지금 전 세계인이 감탄하는 세계유산이 되었습니다.

세종대왕 대에 만든 과학 문화재들

영릉에 입장하기 전 우리는 세종전이라는 전시관을 만나게 됩니다. 세종전 앞뜰에는 세종대왕 시대에 만든 많은 과학 문화재들의 모형을 전시하고 있습니다. 세종대왕은 이 위대한 문화재를 창제하는 데 장영실이라는 우수한 인재의 도움을 받았습니다. 본디 능력만 인정된다면 지위고하를 막론하고 중용하는데 주저함이 없었던 세종대왕이었기에 손재주가 뛰어나기로 유명한 관노 출신의 장영실 역시 기회를 얻을 수 있었던 것입니다. 장영실은 중국을 수차례 오가며 중국의 발달된 과학문화를 배워와 조선만의 독창적인 기술로 승화하였습니다.

혼천의

만 원짜리 지폐의 뒷면을 가만히 들여다보면 신기하게 생긴 둥근 원모양의 기구가 그려져 있음을 알게 될 것입니다. 지구의 자전축만큼 기울어진 이 기구의 이름은 혼천의(渾天儀)입니다.

　혼천의는 하늘의 모형으로 하루에 한 바퀴씩 돌아가도록 만들었습니다. 천체의 운행과 그 위치를 측정하는 일종의 천문 시계 역할을 했던 기계랍니다. 혼천의가 발명되기 전부터 조선의 왕들은 천문에 대하여 대단히 많은 관심이 있었습니다. 특히 일식과 같은 천문 현상이 일어날 때 조선의 왕들은 일식으로 인한 재앙을 막기 위해 구식례를 올리기도 했습니다. 일식 현상을 하늘이 왕에게 정치의 잘잘못을 묻는 일종의 형벌이라 생각했기 때문입니다. 때문에 정확한 시간에 맞추어 나가야 하는데 이때 일식이 일어날 시간을 예보하는 담당관들은 시각을 잘못 이야기한 죄로 구식례가 끝나고 나면 곤장을 맞기도 했습니다.

혼천의(왼쪽), 지폐에 새겨진 혼천의(오른쪽)

세종대왕은 이에 중국의 것이 아닌 우리나라만의 독창적인 천문 시계를 만들어야 겠다는 결심을 했습니다. 정초, 이순지, 정인지와 같은 학자에게는 이론적인 연구를 지시하였고 이천, 장영실과 같은 관료들에게는 이론을 바탕으로 실제 관측기구를 제작하기를 명하니 이들이 협력하여 만든 것이 간의, 규표, 혼천의와 같은 관측기구들이었습니다. 이 기구들을 이용해 한양의 위도를 확인하였고 태양계의 운행궤도와 주기도 밝힐 수 있었으니 실로 놀라운 일이 아닐 수 없습니다.

측우기

세종전 앞뜰에 만들어진 측우기 모형

농업을 근본으로 한 국가였던 조선은 비의 양을 측정하는 것에 예로부터 관심이 많았습니다. 특히 세종대왕의 아들이며 세자였던 문종은 몇 년째 반복되는 가뭄에 근심하며 비가 오면 땅을 파서 늘 땅의 젖은 정도를 측정할 정도로 농업에 대한 관심이 높았습니다. 이와 같은 방법으로는 측정하기가 힘이 들자 구리를 부어 그릇을 만들고 궁중에 두어 빗물을 받아 고인 양을 자로 측정하곤 했습니다. 문종의 아이디어에 착안하여 장영실이 제작한 비의 양을 측정하는 도구가 바로 측우기(測雨器)입니다.

측우기는 과학 역사상에도 큰 의미가 있습니다. 바로 세계 최초로 제작한 비의 양을 측정하는 도구이기 때문입니다. 세종대왕 시대에 만든 측우기는 이탈리아의 것보다도 무려 200년이나 앞선 것입니다.

효종대왕릉

효종대왕릉은 세종대왕릉과 이름이 같습니다. 마찬가지로 영릉입니다.

그러나 사용되는 한자에는 차이가 있습니다. 영릉(英陵), 녕릉(寧陵) 두 능을 합쳐

'영영릉'이라고도 부릅니다. 효종은 어떤 왕이었을까요? 효종에 대하여 이해하기 위해서는 먼저 효종이 즉위하기 전후의 시대적 배경과 효종을 둘러싼 인물들에 대해서 알아볼 필요가 있습니다.

 교과서 깊이 알기

북벌을 주장한 효종

조선의 제17대 왕 효종은 인조의 뒤를 이어 왕위에 올랐습니다. 효종은 봉림대군 시절 병자호란의 패배를 계기로 소현세자와 함께 청나라에 인질로 끌려가게 됩니다. 청의 문화와 문물에 대하여 호감을 지녔던 소현세자와는 달리 봉림대군은 청나라에 대한 복수심을 뼛속 깊이 새긴 채 귀국하게 되었습니다. 인조는 청에 대하여 좋은 감정을 갖고 있었으며 청의 발달된 문물을 배워야 한다고 주장했던 소현세자를 못마땅하게 생각했습니다. 그러다가 조선으로 돌아온 지 얼마 안 되어 소현세자는 의문의 죽음을 맞습니다. 소현세자의 죽음을 접한 봉림대군은 심양에 있다가 서둘러 귀국하였고 인조는 그를 세자로 책봉합니다. 강력한 반청세력이었던 봉림대군이 왕위에 오르자 북벌에 대한 강력한 의지 역시 표면에 떠오르게 되었습니다.

효종은 아버지 인조가 삼전도의 굴욕을 겪은 치욕, 본인이 인질로 청에 잡혀 있으면서 온갖 수모를 겪었던 치욕을 늘 잊지 않고 있었습니다. 그래서 효종의 북벌 의지는 너무나도 확고한 것이었습니다. 왕위에 오르자마자 친청 세력들을 대대적으로 숙청하고 강력한 군대를 기르는 데 힘썼습니다. 그러나 그는 북벌계획을 이루지 못했습니다. 당시 청나라는 워낙 강력한 힘을 가지고 있었던 데 반하여 조선은 임진왜란과 병자호란 등 두 차례의 전쟁을 겪으며 백성들의 삶이 곤궁해질 대로 곤궁하였고 대대적으로 전쟁을 일으킬 만한 작은 힘조차도 남아 있지 않았기 때문입니다. 게다가 그는 북벌을 추진하던 중 재위 기간 10년 만에 숨을 거두고 맙니다.

비록 효종은 북벌에 실패했지만 북벌을 준비하면서 기른 국력을 바탕으로 강력한 왕권을 구축하는 토대를 마련하는 계기가 되기도 했습니다.

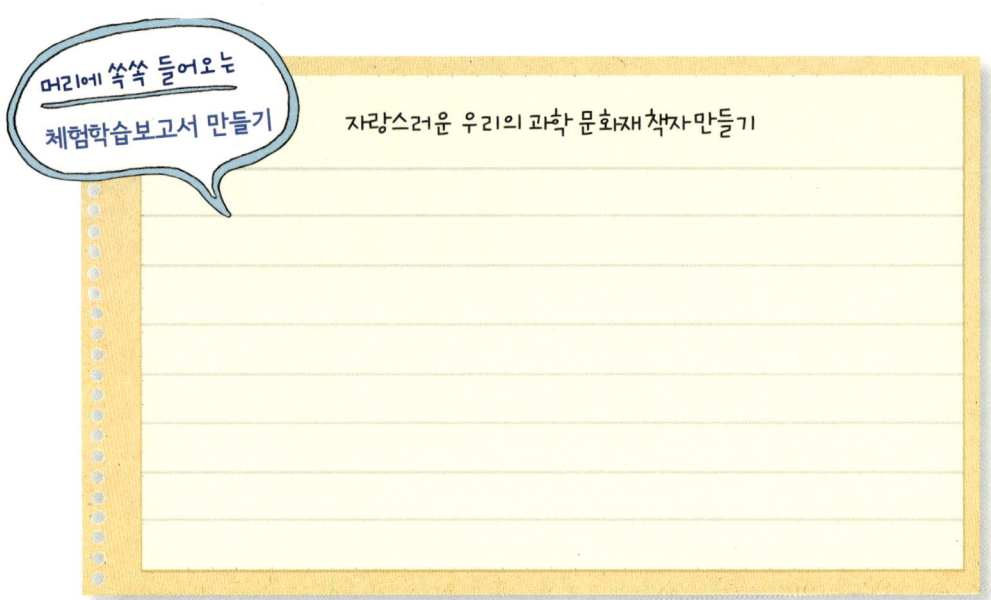

다음 보고서를 참고해서 체험학습보고서를 작성해 보세요.

자랑스러운 우리의 과학 문화재 책자 만들기

준비물 과학 문화재 사진 3장, 사인펜, 풀, 가위, 8절 도화지, 연필

가장 간단한 기본 책을 접은 다음 표지를 만들고 과학 문화재 사진을 각 면에 번갈아 붙입니다. 그리고 여행하는 동안 공부했던 과학 문화재에 대한 지식을 정리하고 본인의 생각을 덧붙여서 완성하면 됩니다. 우리 조상들의 과학 문화재, 특히 세종대왕 시대에 만든 과학 문화재는 교과서에서 매우 중요하게 다루는 부분이며 우리가 꼭 알아야 할 자랑스러운 문화재이기도 합니다.

여기를 추천해요.

여주온천

🏠 경기도 여주군 강천면 부평리 411-8 • ☎ 031-885-4800 • www.yeojuspa.co.kr

100% 온천수가 객실까지 공급되는 대중온천과 숙소를 겸하는 곳입니다. 객실이 멋지게 잘 단장되었다든가 워터파크 같은 화려한 시설은 아니지만 수질 좋은 온천에 몸을 담그고 여행의 피로를 씻기에는 더할 나위 없이 좋습니다. 노천탕까지 있어 쌀쌀한 겨울이면 더욱 운치 있는 곳이며 여주 온천 뒤로는 등산로도 나 있어 아침 산책 겸 가벼운 등산을 즐기기에도 좋습니다. 여름철에는 작은 수영장도 개장합니다.

천서리 막국수

🏠 경기도 여주군 대신면 천서리 603-3 • ☎ 031-883-9799 • www.chunseori.com

여주군 대신면 천서리에는 막국수 전문 식당이 유난히 많습니다. 그중에서도 홍원막국수(031-882-8259)와 천서리 막국수집이 유명합니다. 메밀의 효능은 체내에 열을 가라앉혀주고 소화를 도우며 콜레스테롤 수치를 떨어뜨리는 등 신체를 건강하게 해줍니다. 동치미물메밀막국수는 보름 동안 숙성하여 맛을 더한 살얼음을 동동 띄운 동치미국물에 시원하게 말아먹는 국수로, 특히 여름철 입맛을 돋워 주는 별미 중 별미입니다.

조선왕조의 숨결이 살아 숨 쉬는 여주 여행 1편

조선왕조의 숨결이 살아 숨 쉬는
여주 여행 ②편

교과서 여행 난이도 - 초등학교 2학년 이상

관련 교과
3-2 사회 2. 이동과 의사소통
• 의사소통 수단이 어떻게 발전해왔는지 살펴보고 옛날과 오늘날의 의사소통 수단을 비교해보자.

신륵사

관람 안내

🏠 경기도 여주군 여주읍 천송리 282 • ☎ 031-885-2505 • www.silleuksa.org

대중교통 • 버스 • 서울강남고속버스터미널에서 영동선 여주행 동부고속버스 • 동서울터미널에서 여주행 직행버스 • 여주버스터미널 앞 도로정류장에서 신륵사행 버스 이용(1시간 간격, 10분 소요)

신륵사 교과서 여행 일기

날짜 2011년 10월 22일 토요일　　**날씨** 맑고 청아한 가을, 햇살 따스한 날
제목 여주 신륵사를 다녀와서　　　**사진** 신륵사다층전탑

오늘은 그동안 가고 싶어 손꼽아 두었던 신륵사를 가는 날이다. 신륵사는 지난번 영릉을 방문하면서 내내 마음속으로 한번쯤 가보고 싶다고 생각했던 사찰이었다. 왜냐하면 신륵사에는 나를 감동시킬 만한 보물급 문화재들이 많기 때문이다. 조사당과 다층석탑, 나옹화상의 부도탑과 석등, 석종비 등이 그것이다. 또 이 모든 것이 유유히 흐르는 남한강의 절경과 어우러져 그 아름다움이 빛을 발한다고 들었다. 과연 신륵사에 발을 딛는 순간 그것은 사실이었음을 알 수 있었다.

원래 신륵사는 왕릉을 지키던 절이었다고 한다. 왕릉을 지키는 절을 사람들은 '원찰'이라고 부른다.

신륵사로 들어서니 가을이 한층 더 깊숙이 품 안에 들어온다. 영릉의 원찰답게 규모도 크고 전체적으로 당당한 느낌이다. 극락보전으로 향하다가 문득 눈에 들어오는 석탑이 있어서 잠시 멈추어 섰다. 신륵사다층석탑이다. 지난번 엄마와 함께 국립중앙박물관에 갔을 때 보았던 경천사지십층석탑과 재질이 비슷한 것 같아 설명된 글을 읽어 보니 아니나 다를까 흰색 대리석으로 만든 탑이란다. 대리석으로 만든 탑이라 그런지 조각도 매우 섬세하고 아름다웠다. 과학 시간에 대리석은 산성용액과 반응하면 검게 녹아내린다고 배웠는데 신륵사다층석탑도 군데군데 검게 변해버린 세월의 흔적이 남아 있어 아쉬움을 더했다. 산성비에 더 이상 손상되지 않도록 보호장치를 해둔 것이 그래도 다행이라는 생각이 든다.

극락보전을 휘돌아 이번에는 신륵사다층전탑으로 발길을 돌렸다. 원래 전탑은 중국에서 많이 유행하던 탑의 양식이라고 한다. 안동에서 보았던 전탑처럼 규모가 크지는 않았지만 신륵사의 다층전탑은 남한강을 시원스레 조망하고 있어 주변 풍광과 조화를 이루고 있어 좋았다. 전탑은 오래가지 않아 균열이 가고 비가 스며들어 보존하기 힘들기 때문에 지금은 많이 남아 있지는 않다. 그러나 벽돌로 되어 있어 주변을 압도하는 당당한 느낌이 매력이다.

영릉을 지키며 오랜 세월 동안 남한강의 너른 품 안에서 지금의 역사를 이어온 신륵사! 사시사철 아름다운 풍경을 만나러 자주 발걸음을 하고 싶은 곳이었다.

황포돛배

관람 안내

출발 장소 금은모래관광지 황포돛배 나루터 ☎ 031-887-2866 / 011-9572-4512

요금 및 운행 안내

소인	3,000원	운항 코스	운행시간
대인	5,000원	나루터 ⋯ 신륵사 ⋯ 얼굴바위 ⋯ 강월헌 ⋯ 여주대교 ⋯ 영월루 ⋯ 마암 ⋯ 나루터	매일 오전 11:00~17:00까지 (소요 시간 약 30분)

신륵사 앞 금은모래관광지 나루터에서는 황포돛배를 탈 수 있습니다. 황포돛배는 조선시대 수상교통 수단으로 사용되던 황포돛배를 그대로 재현한 것입니다. 비록 노를 저어 가는 배는 아니지만 유유히 흐

르는 남한강 줄기를 거슬러 오르는 체험을 통해 조선시대 무역을 주름잡았던 상인들의 기상을 느껴볼 수 있는 좋은 기회가 될 것입니다.

명성황후 생가

관람 안내

🏠 경기도 여주군 여주읍 능현리 250-2번지 • ☎ 031-887-3575
• www.empressmyeongseong.kr

대중교통 • 버스 • 강남, 동서울 고속버스터미널에서 여주행 버스 이용 • 여주 터미널에서 점봉리, 능현리 안성, 장호원행 버스 이용
• 점봉초등학교 앞 하차 후 도보 5분 또는 택시 이용

명성황후가 여덟 살 때까지 살던 생가를 복원해 놓은 곳입니다. 명성황후의 어릴 때의 삶을 가까이에서 살펴볼 수 있으며 기념관에서는 명성황후와 조선후기의 치열했던 국정에 대한 이야기들을 자세하게 공부할 수 있습니다. 생가 영역 입구에는 명성황후(1851~1895년)가 여덟 살 때 여주에서 한양으로 올라간 후 1866년 왕비로 간택받기 전까지 머물렀던 감고당(感古堂)이라는 규모 있는 한옥집도 함께 관람할 수 있습니다. 이 감고당은 인현왕후가 장희빈의 모략으로 사가로 내보내졌을 때 기거하던 곳으로도 유명합니다.

폰박물관

관람 안내

🏠 경기도 여주군 점동면 당진리 7 • ☎ 010-3555-1572(이병철 관장) • www.phonemuseum.co.kr

대중교통 • 버스

강남, 동서울 고속버스터미널에서 여주행 버스 이용.

여주 터미널 맞은편에서 점동면행 시내버스를 타고 점동에서 하차 후 폰박물관까지 택시로 이동.

요금 안내

	일반	학생(초, 중, 고)	어린이(3~5세) 노인(65세 이상)	평일에는 예약한 단체만 관람가능
개인	7,000원	6,000원	5,000원	관람시간 수~일요일 (오전 10:30~ 오후 5:00), 1월 1일과 매주 월,화요일은 휴관일
단체	6,000원	5,000원	4,000원	
여주지역주민 (평일할인)	5,000원	4,000원	3,000원	
경기도지역주민 (평일할인)	6,000원	5,000원	4,000원	

여주에 있는 폰박물관은 우리나라 의사소통 기구, 즉 통신기기의 발달사를 한눈에 공부할 수 있는 대한민국에서 하나밖에 없는 소중한 박물관입니다. 그리운 친구를 찾았다가 친구를 만나지 못하고 돌아섰던 아픔이 있었던 관장님께서 통신기기의 중요성에 대하여 일찍이 인지하고 아주 오랜 기간 동안 모아온 통신기기들을 한자리에 전시했습니다. 입장료가 다른 박물관보다 비싼 이유는 그만한 값어치를 하기 때문이라 여겨집니다. 약 1시간 30분가량 직접 관장님께서 하나하나 다 전시물에 대하여 설명해 줍니다. 설명을 다 듣고 나면 아주 오랜 옛날부터 현대에 이르기까지 발전에 발전을 거듭해 온 의사소통의 역사에 대해 완벽하게 이해할 수 있게 됩니다.

자, 그렇다면 아주 오랜 옛날 우리 조상들은 어떻게 서로 소식을 주고 받았을까요? 멀리 떨어져 있는 친구나 친척이 그리움의 마음을 전할 때는 편지 한 장 적어 인편에 보냈을 것입니다. 그러나 만약 전달해야 할 소식이 국가의 중차대한 일이라면 어찌했을까요? 남해안에 왜구가 상륙해서 무고한 백성들을 죽이고 있는 상황이라면 다급하게 임금이 있는 한양에 그 소식을 전해야 했을 것입니다.

이때 이용했던 의사소통 수단으로는 봉화가 있습니다. 낮에는 연기를, 밤에는 횃불을 피워 다급한 소식을 한양까지 빠르게 전했습니다. 지금도 남산에는 봉수대가 그대로 남아 있답니다. 그러다가 전화기가 보급되면서 부유한 사람들을 중심으로 조금씩

사용되기 시작했고 초기의 전화는 교환원이 필요했습니다. 교환원을 통해 전화를 받기가 번거롭긴 했겠지만 멀리 있는 사람에게 소식을 전하는 방법으로는 획기적인 방법이었을 것입니다.

폰박물관에는 초기의 교환원을 통해 받아야 했던 전화기는 물론 벨이 발명한 최초의 전화기까지 전시되어 있습니다. 다양한 전화기를 구경하는 것만으로도 충분히 재미있는 곳인데 설명까지 곁들이니 여행의 재미는 배가 됩니다.

머리에 쏙쏙 들어오는 체험학습보고서 만들기

고달사지 교과서여행일기 써보기

다음 보고서를 참고해서 체험학습보고서를 작성해 보세요.

여주 고달사지를 다녀와서

탐방 날짜	2011년 12월 10일 토요일
날씨	차가운 겨울 바람속에 맑은 하늘이 반짝~

고달사지 -사적 제382호

　어제 함박눈이 소복이 내렸다. 눈이 온 뒤라 그런지 하늘이 맑고 청명하다. 이렇게 차가운 날씨에 고즈넉한 장소를 여행하는 것은 참 새롭고 행복한 일이다.

　우리가 제일 먼저 본 것은 보물 제7호로 지정된 원종대사 혜진탑이었다. 아무것도 아닌 줄 알았던 절터에 귀한 것 순으로 매긴다는 국보와 보물 앞 자릿수 유물들이 수두룩하다. 그리고 무엇보다 그만큼의 값어치로 느꼈다는 것이었다. 섬세한 조각 속에 깃든 예술성은 아무것도 모르는 어린 나에게도 깊은 감동으로 다가왔다. 엄마 말씀으로는 이곳이 답사 여행을 전문적으로 하시는 분들이 매우 좋아하는 장소라고 한다. 폐사지의 아름다움은 마음으로 그리는 그림에 있다고 하는데 그 말의 뜻이 무엇일까 한참을 생각해 보았다. 마음으로 그리는 그림이라……

　눈을 감고 고달사가 있던 그 시절로 다시 되돌아가 본다. 이만한 규모의 사찰터라면 꽤 화려하고 아름다운 건축물이 존재했으리라. 오롯이 감싸고 있는 사찰 안으로 섬세하게 조각된 비석과 부도탑들이 스쳐지나간다. 가운데 우뚝 솟은 석불대좌에 지금은 사라지고 없는 부처의 상이 하늘을 떠받들고 있었을 것이다. 건축물들이 사라지고 없는 지금, 드문드문 솟아 있는 유물들은 마치 작은 우주와 같은 생동감을 자아내고 있었다. 원종대사 혜진탑을 보고 다음으로 만난 국보 제4호 고달사지 부도는 더 놀라웠다. 단단하고 차가운 돌을 엿가락 다루듯 섬세하게 조각해낸 솜씨는 오늘날에도 흉내내기 힘든 것이었다.

 이 사찰의 모든 문화재는 고달이라는 한 사람이 만들었다고 한다. 그의 석물을 다루는 재주는 전설적인 솜씨였던 것 같다. 그가 만들어낸 작품들은 국보 제4호로 지정된 고달사지부도, 원종대사 혜진탑비 귀부와 이수(보물 제6호), 원종대사 혜진탑(보물 제7호), 고달사지 석불대좌(보물 제8호) 이외에도 현재 국립중앙박물관에 전시되어 있는 쌍사자석등(보물 제282호) 등이다. 하나같이 압도적인 아름다움을 품고 있다.

 엄마와 함께 하나하나 허허벌판에 홀로 놓인 유물들을 감상하다 보니 어느새 나는 찬란했던 과거 속에 조용히 숨 쉬고 있음을 느낄 수 있었다. 이곳은 폐사지이기 때문에 많은 사람들이 찾지 않아 한적하게 자연을 배경으로 섬세하고 아름답게 조각되어 있는 문화재들을 감상할 수 있는 야외 미술관에 온 느낌도 함께 얻어갈 수 있어 매력적이다.

용인의 삼색 박물관 여행

교과서 여행 난이도 - 초등학교 3학년 이상

관련 교과
- 3-1 사회 3. 고장의 생활과 변화
  • 옛날의 생활도구와 그 속에 담긴 조상들의 지혜를 알아보자.
- 5-1 사회 1. 하나된 겨레
  • 선사 시대 사람들의 생활모습을 알아보자.

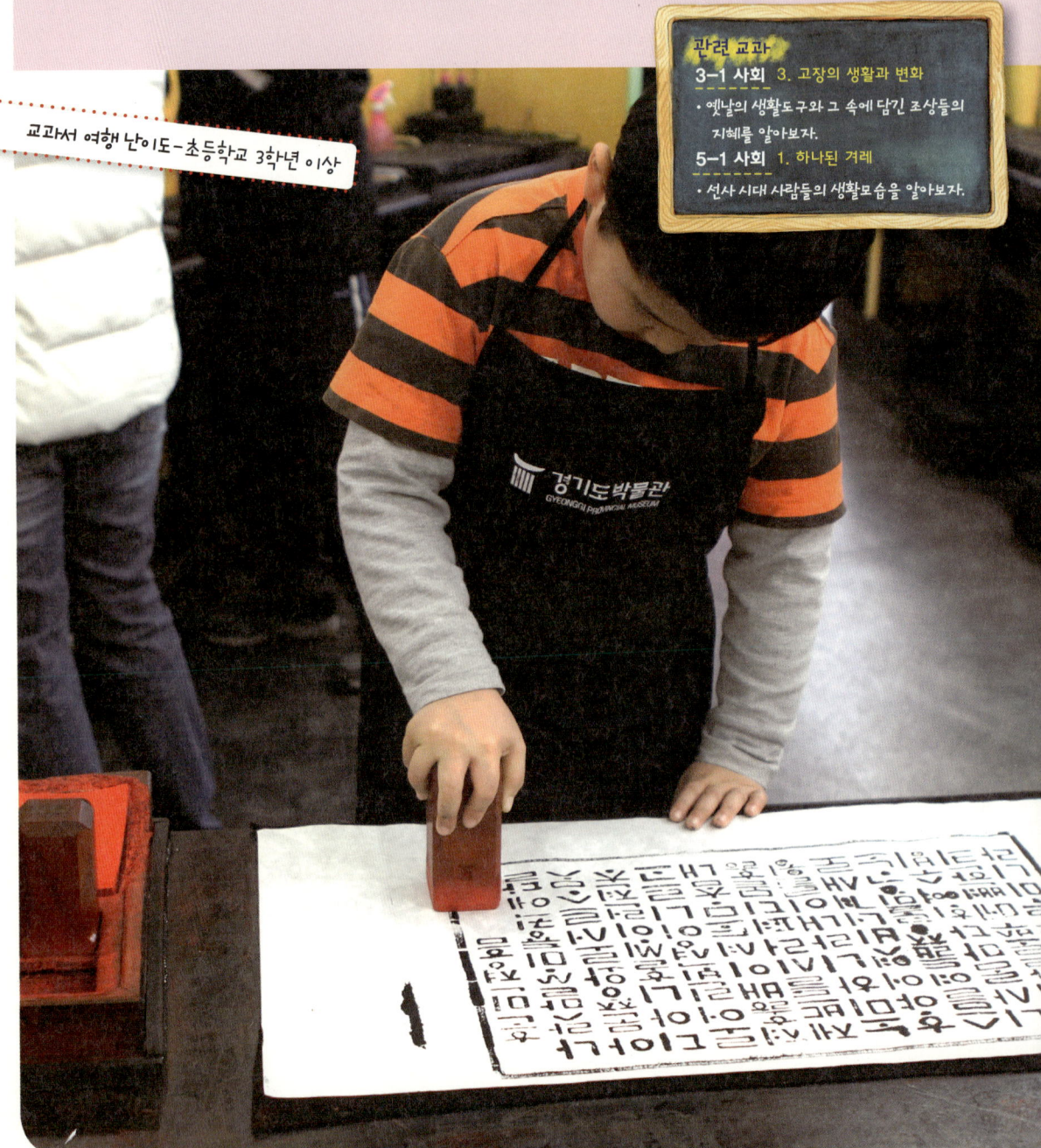

경기도 최고의 박물관, 경기도박물관

관람 안내

🏠 경기도 용인시 기흥구 상갈로 6(상갈동 85번지) • ☎ 031-288-5300 • www.musenet.or.kr
www.gcmuseum.or.kr(경기도어린이박물관)

대중교통 • 버스

서울기점
강남(양재 경유): 1560, 5001-1(좌석버스: 강남역 3번 출구) • 논현역: 9404
여의도(사당 경유): 7007-1(좌석버스) • 광화문(분당 경유): 5500-1(좌석버스)

경기도박물관 앞 하차
강남(양재 경유): 5001(좌석버스), 5003 • 종로, 중앙극장, 서울역 앞: 5000, 5005(광역버스)
잠실: 5600(직행좌석) • 신갈오거리에서 하차 후 경기도박물관까지 도보 5분.

관람 요금	어른 4,000원, 어린이 2,000원
관람 시간	오전 10시~ 오후 6시. 야간 개장(18:00~20:00)

체험 프로그램이 다양한 경기도박물관

용인에 있는 경기도박물관은 규모도 크지만 전시된 내용면에서 충실하고 배울 거리가 많은 박물관입니다. 무엇보다 획일적인 체험 프로그램을 가지고 있는 다른 박물관들과는 달리 어린이 체험 프로그램도 다양하고 재미있어 아이들과 함께 박물관을 지루하지 않게 관람할 수 있는 장점이 있습니다.

박물관에서 나누어 주는 미션 수행 책자를 들고 다니며 유물 하나하나에서 알쏭달쏭한 퀴즈의 정답을 알아가는 과정은 아이들로 하여금 지식을 탐구하여 결과를 알아내는 즐거움을 선물해 줍니다. 경기도박물관 각 전시실에 숨어 있는 재미있는 이야기들을 하나씩 찾아볼까요?

역사실에서 찾은 이야기- 언제부터 '경기도'라고 부르기 시작했나요?

경기도의 옛모습

'경기'라는 명칭은 1018년 고려 현종 시절에 왕도의 외곽 지역을 정식으로 경기(京畿)라 부르기 시작하면서 처음 역사 속에 등장했습니다. 고려의 수도는 개성이었기 때문에 왕도를 둘러싸고 있는 경기 지역도 개성을 중심으로 한 지역이었습니다. 그리고 지금처럼 독자적인 행정 구역으로 인정받기에 그 땅의 넓이도 좁은 편이었습니다. 그러나 차츰 군사적으로 중요한 지역임을 인정받아 오늘날 도(道)라고 불릴 만큼 위상이 커졌고 1390년 공양왕 대에는 도(道) 단위의 행정 구역으로 인정받기도 했습니다.

그러다가 조선시대에 이르러 태종이 전국을 8도로 나누며 행정 구역을 정비하게 되고 세종 대에 이르러 한양을 둘러싸고 있는 왕도 주변 지역을 경기도라고 부르기 시작하면서 오늘날 경기도와 거의 일치하는 행정 구역이 완성됩니다. 후에 8도제가 폐지되어 사라질 뻔하다가 1896년에 부활하여 오늘날에 이르고 있는 것입니다.

고고 역사실에서 찾은 이야기- 부뚜막은 어떤 역할을 했을까요?

포천 영송리 부뚜막 유적

신석기시대나 청동기시대 집터를 보면 화덕을 만들어 불을 피운 흔적이 흔히 발견됩니다. 화덕은 대체로 집 가운데에 있었으며 너댓 명의 소규모 인원이 화덕을 중심으로 빙 둘러가며 생활했던 것으로 알려지고 있습니다. 그러다가 화덕은 점점 벽 쪽으로 이동하게 됩니다. 화덕이 좀 더 발전하면서 벽에 붙여 불 때는 구멍을 파고 연기가 집 밖으로 빠져 나가게 만든 후 음식을 만들어 먹을 수 있는 솥을 걸어 끼니를 해결했는데, 이와 같은 장치를 부뚜막이라고 부릅니다. 후에 부뚜막은 온돌과 연결되면서 난방의 역할까지 맡게 됩니다.

경기도박물관에는 원삼국시대의 것으로 추정되는 포천 영송리 부뚜막이 원형 그대로 전시되어 있습니다. 원형은 많이 파괴되었지만 당시 부뚜막의 원조격인 원시적인 모습 그대로를 살펴볼 수 있어 흥미롭습니다.

민속생활실에서 찾은 이야기- 떡살에 담긴 조상들의 지혜를 찾아본다면?

떡살은 떡을 만들 때 무늬를 내는 도구였습니다. 떡살의 무늬는 아무것이나 새기지 않고 장수와 화목을 뜻하는 다양한 무늬를 새겨 넣었습니다. 말로 하지 않아도 새겨진 무늬만으로 만든 사람의 마음을 읽을 수 있도록 만들었으니 조상들의 지혜가 엿보이는 부분입니다.

아름다운 무늬를 지닌 떡살

또 떡살은 집안마다 무늬를 다르게 한 경우가 많았습니다. 그래서 떡의 모양새만 보아도 어느 집안에서 만든 떡인지 알 수 있을 정도였다고 합니다. 떡살은 집안을 상징하는 것이었기 때문에 잃어 버리지 않도록 늘 조심하였으며 다른 집에 잘 빌려주지도 않았던 귀한 물건이었습니다. 떡살은 질 좋은 나무로 만들어져 세월이 오래 지나도 반들반들하게 윤이 나고 무늬가 오래도록 보존되는 등 예술적인 가치도 높은 물건입니다.

고고 선사실에서 찾은 이야기- 찜요리는 언제부터 먹기 시작했을까요?

찜요리는 어떻게 만들어 먹는 요리일까요? 먼저 용기에 물을 붓고 구멍이 뚫린 시루를 얹고 시루 위에 각종 찜을 만들어 먹기 위한 재료를 담습니다. 그런 다음 가열하면 증기가 구멍을 통해 요리 재료를 골고루 익히게 되는데 이렇게 완성되는 요리가 찜요리입니다. 찜은 영양분을 그대로 간직하게 하면서 재료 고유의 풍미를 잘 살려주고 칼로리를 억제

떡을 찔 때 쓰는 도구, 시루

하여 오늘날에도 건강 요리법으로 많이 알려져 있는 요리법입니다. 놀랍게도 우리 조상들은 이 찜요리를 청동기시대, 초기 철기시대 때부터 만들어 먹었다고 합니다.

경기도박물관에서의 즐거운 체험

목판인쇄 체험

목판인쇄실

경기도박물관 내 어린이박물관은 체험 내용이 매우 신선하고 재미있습니다. 그중 목판인쇄 체험은 실제로 잘 조각된 판에 먹을 문질러 질 좋은 한지에 찍어내는 체험으로 실제 목판인쇄와 거의 느낌이 비슷합니다. 앞치마와 토시까지 갖추고 체험을 하다 보면 과거 우리 조상들이 살던 시대로 거슬러 올라간 느낌이 들 것입니다.

나만의 채색토기 만들기 체험

직접 토기에 동물 뼈를 사용하여 무늬를 내는 선사시대 사람들은 아니지만 사인펜과 종이컵만으로도 나만의 채색토기를 만들 수 있습니다. 또 아이들이 만든 신선하고 멋진 아이디어의 채색토기들을 전시해 놓아서 눈도 즐거운 체험장입니다.

신나는 아이들의 세상, 삼성화재교통박물관

> **교과서 연계학습** 이렇게 공부해요
>
> **관련 교과 3-2 사회** 2. 이동과 의사소통 • 옛날과 오늘날의 이동과 의사소통 수단의 발달 과정을 알아보자.

관람 정보

🏠 경기도 용인시 처인구 포곡읍 유운리 292번지 • ☎ 031-320-9900 • www.stm.or.kr

대중교통 • 애버랜드 정문에서 무료 셔틀버스 운행(서울, 경기북부 출발)

지역	버스번호	출발지 및 주요경유지	출발시각 및 운행간격	소요시간	연결지하철
강변	5800	강변역 맞은편/잠실역	20분	50분	2호선
강변	1113	녹지공원/천호역/강동역	20분	80분	2,5,8호선
강남	5002	강남역6번 출구/후아유 매장 앞/양재역	15분	45분	2,3호선
사당	1500-2	사당역/방배동/남부터미널	10분	80분	3,4호선 분당선
일산	직행버스	고양터미널/죽전신세계	06:50 12:40	140분	

관람 안내

하절기(3월~10월)	동절기(11월~2월)
오전 10시~오후 6시 (입장시간: 오후 5시까지)	* 평일(화~금): 오전 10시~오후 5시 (입장시간: 오후 4시까지) * 휴일, 토, 일: 오전 10시~오후 6시 (입장시간: 오후 5시까지)
휴관일 매주 월요일, 1월 1일, 설날연휴, 추석연휴	

요금 안내

구분	대인(20~65세)	소인(3~19세)	경로(66세 이상)	유아 및 장애인
개인	6,000원	5,000원	3,000원	유아 24개월 미만/ 장애인 보호자 1인 포함 무료
단체 (20인 이상)	5,000원	4,000원		
학교단체 특별요금	-	2,000원		

메르세데스 벤츠 300SL 걸윙 쿠페

1층 전시관

높다란 통유리로 되어 있으며 갤러리와 같은 느낌을 자아내는 1층 전시관에는 세계 유수의 명차들과 모터싸이클들이 전시되어 있습니다. 명차 중의 명차를 비롯하여 대중들이 타고 다니던 차들, 과거부터 현대의 차에 이르기까지 차를 사랑하는 사람들이라면 놀라서 입을 다물지 못할 정도로 많은 차들이 눈을 즐겁게 해줍니다. 또 영화에 출연한 차들도 함께 전시되어 있어 영화 애호가들에게도 좋은 경험이 되고 있습니다. 1층 전시관에는 아이들을 위한 교통관련 체험거리들이 마련되어 있어 자동차를 감상한 후 직접 체험해 보는 즐거움도 덤으로 얻을 수 있습니다.

철도의 변천과정

초기에는 전차라는 이동수단을 사용하여 먼 거리를 이동했습니다. 전차는 공중에 전선을 달아 이를 통해 이동하는 교통수단입니다. 우리나라에는 100여 년 전에 도입되어 서울에서 사용되었으나 전선이 얽히는 문제로 오히려 도로교통에 방해가 된다고 하여 자연스럽게 우리 생활에서 사라졌습니다.

증기기관차

초기에 전차를 대신하여 생긴 교통수단은 〈토마스와 친구들〉이라는 만화에 등장하는 것과 같은 종류인 증기기관차였습니다. 석탄을 땔감으로 사용하여 끓인 물에서 뿜어져 나오는 증기의 힘으로 달리는 기관차입니다. 산업혁명이 시작되던 시기에 맞추어 전 국토에 물자를 수송해 주는 중요한 운송수단이 되어준 교통수단이었으나 디젤기관차가 나오면서 자연스럽게 모습을 감추게 되었습니다.

디젤기관차

경유를 에너지원으로 사용하여 달리는 기관차입니다. 동력을 만드는 발전장치를 장착

 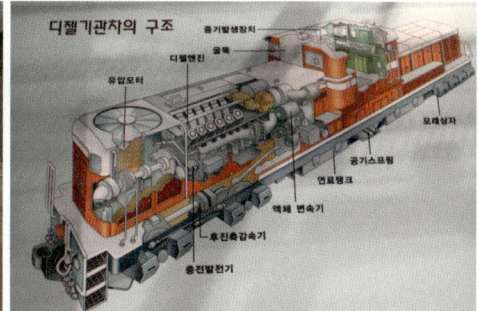 

증기기관차(왼쪽), 디젤기관차의 구조(가운데), 전동차인 오늘날의 지하철(오른쪽)

하고 있기 때문에 석탄을 땐다든지 하는 동력을 만들어 내기 위한 노력을 하지 않더라도 연료를 한 번만 주입하면 꽤 먼 거리까지 이동할 수 있는 기관차입니다. 또 정지와 출발도 신속하게 할 수 있으며 증기기관차보다 열효율이 네 배 이상 높아 빠른 속도로 달릴 수 있어 효율적인 교통수단으로 인기가 높았습니다.

전동차

우리가 흔히 타고 다니는 지하철을 연상하면 쉽습니다. 전기의 힘으로 움직이므로 공해가 없고 빠른 속도로 달릴 수 있는 교통수단이며 대중교통수단으로 현재 널리 사용되고 있습니다.

돌로 만든 예술 공원, 세종옛돌박물관

관람 정보

🏠 경기도 용인시 처인구 양지면 양지리 303-11번지 • ☎ 031-321-7001 • www.sjmuseum.co.kr

관람 안내

하절기(3월~10월)	동절기(11월~2월)
오전 9시~오후 6시	오전 9시~오후 5시

요금 안내

대상	개인	단체
어린이(12세 이하)	2,000원	1,000원
청소년(13~19세)	3,000원	2,000원
어른(20~64세)	5,000원	3,000원
노인(66세 이상)	2,000원	1,000원
30명 이상 단체요금 적용/ 군인(하사관 이하)은 청소년 요금 적용		

세월이 지나도 그 모습이 잘 변하지 않는 문화재는 어떤 재질로 만든 것들이 많을까요? 바로 돌입니다. 돌로 만든 문화재들은 비바람과 세월의 흐름 속에서도 잘 변하지 않고 그 모습을 원형 그대로 간직하고 있는 경우가 많습니다.

특히 우리나라는 화강암을 비롯한 각종 석재들이 풍부한 나라였기 때문에 돌로 만든 유물들이 많이 남아 있습니다. 세중옛돌박물관은 바로 그 돌로 만든 유물 1만여 점을 전시, 보존하고 있는 곳이며 더불어 연구도 함께 진행하고 있는 곳이기도 합니다.

하마비

여주 명성황후 생가를 방문하면 그곳에도 하마비(下馬碑)가 세워져 있습니다. 한자어를 그대로 풀이해보면 말에서 내리라는 뜻입니다. 하마비가 세워진 주변에는 왕릉이 있거나 고관대작 혹은 신분이 귀한 사람이 살고 있거나 태어난 곳이 있는 경우가 많습니다. 마음에서 우러나오는 존경의 뜻을 표할 때 사람들은 말에서 내려 엄숙하고 경건하게 예를 표했다고 합니다.

문·무인석

왕릉을 방문해 보면 왕릉의 주위에는 항상 문인과 무인이 지키고 서 있는 모습을 볼 수 있습니다. 살아서도 신하들의 호위를 받으며 정치를 했던 왕은 죽어서도 석재로 된 문인과 무인들의 호위를 받고 있는 셈입니다. 세중옛돌박물관에는 수많은 문·무인석

하마비(왼쪽), 문·무인석(가운데), 제주도의 제기 차는 벅수(오른쪽)

을 전시하고 있습니다. 모두가 똑같은 문인과 무인을 묘사한 조각들이지만 작품 한 점 한 점 모두가 표정도 다르고 입고 있는 옷차림도 다르며 들고 있는 소품들도 다릅니다.

벅수

우리나라의 마을 어귀에 이르면 장승이나 솟대를 세운 모습을 볼 수 있습니다. 과거에는 이와 같은 상징물들이 어김없이 마을 입구를 장식하곤 했는데 장승이나 솟대와 비슷한 의미로 세운 민간신앙의 한 종류이며 서민적인 정서를 담고 있는 돌조각을 우리는 '벅수'라고 부릅니다. 서민 정서를 담고 있기에 표정도 어린아이처럼 순수하고 맑으며 익살스럽습니다.

기자석

아들을 낳고 싶어 하는 간절한 소망을 담아 조각한 조형물입니다. 신령이 깃든 나무에 정화수를 떠놓고 치성을 드리는 것처럼 아들을 낳지 못한 여인네들은 이 기자석 앞에 모여 치성을 드렸다고 합니다. 근엄한 표정으로 권위를 갖춘 복장을 하고 아들을 한 명씩 품에 안고 있는 모습에서

아들을 낳게 해달라고 치성을 드렸던 기자석

고요하면서도 주위를 압도하는 무엇인가를 느낄 수 있습니다.

한국민속촌

🏠 경기도 용인시 기흥구 보라동 107번지 • ☎ 031-288-0000 • www.koreanfolk.co.kr

한국민속촌의 농악공연

우리나라 최대 규모의 민속마을입니다. 지역별 가옥의 형태뿐만 아니라 직업별로 공간 배치가 다른 전통 주거 공간에 대해서도 자세히 살펴볼 수 있으며 전통 장터 형식을 본떠 만든 장터에서 전통 음식도 함께 즐겨볼 수 있습니다. 의식주에 대한 공부뿐만 아니라 줄타기, 마상무예, 전통혼례, 농악, 널뛰기와 같은 전통공연도 함께 관람할 수 있어 조상들의 문화, 예술, 생활 전반에 걸친 다양한 체험과 공부를 할 수 있는 공간입니다.

머리에 쏙쏙 들어오는 체험학습보고서 만들기

박물관 체험학습 보고서 만들기

다음 보고서를 참고해서 체험학습보고서를 작성해 보세요.

경기도박물관 체험학습보고서

탐방 날짜	2012년 1월 8일 일요일
날씨	온몸이 꽁꽁 얼어붙을 정도로 추운 날
탐방코스	1. **특별전 관람 코스** 특별전 1-특별전 2 2. **관람 코스** 문헌자료실-민속생활실-서화실-역사실-고고실-미술실1-미술실2-영상실 3. **체험 코스** 채색토기 체험-나만의 청동거울 제작-목판인쇄 체험

인상적이었던 코스와 그 이유

코스 3. 체험 코스 채색토기 체험 - 나만의 청동거울 제작-목판인쇄 체험

이유 목판인쇄실습은 사라져가는 우리의 문화를 되살리는 의미가 있고 지금 시대에 맞는 새롭고 창의적이며 즐거운 체험이기 때문이다. 앞으로 이러한 체험들이 더 많이 생기면 좋을 것 같다. 너무 재미있었다.

인상적이었던 유물과 그 이유

유물 백자청화산수문사각편병

이유 네모난 모양이 아름다웠으며 푸른 물감으로 그려져 이색적이었고 무늬도 마음에 쏙 들었다. 소장하고 싶은 작품이었다.

느낀 점

경기도박물관은 규모도 크고 재미있는 체험도 많았으며 무엇보다 어린이를 위한 프로그램이 다양한 박물관이었다. 앞으로 이런 박물관이 많이 생겼으면 좋겠다. 그러면 어린이들도 우리의 문화를 더 재미있게 공부할 수 있을 것이다.

세계문화유산 조선왕릉을 가다
구리 여행 - 동구릉

교과서 여행 난이도 - 초등학교 4학년 이상

관련 교과
5-1 사회 3. 유교 전통이 자리잡은 조선
• 조선건국 이후 주요사건과 인물 및 생활모습을 추론하고 정리해보자.

관람 정보

🏠 경기도 구리시 동구릉로 197 • ☎ 031-563-2909, 031-564-2909 • donggu.cha.go.kr

대중교통 • 버스

청량리나 상봉역에서 88, 202 승차, 동구릉에서 하차.

강변역에서 1, 1-1, 9-2 승차, 동구릉에서 하차.

• 지하철 • 중앙선 구리역에서 마을버스 2, 6 승차, 동구릉에서 하차

관람 안내

관람 기간	매표	관람
3월~10월	06:00~17:30	06:00~18:30
11월~2월	06:30~16:30	06:30~17:30

요금 안내

구분	개인	단체
대인(만 19세~만 64세)	1,000원	800원
소인(만 7세~만 18세)	500원	400원

※ 소인과 대인을 합하여 10인 이상일 시 각각의 단체요금 적용
※ 장기복무제대군인(증명서 제시자): 50% 할인

조선왕릉이 세계유산으로 지정된 이유

왕의 무덤이 세계적인 관광 명소가 되는 예는 피라미드에서 찾아볼 수 있습니다. 이집트의 피라미드, 멕시코의 피라미드들 모두 한 나라를 지배하던 지배자들의 무덤입니다. 웅장하고 화려하며 강렬한 카리스마가 느껴지는 전 세계의 왕의 무덤들과는 달리 조선왕릉은 단정하고 단아합니다. 우리는 조선왕릉 속에 잠들어 있는 왕들의 영혼을 위하여 600여 년 동안 끈질기게 제사 문화를 지켜내고 있습니다. 유네스코는 유교적, 풍수적인 생각을 바탕으로 자연친화적으로 어우러진 아름다운 왕릉에 이렇게 끈질기게 이어온 전통 문화를 더하여 세계유산으로서의 자질을 인정해 주었습니다.

조선왕릉의 공간구성

조선왕릉은 기본적으로 국법에 따라 도성인 한양을 중심으로 4킬로미터 밖 40킬로미터 이내의 장소에 배산임수의 지형을 갖춘 비산비야(非山非野)의 땅을 풍수적인 길지로 정하여 능역을 선정하였습니다. 또 공간 하나하나에 유교적인 의미를 담아 철학의 깊이를 더했습니다.

조선왕릉의 공간구성을 살펴보면 성역이라 불리는 능침 공간과 속세와 성역이 만나는 제향 공간, 그리고 속세의 공간인 진입 공간으로 나뉩니다. 하나하나 자세히 살펴보도록 합시다.

진입 공간

왕릉의 관리와 제례 준비를 위한 재실 공간이 진입 공간에 해당합니다. 재실 너머에 있는 금천교는 사악한 악을 금하는 공간으로 이 금천교를 지나면 드디어 속세의 악한 기운은 범접하지 못하는 제향 공간의 시작인 홍살문으로 들어설 수 있습니다. 홍살문은 붉은색으로 칠하여 악한 기운을 막아내는 상징적인 의미가 있습니다.

제향 공간

제를 올리는 공간입니다. 홍살문을 지나 정자각까지 이르는 공간이 이곳에 해당합니다. 선대왕의 제사를 지내기 위해 왕은 가마에서 사뿐히 내립니다. 홍살문 옆으로 난 배위에서 왕은 사배를 하며 제례의 시작을 알립니다. 사진 속에 담긴 배위를 왕릉에서 발견한다면 경건한 마음을 가지며 위에 올라서지 않도록 주의합시다. 이곳은 신성한 공간이니까요.

신의 세계로 들어서는 출입구, 홍살문(위)
건원릉의 배위(아래)

배위에서 사배를 한 왕은 조용히 참도를 걸어 정(丁)자처럼 생긴 정자각을 향해 걸어갑니다. 홍살문에서 정자각까지 이어진 기다란 두 개의 길을 우리는 참도라고 부릅니다. 왼쪽의 살짝 높은 길은 신이 다니는 길, 오른쪽의 낮은 길은 임금이 다니는 길인 어도입니다. 참도는 박석이라고 해서 얇고 거친 돌을 박아 울퉁불퉁하게 만들었습니다. 이 길을 걷는 사람들이 넘어지지 않도록 조심하는 과정을 통해 경건한 마음을 갖게 하려는 의도가 담겨 있습니다.

능침 공간

마지막으로 닿게 되는 곳이 왕이 잠들어 있는 능침 공간입니다. 많은 조선왕릉은 이 능침 공간을 개방하지 않고 있습니다. 왜냐하면 이곳은 신이 머무르는 신성한 공간이기 때문입니다. 동구릉에서도 능침 공간을 둘러볼 수 있는 공간은 목릉뿐입니다.

참도를 걸어가면 정자각에 이르게 된다.(왼쪽), 능침 공간의 무인석(오른쪽)

능침 공간은 곡장으로 둘러쳐져 있으며 왕의 능 주위로 문인석과 무인석이 석마를 대동하고 지키고 있습니다. 왕이 부르면 언제든지 달려갈 수 있도록 항상 신하들은 말과 함께 왕을 지키고 있는 것입니다. 봉분 둘레에는 병풍석과 난간석을 둘렀습니다. 왕릉을 세울 때 백성들의 고역이 심할 것을 우려해 세조처럼 병풍석을 두르지 않은 단순한 형태의 능도 있습니다.

아름다운 동구릉을 산책하다

조선왕릉에 대해 어느 정도 살펴보았으니 이제 본격적으로 동구릉을 여행해보겠습니다. 동구릉은 한양의 동쪽에 아홉 기의 왕릉이 모여 있어 붙은 이름입니다. 동구릉은 풍수지리적으로 동구릉의 뒤를 감싸고 있는 검안산이 주산이 되어 양쪽으로 청룡과

목릉의 혼유석(위), 문화해설사와 동구릉 산책(아래)

백호가 감싸고 있는 형상을 하고 있습니다. 왕이 잠들어 있는 봉분은 검암산의 중턱에 있습니다.

조선왕릉 42기 중 북한에 있는 2기를 제외하고 나머지 40기는 서울과 경기도에 모여 있습니다. 그중 무려 9기는 구리시의 동구릉에 모셔져 있답니다. 우리에게 잘 알려진 동구릉의 왕릉으로는 조선의 제1대왕 태조 이성계의 건원릉부터 세종대왕의 뒤를 이은 제5대 문종의 현릉, 제21대 영조의 원릉입니다. 동구릉을 방문하면 제일 먼저 문화해설을 들을 수 있는 시간을 체크해 보시기 바랍니다. 해설사 분들의 안내에 따라 드넓은 동구릉을 거닐며 하나하나 배워가다 보면 조선왕조 500년의 찬란했던 역사와 마주할 수 있을 테니까요.

태조의 건원릉

이성계(1335년~1408년), 재위기간: 1392년~1398년(6년 2개월)

건원릉 봉분 위에 하늘거리는 억새는 태조 이성계의 유언에 따른 것입니다.

"내 고향 함흥이 그립구나. 내가 죽거든 함흥 땅에 묻어 주게나."

조선을 건국한 이성계이지만 살아생전 아들들의 피나는 왕자의 난을 두 차례나 겪고 사랑하는 부인 신덕왕후 강씨까지 먼저 저 세상으로 떠나보낸 후 이성계는 외로움을 심하게 앓았다고 합니다. 그래서 그는 함흥 땅에

억새가 자라고 있는 태조의 건원릉

묻히고 싶다는 유언을 했습니다.

건원릉 정자각 총탄

그러나 이성계는 승하한 후 함흥 땅에 묻히지 못했습니다. 함흥은 한양에서 너무 먼 곳에 떨어져 있는 곳이라 대대손손 모시고 제사를 올리기 힘들었기 때문입니다. 왕릉은 국법에 따라 도성인 한양을 중심으로 반경 4킬로미터 밖 40킬로미터 안에 왕실의 능역을 두도록 하여 태조 이성계는 동구릉 한 자락

 교과서 깊이 알기

조선왕릉의 능의 형태

단릉	왕이나 왕비의 봉분을 각각 조성한 능입니다. 조선왕릉 중 단릉은 단종의 능인 장릉, 건원릉(태조), 정릉(중종) 뿐입니다. 동구릉에는 건원릉이 있습니다.
쌍릉	왕과 왕비의 봉분을 나란하게 배치한 능입니다. 태종과 원경왕후의 능인 헌릉과 명종과 인순왕후의 능인 강릉이 대표적인 쌍릉에 해당됩니다.
삼연릉	한 언덕에 왕과 왕비 계비의 세 봉분을 나란하게 배치한 능으로 조선왕릉 중에는 경릉(헌종, 효현왕후, 효정왕후)가 유일합니다. 경릉은 동구릉에 있습니다.
동원이강릉	하나의 정자각 뒤로 각기 다른 언덕에 왕과 왕비의 봉분과 석물을 배치한 능입니다. 세조와 정희왕후의 광릉과 문종과 현덕왕후의 현릉이 이에 속합니다. 동구릉에서는 현릉을 만나볼 수 있습니다.
동원상하봉릉	한 언덕의 위와 아래에 각각 왕과 왕비의 봉분과 석물을 배치한 형태의 능입니다. 효종과 인선왕후의 영릉과 경종과 선의왕후의 의릉이 대표적입니다.
합장릉	왕과 왕비를 하나의 봉분에 합장한 능입니다. 세종과 소헌왕후의 영릉, 고종과 명성왕후의 홍릉이 대표적입니다. 세 분이 하나의 봉분에 모셔져 있는 능도 있는데 순종과 순명효황후, 순정효황후는 유일한 삼합장릉입니다.

에 고이 모셨습니다. 그리고 대신 함흥 땅에 나는 억새를 가져와 봉분 위에 심었습니다. 건원릉은 다른 능과는 달리 벌초를 일 년에 단 한 번만 한다고 합니다. 억새가 상하지 않게 하기 위한 배려입니다.

문종과 현덕왕후의 동원이강릉, 현릉

문종, 이향(1414~1452년), 재위 기간: 1450~1452년(2년 3개월)

현릉

하나의 정자각 뒤로 각기 다른 언덕에 왕과 왕비의 봉분과 석물을 배치한 현릉은 문종과 현덕왕후의 능입니다. 현릉에 얽힌 사연은 너무나 슬픕니다. 지금은 서로가 같은 공간에 모셔져 있는 두 분이지만 두 분이 사후에 다시 한 장소에서 만나게 되기까지 무려 57년이나 걸렸기 때문입니다. 문종은 세종 말년에 아픈 아버지 세종을 대신하여 8년간 섭정을 했을 정도로 유능한 군주였습니다. 문종은 세종 대에 이르러 안정된 왕권을 바탕으로 왕세자로서 자질을 갖추기 위한 내실 있는 수업을 착실하게 받아 교과서적으로 흠잡을 데 없는 능력을 갖춘 미래의 군주로 성장했습니다. 문종이 세종을 대신하여 섭정하는 기간 동안 많은 발전이 있었습니다. 측우기가 발명되었으며 신기전과 총통기라는 화차도 만들었습니다. 문종이 오랫동안 왕위에 있었다면 조선은 세종대에 못다 이룬 엄청난 정치, 사회, 문화적 발전을 이룩해냈을 것입니다.

그러나 안타깝게도 문종은 매우 병약했습니다. 더군다나 문종의 비였던 현덕왕후도 단종을 낳자마자 산후병으로 돌아가셨습니다.

문종의 뒤를 이어 왕위에 오른 단종은 세조에 의하여 노산군으로 강등되고 왕위에서 쫓겨나 사약을 받게 되기 때문에 단종의 어머니 현덕왕후 역시 평민으로 강등되고 무덤이 파헤쳐져 시신은 시흥의 한 바닷가에 버려지게 되었습니다. 시간은 흘러 제11대중종에 이르러 좋지 않은 일이 자꾸 발생하자 돌아가신 현덕왕후의 원한을 풀어주어야 한다는 이야기가 슬그머니 고개를 들었습니다. 이에 부랴부랴 현덕왕후인지 확실히 알 수 없는 유골을 수습하여 현릉에 모시게 된 것입니다.

선조와 의인왕후, 인목왕후의 능, 목릉

선조, 이연(1552~1608년), 재위 기간: 1567~1608년(40년 7개월)

선조가 왕위에 오르기 전 제13대 명종이 후손이 없이 돌아가시자(유일한 후손이었던 순회세자는 열두 살의 나이에 세상을 떠났습니다.) 중종의 아홉 번째 아들 덕흥군의 소생으로 열여섯 살의 나이에 왕위에 올랐습니다. 선왕인 명종의 유교도 없이 왕위에 오른 선조는 정통성에 강한 콤플렉스를 가질 수밖에 없었습니다. 즉위 초 선조는 이러한 콤플렉스를 극복하고 왕권을 강화하기 위하여 유학을 굳건히 세우기 위해 힘썼습니다. 성리학을 나라의 기틀로 세우겠다는 선조의 굳은 의지는 사림들에게 큰 지지를 얻어낼 수 있었습니다.

선조의 집권 시기에 실제로 나라를 빛낸 큰 학자들이 여럿 배출되었습니다. 우리가 잘 알고 있는 이황과 이이, 류성룡, 정철, 이덕형은 모두 선조와 동시대를 살다 간 인물들이었습니다. 그러나 이 시기에 당파싸움은 더욱 격렬해져서 임진왜란과 정유재란의 두 커다란 전쟁을 제대로 무마하지 못한 왕이라는 불명예를 얻기도 했습니다. 목릉

전란을 겪은 왕, 선조의 능

에는 병풍석이 둘러져 있는데 두 차례 전란을 겪고 생명의 위협을 느껴야 했던 선조의 능을 병풍석으로 둘러 나쁜 살이 나오지 못하도록 막기 위함이라고 합니다.

인목왕후 이야기

인목왕후는 전쟁이 끝나고 선조가 새롭게 맞아들인 두 번째 왕비였습니다. 선조는 첫 번째 왕비인 의인왕후 사이에서 아들을 얻지 못하여 근심이 많았으나 인목왕후에게서 간절히 바라던 아들 영창대군을 얻었습니다. 선조는 본인이 후궁소생이라는 콤플렉스를 늘 안고 있었기 때문에 영창대군을 세자로 책봉하고 싶어 했습니다. 그러나 영창대군이 세 살 때 죽고 임진왜란 당시에 큰 공을 세웠던 광해군이 백성들의 지지를 받으며 왕위에 올랐습니다. 광해군은 매우 지혜롭고 현명한 군주였으며 백성들을 사랑하는 마음이 지극했다고 합니다.

또 임진왜란 이후 새로 건국된 후금과의 마찰을 줄이기 위해 중립외교를 펼쳤습니다. 그러나 이 중립외교정책이 광해군의 발목을 잡았습니다. 명을 숭상하는 사대부들의 강한 반발에 부딪친 것입니다. 광해군은 정치적인 지지를 받지 못해 늘 불안에 시달렸던 것으로 보입니다. 급기야 광해군은 여섯 살짜리 영창대군을 역모의 죄를 물어 유배를 보내어 죽게 만들고 능양군의 아우 능창군을 역모 죄로 처형하였으며 영창대군의 어머니인 인목왕후를 쫓아내 서궁에 가두게 됩니다. 이 사건으로 광해군은 더욱 지지세력을 잃었고 결국 능양군의 반정으로 쫓겨나 제주도에서 유배생활을 하다가 67세의 나이로 숨을 거두게 되었습니다.

목릉의 정자각 뒤로 어렴풋이 보이는 인목왕후의 봉분

그 격동의 소용돌이 속에 인목왕후가 있었습니다. 대비의 자리에까지 올랐으나 쫓겨나 서궁에 가두어지고 다시 인조반정으로 복귀했던 그녀의 파란만장했던 삶은 이제 목릉에서 다시 만날 수 있습니다.

> 머리에 쏙쏙 들어오는
> 체험학습보고서 만들기

전화번호부 책만들기

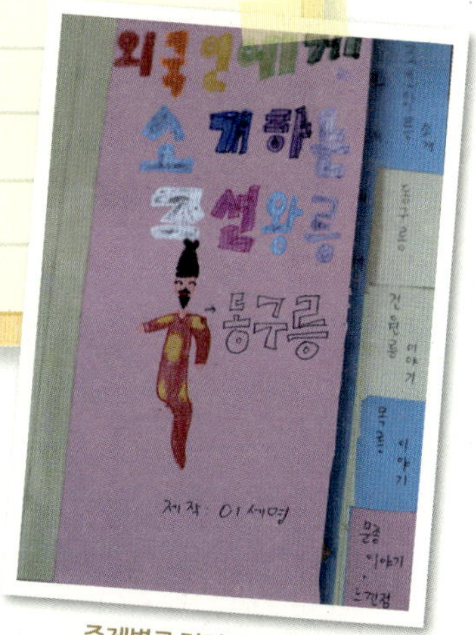

주제별로 정리하기 좋은 전화번호부

조선왕릉도 스탬프 투어를 할 수 있어요!

우리 부모님들이 예전에 사용하던 전화번호부를 책자 모양으로 만들어 보면 재미있습니다. 특히 주제별로 다양한 이야기를 담을 수 있어서 해야 할 이야기들을 주제별로 나눠야 할 때 효과적인 책입니다.

문화재청에서 발간하는 '조선 왕릉 답사수첩(4,000원)'을 구입하면 맨 뒷장에 스탬프를 찍는 난이 있습니다. 조선왕릉을 본격적으로 돌아 볼 계획이 있다면 스탬프 투어 계획을 아이들과 함께 짜보는 것도 색다른 재미가 될 것입니다.

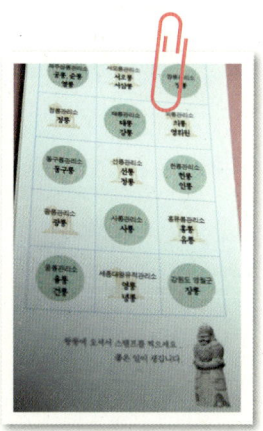

문화재청에서 발간하는 동구릉 답사 수첩 뒷면—스탬프 찍는 곳

고구려의
옛 모습을 엿보다
구리 여행 - 고구려 대장간 마을

관련 교과
5-1 사회 1. 하나된 겨레
• 삼국의 발전과정에 대하여 알아보자.

교과서 여행 난이도 - 초등학생 이상

관람 정보

🏠 경기도 구리시 아천동 316-47번지 • ☎ 031-550-2363, 2364 • www.goguryeotown.co.kr

대중교통

- 2호선 강변역 4번 출구 동서울터미널, 테크노마트, 강변역 정류장에서 1, 1-1, 1-5, 1-6, 9, 9-1, 9-2, 9-3, 95, 96, 9-7, 112-3, 2000-1, 2000-2번 버스 승차, 우미내검문소 정류장에서 하차하여 도보 약 15분.

- 5호선 광나루역 3번 출구 광나루역, 극동아파트 정류장에서 1, 1-1, 1-5, 1-6, 9, 9-1, 9-2, 9-3, 95, 96, 9-7, 112-3, 1660, 2000-1, 2000-2번 버스 승차, 우미내검문소 정류장에서 하차하여 도보 약 10분.

- 중앙선 구리역에서 왕숙교, GS스퀘어백화점, 인창중고교 정류장에서 1119, 95, 1-4, 23번 버스를 타고 우미내검문소 정류장에서 하차 후 도보로 약 30분 소요.

- 5호선 천호역 5번 출구 천호사거리 정류장에서 1119, 1-4, 23번 버스 승차 후 우미내검문소 정류장에서 하차, 도보로 약 20분 소요.

관람 안내

관람 기간	관람 시간
3월~10월	평일 - 09:00 ~18:00 토요일, 공휴일 - 09:00 ~19:00
11월~2월	09:00 ~17:00

요금 안내

구분	대인(19세 이상)	개인	단체
성인	19세 이상~64세 이하	3,000원	2,000원
청소년	13세 이상~18세 이하	2,000원	1,500원
군인	하사 이하의 군인	2,000원	1,500원
아동	7세 이상~12세 이하	1,500원	1,000원

※ 단체관람료 적용 기준: 30명 이상
※ 관람료 50% 할인: 구리시 거주자(신분증 확인)

"오늘은 고구려 대장간 마을에 한번 가 볼까?"

"고구려 대장간 마을이요?"

금별이의 눈이 금방 초롱초롱하게 반짝였습니다. 왕별이는 아빠의 말씀에 급히 가방에서 만들어온 여행 자료집을 꺼내 뒤척였습니다.

"찾았다."

"뭘 말이야?"

"지난번에 아차산을 올라갔을 때 구리시 쪽으로 가면 고구려 대장간 마을이 나온다는 자료를 읽고 내내 궁금했거든. 누나가 좋아하는 드라마 〈태왕사신기〉 촬영장소이기도 하대."

"왕별이가 제대로 알고 있구나."

엄마는 슬그머니 미소를 지었습니다. 항상 이렇게 궁금한 것이 나오면 찾아보는 게 습관이 되어 있는 왕별이가 너무나 대견했습니다.

"고구려 사람들이 살던 마을을 작게 축소해 놓아서 정말 궁금해."

"어, 구리시 공립박물관도 이곳에 있네?"

금별이는 왕별이가 건넨 자료를 뒤적거리다가 큰 발견을 한듯 외쳤습니다.

"아직 복원 중이라 입장이 금지된 아차산 보루의 모형을 전시해 놓았다고 하네."

"보루가 뭐야?"

막내 샛별이도 요즘은 한몫을 거듭니다. 아빠는 모든 것을 다 안다는 듯 미소를 짓고 있는 금별이를 보며 말씀하셨습니다.

"금별이가 말해 볼까? 금별이는 뭔가 알고 있을 것 같은데 말이야."

"보루는 일종의 임시 군사 기지 같은 거예요."

금별이는 다시 진지해집니다.

"군사 기지?"

구리시 공립박물관에 전시된 아차산 제4보루 모형

"성은 방어와 공격을 목적으로 하지만 사람들이 정착하여 생활하는 공간이기도 해요. 그래서 오랜 시간 동안 안전하게 살아가기 위해서 더 튼튼하고 안정적으로 만든다고 해요."

아빠는 환하게 웃으셨습니다.

"금별이가 제대로 알고 있구나. 그렇다면 더 자세하게 한번 알아보도록 하자."

아차산 보루

아차산을 오르는 재미 중 하나는 바로 한강을 굽어볼 수 있는 점입니다. 반짝이며 흘러가는 한강 물줄기를 따라 아차산의 등반로도 시원하게 뻗어 있습니다. 아차산 등반로에서는 한강 이남 지역이 바라다 보입니다. 송파구 일대가 바로 그곳입니다. 송파구는 백제의 수도인 위례성 터, 바로 풍납토성이 있는 곳입니다. 아차

시원한 전망을 자랑하는 아차산

산에서 풍납토성은 한강을 사이에 두고 대치하고 있는 형상을 갖추고 있습니다. 이 아차산에서 1994년부터 실시해 온 지표 조사를 통해 1997년, 1998년, 2000년에 걸쳐 남한 최대의 고구려 유적인 아차산 보루군이 발굴되었습니다. 이 시기에 아차산 일대에 커다란 산불이 일어난 적이 있었는데 그 산불을 계기로 성곽의 유구 일부가 그대로 노출된 것입니다.

아차산 보루군의 발굴은 일대의 사건이었습니다. 남북이 분단된 현재 고구려의 유적들이 대부분 북한에 있어 일반인들은 사진과 영상 자료만으로 고구려의 유적을 살펴볼 수 있었습니다. 그러나 아차산 보루군에서 발굴된 고구려 유물은 그 수와 규모가 매우 커서 남한 최대의 고구려 유적군으로 비상한 관심을 모았습니다. 형태를 알 수 있는 토기, 무기류를 합하면 약 1,000여 점에 달하는 고구려 유물이 발굴되었습니다.

북한에서 가장 많은 고구려 토기들이 발굴된 것은 500여 점에 지나지 않기 때문에 고구려 관련 유물 발굴로서는 획기적인 사건이라 할 수 있을 것입니다.

아차산에서 발굴된 보루는 총 15여 개로 각 보루들마다 400~500미터 간격을 두고 설치되어 있었습니다. 보루들마다 많게는 100여 명 적게는 10여 명의 군사들이 주둔하면서 언제든지 연락을 취할 수 있도록 만들어져 있습니다. 보루군에서는 숱한 고구려 토기들과 무기, 각종 생활도구와 온돌 등 주거지도 함께 발굴되어 흥미를 끕니다. 고구려군들은 한강 유역에 대한 경계를 위해 보루를 만들어 주둔하며 호시탐탐 백제의 목을 죄고 있었던 것입니다.

보통 군사기지와 같은 소규모 유적들은 후대에까지 남아 있는 경우가 드물고 혹 남아 있다 하더라도 우물터나 방어 시설 정도만 남아 있는 경우가 많지만 아차산 보루군은 토기, 무기, 심지어 철 솥단지까지 고스란히 발견되었습니다. 적군의 공격에 의해 몰살당한 후 그대로 땅에 묻혔기 때문에 가능한 일이었습니다. 아차산 보루군은 현재에도 발굴 작업이 계속되고 있기 때문에 겉에서만 관람이 가능하며 내부로 들어갈 수는 없습니다.

고구려 대장간 마을

아차산은 구리시와 서울시 광진구에 걸쳐 이어져 있는 산입니다. 구리시 아차산 자락에는 고구려 대장간 마을이 있습니다. 고구려 대장간 마을은 드라마 세트장입니다. 한류 열풍의 주인공 배용준 씨가 출연한 〈태왕사신기〉를 촬영했던 장소로도 유명합니다. 그래서인지 일본인 관광객들의 방문도 끊이지 않고 이어지고 있습니다. 고구려 대장간 마을 주변으로 구

고구려 대장간 마을

리시 둘레길 탐방로와 자연적으로 사람의 얼굴이 만들어져 있는 '아차산 큰바위얼굴'과 아차산 삼층석탑이 있습니다. 대장간 마을 매표소 옆으로는 구리시 공립박물관이 있어서 고구려에 대한 다양한 학습거리들을 만나볼 수 있습니다.

 교과서 깊이 알기

'보루'가 무엇인가요?

보루는 성곽과는 또 다른 성격을 지니고 있습니다. 성은 주둔 세력이 그 지역 내에서 안정적으로 머무르며 적의 공격에 대비하는 시설인 데 반하여 보루는 불안정한 정세 속에서 적의 동태를 예의 주시하며 언제든 공격태세를 갖추는 성보다는 작은 규모의 시설입니다. 오늘날로 치면 작은 초소와 같은 공간이라고 생각하면 맞습니다. 아차산에서 발굴된 보루군은 장수왕의 남진정책 이후 고구려가 한강 유역에서 지속적으로 영향력을 행사하다가 다시 백제와 대치하며 만든 시설로 보고 있습니다.

경당

드라마 〈태왕사신기〉에서 신의 계시를 받아 마을의 지도자가 탄생되던 바로 그 장소는 고구려의 민간 교육기관인 경당입니다. 곳곳에 강의실이 있으며 중앙에 모여 토론을 하던 장소로 꾸며져 있습니다. 이곳에서는 평민층의 미혼 남자들에게 글 읽기와 활쏘기를 가르쳤습니다. 경당의 존재는 우리 민족이 예로부터 학교와 같은 형태의 집단교육을 꾸준히 해왔음을 알 수 있게 하는 증거입니다. 경당이 민간교육기관이었다면 소수림왕 때 설치한 '태학'은 귀족층 자녀를 교육했던 국가교육기관이었습니다. 고구려 대장간 마을의 경당에서는 주말에 재미있는 체험활동(유료)도 해볼 수 있습니다.

고구려의 교육기관인 경당

고구려의 온돌, 담덕채

담덕채

담덕채는 고구려의 평범한 가옥을 재현해 놓은 건축물로 고구려의 온돌에 대해 자세하게 살펴볼 수 있는 곳입니다. 고구려는 북부 지방의 광활한 영토를 차지하고 있었기 때문에 추위와 싸워 이기는 것이 삶의 중요한 과제였습니다. 그래서 고구려는 일찍부터 온돌식 난방법이 널리 보급되어 있었습니다. 그러나 고구려의 온돌은 현재의 온돌과는 차이가 있답니다. 고구려는 불을 지펴 방의 일부분만을 데우는 '쪽구들식' 온돌을 사용했습니다. 불을 피우지 않는 나머지 공간은 의자에 앉아서 생활을 하는 입식 생활을 했던 것으로 보입니다. 생활 공간과 침실 공간을 분리하는 고구려식 쪽구들 난방법은 후에 남반구에까지 온돌문화를 널리 전파하는 훌륭한 난방법이 되었습니다.

광개토대왕릉비

'국강상광개토경안호태왕'은 광개토대왕의 원래 호칭입니다. 고구려 대장간 마을에는 광개토대왕의 모형 비석을 세웠습니다. 고구려 제19대왕인 광개토대왕(재위 기간: 391~412년)은 귀족층의 발호와 주변 국가들의 끊임없는 위협 속에서 나라를 굳건히 세우고 최고의 영토 확장을 이루어냈으며 말년에는 전쟁에 지친 백성들의 삶의 안정을 위해 노력했던 고구려 최고의 왕으로 지금까지 칭송받고 있습니다.

광개토대왕릉비

광개토대왕의 뒤를 이은 그의 아들 장수왕은 즉위 후 광개토대왕의 업적을 상세하게 기록한 광개토대왕비를 수도인 국내성 동쪽 언덕에 세웠습니다. 광개토대왕릉비는 남한에 있는 중원고구려비와 더불어 고구려의 역사를 조명할 수 있는 소중한 문화재입니다.

아차산 큰바위얼굴

〈태왕사신기〉 드라마 촬영 당시에 발견된 바위입니다. 일명 '배용준바위'라고도 불립니다. 고구려 대장간 마을 주차장에서 아차산 등반로를 따라 100여 미터만 올라가면 만날 수 있는 큰바위얼굴은 육안으로 보기에도 근엄한 표정을 짓고 있는 남자의 얼굴과 흡사합니다.

큰바위얼굴

> 못다 한 이야기

고구려의 위대한 재상 을파소

고국천왕 대의 일입니다. 고국천왕은 고구려를 동서남북 4부로 나누고 각부를 관장하는 국상을 천거하도록 명령했습니다. 많은 고심 끝에 천거된 사람은 '안류'라는 자였습니다.

"그대가 국상의 자리를 맡아 이끌도록 하라. 내 그대의 사람됨을 믿기에 국상의 자리에 명하노라."

고국천왕의 명령에 안류는 펄쩍뛰며 말했습니다.

"저는 국상의 자리에 오를 만한 인재가 아니옵니다."

"거절하려는 것이냐."

"그게 아니오라 국상의 자리에 오를 만한 인재는 따로 있사오니 그분을 국상으로 삼으심이 마땅하다 사료되옵니다."

"그 자가 누구냐."

"을파소라는 분이옵니다."

고국천왕은 처음 들어 보는 이름에 의아해 하며 다시 물었습니다.

"을파소라?"

"관직의 뜻을 버리고 지금은 농사를 지으며 살아가고 있는 분이지만 그분의 밝은 혜안은 마땅히 국상으로 삼아도 부족함이 없사옵니다."

"그를 내 앞으로 데려오라."

고국천왕은 첫눈에 을파소의 사람됨과 재능을 알아보았습니다. 고국천왕은 을파소에게 국상은 아니었지만 매우 중요한 자리인 중외대부라는 벼슬을 내려주려 하였습니다. 농부에게 중외대부라는 벼슬자리는 매우 높은 자리가 아닐 수 없었습니다. 을파소는 조심스럽게 거절의 뜻을 밝혔습니다. 을파소의 마음을 알아차린 고국천왕은 과감하게 을파소에게 국상의 자리를 내어주었습니다.

"뜻을 펼치라."

한때 농사나 짓던 촌부에게 국상의 자리를 맡기자 대신들은 한바탕 소동을 피웠습니다.

"왕은 어찌 기껏 농사나 짓던 자에게 국상의 자리를 맡긴단 말인가."

대신들의 불만은 하늘을 찔렀지만 과거에 을파소를 알던 자들은 고개를 끄덕였습니다. 국상이 된 을파소는 기대 이상으로 큰 업적들을 많이 남겼습니다. 특히 그의 가장 빛나는 업적은 후에 왕들에게도 귀감이 되었던 '진대법'이라는 환곡제도였습니다. 나라에서 백성들에게 굶주리는 시기에 곡식을 빌려주어 굶주림을 피하게 하는 제도가 진대법이라는 제도입니다. 백성을 근본으로 하는 훌륭한 이와 같은 정책은 고구려를 안정된 국가로 이끌어가는 근간이 되었습니다.

각 학교에서 작성하는 체험학습보고서 틀에 맞추어 체험학습보고서를 써보면 체험학습보고서를 처음 써보는 초보자들에게 많은 도움이 될 수 있습니다.

다음 보고서를 참고해서 체험학습보고서를 작성해 보세요.

가족행사 참여 결과 보고서

인적사항	성명	이금별	학년/반	3-1
기간	2011년 10월 8일~9일		장소	고구려 대장간 마을
체험 내용	가족행사명 구리시 가족 여행 고구려 대장간 마을을 둘러보며 고구려인들이 살던 민가의 모습을 살펴보고 구리시 공립박물관을 둘러보며 고구려 유물을 통해 고구려에 대해 공부하기			

느낀 점 남한에는 고구려 유적이 흔치 않다. 내가 처음으로 접했던 남한에서의 고구려는 충주의 '중원고구려비'였다. 그런데 구리시에 고구려인들이 살던 마을을 세트장으로 만들어 놓은 곳이 있다고 전해 듣고 정말 기뻤다. 고구려 대장간 마을은 기대대로 흥미로운 곳이었다. 무엇보다 일반 서민의 자제들이 수학하던 경당도 체험할 수 있고, 대장간을 눈으로 보고 체험한 것은 오래도록 기억에 남을 것이다. 세트장에서는 일본인들이 좋아하는 배우의 드라마 촬영 장소라 그런지 일본 관광객들도 많이 볼 수 있었다.

요즘은 어디를 가나 일본 관광객들을 자주 보게 되는데 생각해보면 그들을 만났던 장소는 대부분 드라마 촬영지였던 것 같다. 북촌한옥마을의 중앙고등학교가 그랬고 인사동이 그랬다. 그들의 한국 드라마에 대한 사랑은 정말 못 말린다.

고구려 대장간 마을 옆에 있는 구리시 공립박물관에서 아차산보루모형 말고 뜻밖의 선물을 만났다. 연천 호로고루성에서 발견된 고구려 기왓장을 직접 손으로 만져본 것이다. 투박하고 솟구쳐오르는 듯한 고구려 기와만의 특징이 잘 느껴져서 무척 감동적이었다. 엄마는 고구려 기와를 직접 만져볼 수 있을 줄은 몰랐다며 무척 놀라워하셨다. 하루 동안의 짧은 시간이었지만 소중한 시간이었고 많은 것을 배운 날이기도 하여 행복했다.

사진 및 첨부자료
씩씩한 기상이 느껴지는
고구려 기와로
선이 매우 남성적이다.

사진 출처

PART 1	궁궐
18쪽	창덕궁 인정전 - Baron Reznik 님
26쪽	선정전 청기와 - leighadactyl 님
27쪽	희정당 내부 - Fleecer 님
29쪽	낙선재 - TPapi 님
36쪽	애련지 - evannrachel 님
38쪽	관람정 - London Korean Links 님
40쪽	청의정 - daynoir 님

PART 2	마을
67쪽	토이키노 - hsin0423 님
76쪽	배 수확 광경 - 연천 푸르내마을 제공
80쪽	천주호 - 포천 아트밸리 제공
87쪽	송아지 우유주기 체험 - 이천 임실치즈스쿨 제공
92쪽	이천 테르메덴 - 이천 테르메덴 제공

PART 3   박물관 & 체험전시관

138쪽   국립민속박물관 - filmmaker in japan 님
154쪽   남산골한옥마을 - Fleecer 님
155쪽   N 서울타워 - zane2hyperzane 님
176쪽   세종대왕 동상 - Seoul Korea 님
177쪽   거북선 - Cap'n No One 님, 이순신 장군 동상 - Len Payne 님

PART 4   캠핑 & 트레킹

182쪽   놀이기구 - bryanh 님
187쪽   동물원 - zeegs 님
200쪽   남한산성 - Seoul Korea 님
202쪽   남한산성 성곽길 - Seoul Korea 님
212쪽   정조대왕상 - blueoceanpalm 님
213쪽   팔달문 - London Korean Links 님, 서남암문 - charr80 님
214쪽   서장대 - xavde 님, 화서문 - Pulpㅇ 님
215쪽   장안문 - Dae-Wang 님
226쪽   북악산 - Park Jongwoo 님

PART 5   도시

254쪽   고려궁지 - marichica88 님
289쪽   전동차 - Visionstyler Press 님
293쪽   백자청화산수문사각편병 - 경기도박물관 제공
296쪽   홍살문 - Edvenchers 님
300쪽   헌릉 - culturalh 님

한눈에 쏙 들어오는 교과연계 교과서여행지

관련교과	교과서 여행지
1-1 바른생활 6. 왜 여름이다	경포해수욕장 / 서울시립미술관 / 북서울꿈의 숲 / 동해 무릉계곡
1-1 슬기로운 생활 6. 왜 여름이다	한성백제박물관 / 국립부여박물관
1-1 즐거운 생활 5. 흔들흔들	올림픽공원 / 담양죽녹원 / 용인한택식물원
2-1 읽기 1. 느낌을 말해요	제주도 어승생악(오름)
2-1 읽기 2. 알고 싶어요	서울대공원 동물원 / 인천국립생물자원관 / 예천곤충박물관
2-1 읽기 5. 무엇이 중요할까?	국립민속박물관 / 부천옹기박물관 / 국립중앙도서관
2-2 바른생활 3. 아름다운 우리나라	김치박물관 / 세종이야기 충무공이야기 / 안중근의사기념관 / 오죽헌 / 국립중앙박물관 / 도산서원 / 불국사 / 경복궁
2-2 즐거운 생활 2. 만화영화 속의 친구들	춘천애니메이션박물관 / 한국만화박물관 / 부천 로보파크
2-2 즐거운 생활 3. 아름다운 우리나라	전주한옥마을 / 국립민속박물관 / 국립국악박물관
2-2 듣기·말하기 5. 어떻게 정리해야 할까요?	서울대공원 동물원 / 어린이대공원
2-2 듣기·말하기 6. 하고 싶은 말	예산 의좋은 형제 공원 / 태안 별주부정보화마을
2-2 읽기 2. 바르게 알려줘요	국립중앙박물관 어린이박물관 / 장생포 고래생태체험관 / 한국민속촌
2-2 읽기 5. 어떻게 정리할까요?	용인한택식물원 / 광릉수목원
2-2 읽기 6. 하고 싶은 말	국립민속박물관
3-1 듣기·말하기·쓰기 2.아는 것이 힘	서울대공원 / 에버랜드
3-1 읽기 4. 마음을 전해요	여주 영릉(세종대왕릉) / 예천곤충박물관
3, 4학년 미술	국립현대미술관 / 국립국악박물관
3-2. 듣기·말하기·쓰기 2.이렇게 하면 돼요	화폐금융박물관
3-2. 듣기·말하기·쓰기 3. 함께 사는 세상	국립민속박물관 어린이박물관 / 로봇박물관
3-2 사회 2. 이동과 의사소통	문경 옛길박물관 / 삼성화재교통박물관 / 여주 폰박물관
3-2 사회 3. 다양한 삶의 모습	국립민속박물관 / 한국민속촌 세계관 / 인천 차이나타운
3-2 과학 2. 동물의 세계	서울대공원 동물원 / 어린이대공원 동물원 / 에버랜드 동물원
4-1 듣기·말하기·쓰기 2.정보를 찾아서	국립제주박물관 / 국립제주민속촌 / 제주자연사박물관 / 이천설봉공원 / 국립부여박물관
4-1 읽기 2. 정보를 찾아서	국립과천과학관
4-1 읽기 5. 알아보고 떠나요	국립공주박물관 / 무령왕릉(송산리 고분군) / 경복궁 / 창덕궁 / 창경궁 / 경희궁 / 경운궁
4-1 읽기 7. 넓은 세상 많은 이야기	제주 올레길 7코스, 8코스 / 제주 중문관광단지 주상 절리대 / 경주 천마총 / 첨성대 / 불국사 / 석굴암 / 안압지 / 국립경주박물관 성덕대왕신종
4-1 과학 2. 지표의 변화	정선 병방치전망대 / 영월 선암마을 / 예천 회룡포
4-1 듣기·말하기·쓰기 2. 하나씩 배우며	낙성대
4-2 듣기·말하기·쓰기 5. 정보를 모아	국립과천과학관 / 창덕궁 / 조선왕릉 / 강화도 고인돌공원 / 경주역사문화지구
4-2 읽기 5. 정보를 모아	고창하전갯벌마을 / 남해 지족갯마을 / 청해진유적지와 장보고기념관
4-2 사회 1. 경제생활과 바람직한 선택	키자니아 / 화폐금융박물관

관련교과	교과서 여행지
4-2 사회 2. 여러 지역의 생활	연천 푸르내마을 / 삼척 너와마을 / 이천 부래미마을 / 양평 외갓집체험마을 / 남해지족갯마을
4-2 사회 3. 사회 변화와 우리 생활	국립민속박물관 / 한국민속촌 / 온양민속박물관 / 외암리민속마을 / 키자니아
4-2 과학 1. 식물의 세계	안성 허브마을 / 홍릉수목원 / 서울숲 곤충식물원 / 아침고요원예수목원 / 용인한택식물원
4-2 과학 2. 지층과 화석	경남고성공룡박물관 / 변산반도 채석강(변산마실길) / 군산 고군산 군도 / 서대문자연사박물관 / 동해고래화석박물관 / 강원도태백석탄박물관 / 대전광역시 한국지질자원연구원 지질박물관 / 전남 해남 우항리 공룡박물관
4-2 과학 4. 화산과 지진	제주도 용두암
5-1 듣기·말하기·쓰기 2.정보의 탐색	신문박물관
5-1 듣기·말하기·쓰기 5.사실과 발견	국립중앙박물관 조선실
5-1 읽기 2. 정보의 탐색	광릉수목원 / 홍릉수목원 / 인천국립생물자원관
5-1 읽기 8. 함께하는 세상	고구려대장간마을 / 서대문형무소역사관
5-1 사회 1. 하나된 겨레	암사동선사주거지 / 공주석장리유적지 / 양양오산리선사주거지 / 울산 대곡리 반구대 암각화 / 국립중앙박물관 고고관 / 풍납토성과 몽촌토성 / 경주 오릉과 나정 / 충주 중원고구려비 / 경주 분황사석탑 / 무령왕릉(송산리 고분군) / 서산용현리 마애여래삼존상 / 국립부여박물관 / 한성백제박물관 / 첨성대 / 천마총 / 국립중앙박물관 미술관/ 문무대왕릉 / 국립중앙박물관 발해관 / 국립경주박물관 / 안압지 / 불국사 / 석굴암 / 김유신장군묘 / 태종무열왕릉 / 청해진 유적지와 장보고 기념관
5-1 사회 2. 다양한 문화를 꽃피운 고려	합천 해인사 장경판전 / 청주고인쇄박물관 / 국립중앙박물관 미술관/ 강진청자도요지 / 개태사 / 관촉사 / 순천 송광사 / 고려궁지 / 경운궁
5-1 사회 3. 유교 전통이 자리 잡은 조선	경복궁 / 국립중앙박물관 조선실 / 종묘 / 흥인지문 / 숭례문 / 청계천 / 창경궁 / 창덕궁 / 여주 영릉(세종대왕릉) / 국립고궁박물관 / 부산시립박물관 / 남해 이순신 장군 전몰유허 / 남한산성
5-1 과학 1. 지구와 달	예천천문우주과학공원 / 영월 별마로천문대 / 중미산 천문대 / 국립과천과학관
5-1 과학 2. 전기 회로	녹색성장체험관
5-1 과학 3. 식물의 구조와 기능	충남 산림박물관 / 광릉수목원산림박물관 / 국립수목원습지원 / 한림수목원
5-1 과학 4. 작은 생물의 세계	인천국립생물자원관 / 영월곤충박물관 / 예천곤충박물관 / 창령우포늪
5, 6학년 미술	국립중앙박물관 미술관 / 리움미술관 / 북촌한옥마을 / 청주 수암골 / 조선민화박물관 / 국립현대미술관 / 국립중앙박물관 / 서울시립미술관 / 서귀포시립이중섭미술관
5-2 듣기·말하기·쓰기 2. 사건의 기록	신문박물관
5-2 듣기·말하기·쓰기 5. 우리가 사는 세상	국립경주박물관
5-2 듣기·말하기·쓰기 6. 깊은 생각 바른 판단	인천국립생물자원관
5-2 읽기 2. 사건의 기록	창령 우포늪 / 안중근의사기념관
5-2 읽기 5. 우리가 사는 세상	경남 합천 해인사

관련교과	교과서 여행지
5-2 사회 1. 조선사회의 새로운 움직임	남양주실학박물관 / 다산 유적지 / 국립중앙박물관 조선실 / 수원화성 / 화성행궁 / 남한산성 / 창덕궁 / 창덕궁 후원 / 리움미술관 / 하회동 탈박물관 / 국립국악원 / 조선민화박물관 / 국립민속박물관 / 전주 전동성당 / 화폐금융박물관
5-2 사회 2. 새로운 문물의 수용과 자주독립	정족산성 / 광성보 / 전등사 / 건청궁 / 운현궁 / 덕진진 / 독립문 / 경운궁 / 숭례문 / 경복궁 / 안중근의사기념관
5-2 사회 3. 대한민국의 발전과 오늘의 우리	DMZ 박물관 / 강화평화전망대 / 통일전망대 / 6.25 전쟁체험관 / 경찰박물관 / 천안독립기념관
5-2 과학 1. 우리의 몸	서울대학교 의학박물관
5-2 과학 2. 용해와 용액	LG 싸이언스홀 / 국립과천과학관 / 국립서울과학관
5-2 과학 4. 태양계와 별	예천천문우주과학공원 / 옥토끼우주센터 / 영월 별마로천문대 / 영천보현산천문대
6-1 듣기·말하기·쓰기 1. 상상의 세계	양평 황순원 문학관 / 경주 황룡사터 / 경주 분황사탑 / 선덕여왕릉
6-1 듣기·말하기·쓰기 2. 정보와 이해	떡박물관 / 국립민속박물관
6-1 듣기·말하기·쓰기 5. 사실과 관점	신문박물관
6-1 읽기 4. 나누는 즐거움	녹색성장체험관
6-1 읽기 5. 사실과 관점	인천국립생물자원관
6-1 읽기 6. 타당한 근거	남양주실학박물관과 다산유적지 / 수원화성
6-1 읽기 8. 함께하는 마음	고창판소리박물관
6-1 사회 1. 우리 국토의 모습과 생활	속초시립박물관 / 한국민속촌 / 서울역사박물관 / 삼성화재교통박물관 / 철도박물관
6-1 사회 3. 환경을 생각하는 국토 가꾸기	고창하전갯벌마을 / 남해 지족갯마을 / 삼척 너와마을 / 이천 부래미마을 / 연천 푸르내마을 / 우포늪 / 녹색성장체험관 / 국립민속박물관 / 함양상림
6-1 과학 전단원	국립과천과학관 / 국립서울과학관 / 녹색에너지체험관 / 옥토끼우주센터
6-1 2학기 과학 전단원	예천전문우주과학공원 / 영월별마로천문대 / 인천국립생물자원관
6-2 듣기·말하기·쓰기 1. 문학과 삶	제주 우도 올레길 / 제주 올레 7코스 / 서귀포이중섭미술관
6-2 읽기 3. 문제와 해결	도산안창호 기념관
6-2 읽기 5. 언어의 세계	세종이야기 충무공 이야기
6-2 사회 1. 우리나라의 민주정치	청와대 사랑채
6-2 사회 2. 세계 여러 지역의 자연과 문화	한국민속촌 세계민속관
6-2 사회 3. 정보화, 세계화, 그리고 우리	남산골한옥마을 / 전주한옥마을 / 안동하회마을